书山有路勤为径,优质资源伴你行

注册世纪波学院会员,享精品图书增值服务

小企业会计准则操作实务

史玉光
吕盈盈
周子凯
·著·

（第6版）

电子工业出版社
Publishing House of Electronics Industry
北京·BEIJING

未经许可,不得以任何方式复制或抄袭本书之部分或全部内容。
版权所有,侵权必究。

图书在版编目(CIP)数据

小企业会计准则操作实务 / 史玉光,吕盈盈,周子凯著. —6 版. —北京:电子工业出版社,2021.8
ISBN 978-7-121-41546-3

Ⅰ. ①小… Ⅱ. ①史… ②吕… ③周… Ⅲ. ①中小企业—会计准则—中国 Ⅳ. ①F279.243.52

中国版本图书馆 CIP 数据核字(2021)第 135922 号

责任编辑:杨洪军
印　　刷:北京天宇星印刷厂
装　　订:北京天宇星印刷厂
出版发行:电子工业出版社
　　　　　北京市海淀区万寿路 173 信箱　邮编 100036
开　　本:787×1092　1/16　印张:17.5　字数:448 千字
版　　次:2012 年 2 月第 1 版
　　　　　2021 年 8 月第 6 版
印　　次:2021 年 8 月第 1 次印刷
定　　价:88.00 元

凡所购买电子工业出版社图书有缺损问题,请向购买书店调换。若书店售缺,请与本社发行部联系,联系及邮购电话:(010)88254888,88258888。
质量投诉请发邮件至 zlts@phei.com.cn,盗版侵权举报请发邮件至 dbqq@phei.com.cn。
本书咨询联系方式:(010)88254199,sjb@phei.com.cn。

前　言

小企业在我国经济发展中扮演着重要角色，其会计实务不容忽视。2018 年 8 月，国务院在北京召开了促进中小企业发展工作领导小组第一次会议。会议指出，目前，我国中小企业具有"五六七八九"的典型特征，即我国中小企业贡献了 90% 以上的企业数量、80% 以上的城镇劳动就业、70% 以上的技术创新、60% 以上的 GDP 和 50% 以上的税收，堪称社会发展和国民经济的主力军。中小企业也是推动经济实现高质量发展和建设现代化经济体系的重要基础，是企业家精神的重要发源地，是改善民生的重要支撑。按照一定标准来如实反映小企业日常发生的经济业务，至关重要。

适用于小企业的《小企业会计准则》自 2013 年开始执行，目前已经实施多年并被广大财会人员所熟知。本书依据该准则和近几年出台的税收法规，在第 5 版的基础上修订而成。

近几年，国家出台和调整了一系列财税政策，对小企业会计实务产生了很大影响。查账征收的小企业，实施修订后的《中华人民共和国企业所得税年度纳税申报表（A 类，2017 年版）》，该套报表在 2018 年、2019 年和 2020 年得以持续修订；2019 年 4 月 1 日起，增值税一般纳税人执行调整后的增值税税率；自 2019 年开始，小微企业执行新的所得税优惠政策；2019 年 3 月财政部修订了《代理记账管理办法》；2020 年 3 月 31 日召开的国务院常务会议鼓励发展订单、仓单、应收账款融资等供应链金融产品。

这些财税政策的变化深刻影响着小企业的会计实务。为了适应已经发布的财税法规，作者特对本书进行修订。本书修订的宗旨：凸显实务，不仅重点解读《小企业会计准则》的内容，而且与最新出台的财经法规密切结合。本书具有以下特点：

（1）内容全面。全面介绍了《小企业会计准则》的内容，详细讲述了小企业会计操作实务。同时，注重比较《小企业会计准则》和《企业会计准则》的差异。

（2）重点突出。根据小企业的实际情况，本书对于小企业的负债业务重点介绍了应交税费的会计处理，其他负债业务分在相关章节介绍。最新出台的小微企业税收优惠政策，主要集中在第 10 章的"所得税费用"一节介绍。

（3）注重理论联系实际。介绍了与《小企业会计准则》相同业务的相关税法，也介绍了《小企业会计准则》与《企业所得税法实施条例》的差异，更好地让读者了解小企业日常的会计处理与税务处理。同时，以查账征收小企业为例，介绍了小企业纳税调整的相关业务。结合小企业会计所处的环境，介绍了供应链金融、代理记账、财务外包等相关内容。

本书适合参加《小企业会计准则》培训的企业财会人员，以及职业培训、财经院校等学习小企业会计实务的人员使用。

在编写本书的过程中，作者参阅了大量文献资料，列示在本书的参考文献中。对没有列示的部分，作者在此深表感谢，并顺致歉意。

在本书的写作过程中，作者得到了对外经济贸易大学国际商学院会计学教授余恕莲和王秀丽两位老师的悉心指导，在此表示感谢。

由于作者水平有限，书中难免存在疏漏之处，恳请广大读者批评指正。

作　者

2021 年 2 月

目 录

第 1 部分　概述

第 1 章　小企业会计准则概述 2
1.1　小企业与《小企业会计准则》 2
1.2　《小企业会计准则》与《企业会计准则》的比较 7
1.3　《小企业会计准则》与《企业所得税法》的比较 10
1.4　小企业的会计要素、会计科目和会计账户 22

第 2 部分　资产负债表业务

第 2 章　货币资金、债权债务和资金往来 32
2.1　货币资金 32
2.2　债权 40
2.3　债务 50
2.4　资金往来 63

第 3 章　存货 69
3.1　购入存货和发出存货 69
3.2　原材料 72
3.3　委托加工物资 79
3.4　库存商品 80
3.5　周转材料 82
3.6　存货清查 86

第 4 章　投资 90
4.1　短期投资 90
4.2　长期债券投资 95
4.3　长期股权投资 102
4.4　投资收益的纳税调整 106

第 5 章 固定资产、无形资产和长期待摊费用 111
5.1 固定资产 111
5.2 无形资产 132
5.3 长期待摊费用 143

第 6 章 应交税费 146
6.1 应交增值税 146
6.2 应交消费税 156
6.3 应交资源税 161
6.4 其他应交税费 162

第 7 章 所有者权益 165
7.1 实收资本 165
7.2 资本公积 169
7.3 留存收益 170

第 3 部分 利润表业务

第 8 章 收入和政府补助 178
8.1 商品销售收入 178
8.2 提供劳务收入 189
8.3 收入的税务处理 194
8.4 政府补助 194

第 9 章 产品成本和费用 202
9.1 生产成本 203
9.2 营业成本 212
9.3 职工薪酬 213
9.4 税金及附加 221
9.5 期间费用 221

第 10 章 利润结转和分配 228
10.1 营业外收入和营业外支出 228
10.2 所得税费用 233
10.3 本年利润和利润分配 235

第 11 章 外币业务 240
11.1 外币交易 240
11.2 外币财务报表的折算 247

第 4 部分　会计调整及报表编制

第 12 章　会计政策变更、会计估计变更和会计差错更正 ... 250
- 12.1　会计政策变更 ... 250
- 12.2　会计估计变更 ... 252
- 12.3　会计差错更正 ... 254

第 13 章　财务报表的编制 ... 257
- 13.1　资产负债表的编制 ... 257
- 13.2　利润表的编制 ... 261
- 13.3　现金流量表的编制 ... 263
- 13.4　附注 ... 267

参考文献 ... 271

第1部分

概　　述

第 1 章
小企业会计准则概述

2011 年财政部发布的《小企业会计准则》主要适用于我国境内的小型企业（微型企业参照执行）。该准则遵循《企业会计准则——基本准则》，借鉴国外先进经验和理念，充分考虑我国小企业规模小、会计基础薄弱等现实情况，简化了小企业的会计确认、计量、报告等内容，降低了对会计人员职业判断的要求。《小企业会计准则》的很多内容和《企业所得税法》相同，减少了税会差异，和《企业会计准则》存在很多差异，尽管这些差异不是本质上的差异，但会计人员在会计处理时仍需区分。

1.1 小企业与《小企业会计准则》

小企业是我国国民经济和社会发展的重要力量，加强小企业管理、促进小企业发展是保持国民经济平稳较快发展的重要基础，是关系民生和社会稳定的重大战略任务。尤其是党的十八届三中全会以来，党中央、国务院做出了一系列重大决策。其中包括：鼓励大众创业、万众创新，致力于为中小企业打造良好的发展环境，培育和催生经济发展新动力。为了促进中小企业发展工作，国务院于 2018 年 8 月在北京召开了会议。会议指出，目前，我国中小企业具有"五六七八九"的典型特征，即我国中小企业贡献了 90%以上的企业数量、80%以上的城镇劳动就业、70%以上的技术创新、60%以上的 GDP 和 50%以上的税收，堪称社会发展和国民经济的主力军。中小企业也是推动经济实现高质量发展和建设现代化经济体系的重要基础，是企业家精神的重要发源地，是改善民生的重要支撑。

在现阶段，小企业有自身的标准，小企业的会计处理也有自己的规范，即《小企业会计准则》。《小企业会计准则》简化了小企业的会计处理要求，以税务部门等企业的外部财务报告信息的主要使用者为出发点，确定小企业会计处理的基本原则，在内容上减少了小企业会计人员的职业判断，消除了小企业会计与税法的部分暂时性差异。

1.1.1 小企业的标准

根据 2021 年 4 月发布的《中小企业划型标准规定》（征求意见稿），中小企业划分为中型、小型、微型三种类型，具体标准根据企业从业人员、营业收入、资产总额等指标，结合行业特点制定，如表 1-1 所示。

表 1-1　大中小微型企业划型标准

行业名称	指标名称	计量单位	大　型	中　型	小　型	微　型
农、林、牧、渔业	营业收入（Y）	万元	$Y \geq 20\,000$	$3\,000 \leq Y < 20\,000$	$300 \leq Y < 3\,000$	$Y < 300$
工业*、交通运输业*、仓储业*、邮政业	从业人员（X）	人	$X \geq 1\,000$	$300 \leq X < 1\,000$	$20 \leq X < 300$	$X < 20$
	营业收入（Y）	万元	$Y \geq 200\,000$	$20000 \leq Y < 200000$	$2\,000 \leq Y < 20\,000$	$Y < 2\,000$
建筑业、组织服务管理	营业收入（Y）	万元	$Y \geq 80\,000$	$8000 \leq Y < 80000$	$800 \leq Y < 8\,000$	$Y < 800$
	资产总额（Z）	万元	$Z \geq 100\,000$	$10\,000 \leq Z < 100\,000$	$1\,000 \leq Z < 10\,000$	$Z < 1\,000$
批发业	从业人员（X）	人	$X \geq 200$	$20 \leq X < 200$	$5 \leq X < 20$	$X < 5$
	营业收入（Y）	万元	$Y \geq 200\,000$	$20\,000 \leq Y < 200\,000$	$2000 \leq Y < 20\,000$	$Y < 2\,000$
零售业	从业人员（X）	人	$X \geq 300$	$50 \leq X < 300$	$10 \leq X < 50$	$X < 10$
	营业收入（Y）	万元	$Y \geq 50\,000$	$5\,000 \leq Y < 50\,000$	$500 \leq Y < 5\,000$	$Y < 500$
住宿业和餐饮业	从业人员（X）	人	$X \geq 300$	$100 \leq X < 300$	$10 \leq X < 100$	$X < 10$
	营业收入（Y）	万元	$Y \geq 40\,000$	$4\,000 \leq Y < 40\,000$	$200 \leq Y < 4\,000$	$Y < 200$
信息传输业*、软件和信息技术服务业	从业人员（X）	人	$X \geq 500$	$100 \leq X < 500$	$10 \leq X < 100$	$X < 10$
	营业收入（Y）	万元	$Y \geq 100\,000$	$10\,000 \leq Y < 100\,000$	$1\,000 \leq Y < 10\,000$	$Y < 1\,000$
房地产开发经营	营业收入（Y）	万元	$Y \geq 100\,000$	$10\,000 \leq Y < 100\,000$	$1\,000 \leq Y < 10\,000$	$Y < 1\,000$
	资产总额（Z）	万元	$Z \geq 500\,000$	$50\,000 \leq Z < 500\,000$	$5\,000 \leq Z < 50\,000$	$Z < 5\,000$
房地产业（不含房地产开发经营），租赁和商务服务业（不含组织管理服务），科学研究和技术服务业，水利、环境和公共设施管理业，居民服务、修理和其他服务业，教育，卫生和社会工作，文化、体育和娱乐业	从业人员（X）	人	$X \geq 300$	$100 \leq X < 300$	$10 \leq X < 100$	$X < 10$
	营业收入（Y）	万元	$Y \geq 50\,000$	$5\,000 \leq Y < 50\,000$	$500 \leq Y < 5\,000$	$Y < 500$

说明：

1. 大型、中型和小型企业须同时满足所列指标的下限，否则下划一档；微型企业只需满足所列指标中的一项即可。

2. 附表中各行业的范围以《国民经济行业分类》（GB/T 4754—2017）为准。带*的项为行业组合类别，其中，工业包括采矿业，制造业，电力、热力、燃气及水生产和供应业；交通运输业包括道路运输业，水上运输业，航空运输业，管道运输业，多式联运和运输代理业、装卸搬运，不包括铁路运输业；仓储业包括通用仓储，低温仓储，危险品仓储，谷物、棉花等农产品仓储，中药材仓储和其他仓储业；信息传输业包括电信、广播电视和卫星传输服务，互联网和相关服务。

3. 企业划分指标以现行统计制度为准。

（1）从业人员，是指期末从业人员数，没有期末从业人员数的，采用全年平均人员数代替。

（2）营业收入，工业、建筑业、限额以上批发和零售业、限额以上住宿和餐饮业以及其他设置主营业务收入指标的行业，采用主营业务收入；限额以下批发与零售业企业采用商品销售额代替；限额以下住宿与餐饮业企业采用营业额代替；农、林、牧、渔业企业采用营业总收入代替；其他未设置主营业务收入的行业，采用营业收入指标。

（3）资产总额，采用资产总计代替。

根据科技部、财政部、国家税务总局于2017年5月研究制定的《科技型中小企业评价办法》，科技型中小企业须同时满足以下条件：

（1）在中国境内（不包括港、澳、台地区）注册的居民企业；

（2）职工总数不超过500人，年销售收入不超过2亿元、资产总额不超过2亿元；

（3）企业提供的产品和服务不属于国家规定的禁止、限制和淘汰类；

（4）企业在填报上一年及当年内未发生重大安全、重大质量事故和严重环境违法、科研严重失信行为，且企业未列入经营异常名录和严重违法失信企业名单；

（5）企业根据科技型中小企业评价指标进行综合评价所得分值不低于60分，且科技人员指标得分不得为0分。

此外，创新型中小微企业具有以下特点：一是具有自主知识产权核心技术或独特的核心竞争力；二是其产品或服务在行业或细分市场占一定规模，或有明显创新特点，或处产业链关键环节或有特定品牌价值；三是拥有与企业主营业务相适应的创新团队和经营管理团队；四是初步建立了与企业发展阶段相适应的创新机制，具备持续创新能力。

除此之外，《企业所得税法》也规范了小微企业的规模，请扫描二维码了解相关内容。

1.1.2 小企业会计准则的内容与执行要求

《小企业会计准则》第一条规范了小企业会计准则制定的目的和依据。为了规范小企业会计确认、计量和报告行为，促进小企业可持续发展，发挥小企业在国民经济和社会发展中的重要作用，根据《中华人民共和国会计法》和其他有关法律和法规，制定《小企业会计准则》。

制定《小企业会计准则》，不仅要立足国情，借鉴中小主体国际财务报告准则简化要求，也要和我国税法保持协调，还要有助于银行等债权人提供信贷。

1. 小企业会计准则的内容

基于"内容完整、通俗易懂、便于操作、强化监管"的要求，同时借鉴企业会计准则体系的制定经验，小企业会计准则体系由《小企业会计准则》和应用指南两部分组成。《小企业会计准则》主要规范小企业通常发生的交易或事项的会计处理，为小企业处理会计实务问题提供具体而统一的标准。采用章节体例，分为总则、资产、负债、所有者权益、收入、费用、利润及利润分配、外币业务、财务报表、附则共十章，具体规定了小企业会计确认、计量和报告的全部内容。应用指南主要规定会计科目的设置、主要账务处理、财务报表的种类、格式及编制说明，为小企业执行《小企业会计准则》提供操作性规范。具体内容如表1-2所示。

表1-2 《小企业会计准则》主要内容一览表

	章 次	章 名	条 款	主要内容
正文	第一章	总则	4条	立法宗旨、适用范围、执行本准则的相关规定
	第二章	资产	40条	流动资产（包括货币资金、短期投资、应收及预付款项、存货等）、长期投资、固定资产和生产性生物资产、无形资产、长期待摊费用
	第三章	负债	8条	流动负债（包括短期借款、应付及预收款项、应付职工薪酬、应交税费、应付利息等）、非流动负债（包括长期借款、长期应付款等）
	第四章	所有者权益	5条	实收资本、资本公积、盈余公积和未分配利润
	第五章	收入	7条	销售商品收入和提供劳务收入
	第六章	费用	2条	营业成本、税金及附加、销售费用、管理费用、财务费用
	第七章	利润及利润分配	6条	营业利润、利润总额、净利润、营业外收入、营业外支出、政府补助、利润分配
	第八章	外币业务	6条	外币、外币交易、外币财务报表折算
	第九章	财务报表	10条	资产负债表、利润表、现金流量表、附注
	第十章	附则	2条	微型企业参照执行准则、本准则施行日期
	合 计	十章	90条	
附录				会计科目、主要账务处理和财务报表

尽管我国的《小企业会计准则》借鉴了国际会计准则理事会制定的《中小主体国际财务报告准则》，但是两者在内容和适用范围方面存在很大差异，请扫描二维码了解相关内容。

2．小企业会计准则的执行要求

《小企业会计准则》第三条规定，小企业可以按照《小企业会计准则》进行会计处理，也可以选择执行《企业会计准则》。

（1）按照《小企业会计准则》进行会计处理的小企业，发生的交易或者事项本准则未做规范的，可以根据《企业会计准则》相关规定进行处理。

（2）选择执行《企业会计准则》的小企业，不得在执行《企业会计准则》的同时，选择执行《小企业会计准则》的相关规定。

（3）执行《小企业会计准则》的小企业，公开发行股票或债券的，转为执行《企业会计准则》；因经营规模或企业性质变化导致不符合小企业标准而成为大中型企业或金融企业的，从次年1月1日起转为执行《企业会计准则》。

（4）已执行《企业会计准则》的上市公司、大中型企业和小企业，不得转为执行本准则。

执行《小企业会计准则》的小企业，转为执行《企业会计准则》时，按照《企业会计准则第38号——首次执行企业会计准则》等相关规定进行会计处理（依据《小企业会计准则》第四条）。

小企业根据会计业务的需要设置会计机构，或者在有关机构中设置会计人员并指定会计主管人员；不具备设置条件的，可以委托经批准设立从事会计代理记账业务的中介机构代理记账。

> **小企业会计准则**
>
> 　　第八十九条　符合《中小企业划型标准规定》所规定的微型企业标准的企业参照执行本准则。
> 　　第九十条　本准则自 2013 年 1 月 1 日起施行。

1.1.3　小企业会计准则的适用范围

《小企业会计准则》适用于经营规模较小的企业，包括小型企业和微型企业。

《小企业会计准则》第二条明确规定："本准则适用于在中华人民共和国境内依法设立的、符合《中小企业划型标准规定》所规定的小型企业标准的企业。下列三类小企业除外：

（1）股票或债券在市场上公开交易的小企业。

（2）金融机构或其他具有金融性质的小企业。

（3）企业集团内的母公司和子公司。"

具体而言，符合执行《小企业会计准则》所规定的小型企业或微型企业标准的企业应同时具备以下三个条件。

（1）经营规模较小。经营规模较小是指符合国务院发布的中小企业划型标准所规定的小企业标准或微型企业标准。

（2）不发行股票或债券，不是金融性质的企业。承担社会公众责任主要包括两种情形：一是企业的股票或债券在市场上公开交易，如上市公司和发行企业债的非上市企业、准备上市的公司和准备发行企业债的非上市企业；二是受托持有和管理财务资源的金融机构或其他企业，如非上市金融机构、具有金融性质的基金等其他企业（或主体）。"不承担社会公众责任"的说法是国际通用的，其他国家也是这么认定的。小企业一般不承担以上两项社会公众责任。承担以上两项社会公众责任的企业不能划分为小企业。

（3）既不是企业集团内的母公司也不是子公司。由于考虑到小企业会计信息的使用者主要是银行及税务，不是投资人，所以，纳入《小企业会计准则》适用范围内的小企业，既不是企业集团内的母公司，也不是企业集团内的子公司。

如果一个企业已成为母公司，能够控制其他公司，就需要编制合并报表，对该企业从高要求。由于企业集团需要统一会计政策和编制合并财务报表等，因此，如果一个企业是企业集团内的母公司或子公司，就需要执行《企业会计准则》。如果一家企业是某家企业的子公司（一般而言，子公司的母公司往往执行《企业会计准则》），就需要编制合并报表，统一会计政策，子公司也要执行《企业会计准则》。

值得注意的是，小型、微型企业和《企业所得税法》中规定的"小型微利企业"并非等同的概念。也就是说，小企业首先比照工信部〔2011〕300 号文件和《小企业会计准则》判断标准对自身的适用性，来选择合适的会计处理标准。但是在进行企业所得税申报时，小企业仍需以《企业所得税法》及其实施条例为准绳，严格判断自身是否符合小型微利企业的条件，从而依法享受相应的税收优惠。

1.2 《小企业会计准则》与《企业会计准则》的比较

制定小企业会计准则的模式，通常有三种：将小企业会计准则作为一个独立的体系，和现有会计准则体系相并列；将小企业会计准则作为一个具体会计准则；小企业会计准则作为具体会计准则的简化，即不单独建立一套会计准则体系，只在非小企业会计准则体系的框架下，简化确认和计量，简化信息披露。

我国选择的模式是，为小企业单独制定会计准则，即在《企业会计准则——基本准则》指导下，把《小企业会计制度》作为蓝本，结合《小企业会计制度》实施过程中出现的一些新业务，制定了一套规范的《小企业会计准则》。

《小企业会计准则》和《企业会计准则》都是依据《企业会计准则——基本准则》制定的，两者之间没有本质差异，只是《小企业会计准则》规范的内容比较简单，尽可能和税法的规定一致。例如，《小企业会计准则》统一采用单一的历史成本计量属性，只允许采用"应付税款法"，使得企业所得税的会计处理方法大大简化，有效规避了"纳税影响会计法"下职业判断及对核算净利润的人为操控的情况。

为便于小企业会计人员能够快速掌握和应用《小企业会计准则》，财政部在制定《小企业会计准则》时，认为《小企业会计准则》只需规定小企业主要业务或常规业务，非日常业务的会计处理可以参照《企业会计准则》的规定。《小企业会计准则》主要对小企业常见业务的会计处理原则予以了规范，不涉及投资性房地产、资产减值、企业年金基金、股份支付、企业合并、中期财务报告、合并财务报表、每股收益、关联方披露等内容。《小企业会计准则》和《企业会计准则》之间是合理分工和有序衔接相结合的关系。具体体现有：已执行《小企业会计准则》的小企业所发生的交易或事项如果在《小企业会计准则》中未做规范的，则参照《企业会计准则》的相关规定进行处理；已执行《小企业会计准则》的小企业一旦公开发行股票债券或因经营规模或企业性质变化而成为大中型企业或金融企业的，转为执行《企业会计准则》；小企业转为执行《企业会计准则》时，按照《企业会计准则第 38 号——首次执行企业会计准则》等相关规定进行会计处理。

《小企业会计准则》和《企业会计准则》存在差异的具体内容，如表 1-3 所示。

表 1-3 《小企业会计准则》与《企业会计准则》的差异

序号	项目	《小企业会计准则》	《企业会计准则》	备注
1	适用范围	《中小企业划型标准规定》所规定的小企业，三类小企业除外	没有明确规定适用范围	第二条
2	计量属性	只适用历史成本，资产按照成本计量	历史成本、公允价值、可变现净值、重置成本、现值	第六条
3	资产减值准备	不计提资产减值准备	符合减值条件，计提减值准备	第六条

续表

序号	项 目	《小企业会计准则》	《企业会计准则》	备 注
4	流动资产	包括短期投资等	包括以公允价值计量且变动计入当期损益的金融资产、合同资产等	第七条
5	短期投资	按照成本计量	按照公允价值计量	第八条
6	坏账损失	确认条件与税法规定一致，计入营业外支出	计入信用减值损失	第十条
7	出租商品和包装物	租金计入营业外收入，不结转成本	租金，计入其他业务收入；结转成本，计入其他业务成本	第十三条 第六十八条
8	存货盘盈	计入营业外收入	冲减管理费用	第十五条
9	非流动资产	包括长期债券投资等，没有长期应收款	包括债权投资、长期应收款等	第十六条
10	长期债券投资	溢折价按照年限平均法摊销，按照税法规定确认长期债券投资损失	债权投资，溢折价按照实际利率法和摊余成本进行摊销，计提信用减值损失	第十九条 第二十一条
11	长期股权投资	采用成本法，按照税法规定确认长期股权投资损失	采用成本和权益法，计提减值准备	第二十四条 第二十五条
12	自行建造固定资产	小企业在建工程在试运转过程中形成的产品、副产品或试车收入冲减在建工程成本	无明确的相关规定	第二十八条
13	分期付款购入固定资产	固定资产的成本，按照合同约定的付款总额和在签订租赁合同过程中发生的相关税费等确定	固定资产的成本以购买价款的现值为基础确定，合同价款与购买价款的现值之间的差额，在合同期间内按照实际利率法分摊计入当期损益	
14	融资租入固定资产	固定资产的成本，按照租赁合同约定的付款总额和在签订租赁合同过程中发生的相关税费等确定	将租赁付款额现值作为使用权资产的入账价值，将租赁付款额作为租赁负债的入账价值，其差额确认为租赁负债的未确认融资费用	第二十八条
15	固定资产折旧方法	年限平均法、双倍余额递减法和年数总和法	年限平均法、工作量法、双倍余额递减法和年数总和法	第三十条
16	无形资产摊销	小企业不能可靠估计无形资产使用寿命的，摊销期不得低于10年	使用寿命不确定的无形资产，不计提摊销	第四十一条
17	长期应收款	资产负债表无该项目	分期收款销售销货方运用该账户	
18	长期应付款	分期付款购买商品、融资租入固定资产，按照合同约定的金额确认，不涉及未确认融资费用	分期付款购买商品，按照合同约定的金额确认，涉及未确认融资费用	

续表

序号	项　　目	《小企业会计准则》	《企业会计准则》	备　　注
19	分期收款销售商品	在合同约定的收款日期确认收入	按照应收的合同或协议价款的公允价值确定销售商品收入金额。应收的合同或协议价款与其公允价值之间的差额，在合同或协议期间内采用实际利率法进行摊销，计入当期损益	第五十九条
20	产品分成方式	在分得产品之日按照产品的市场价格或评估价值确定销售商品收入金额	无相关规定	第五十九条
21	财务费用	利息费用（减利息收入）、汇兑损失、银行相关手续费、小企业给予的现金折扣（减享受的现金折扣）等费用	利息费用（减利息收入）、汇兑损益、银行相关手续费、企业给予的现金折扣（减享受的现金折扣）等费用	第六十五条
22	营业外收入	包括非流动资产处置净收益、政府补助、捐赠收益、盘盈收益、汇兑收益、出租包装物和商品的租金收入、逾期未退包装物押金收益、确实无法偿付的应付款项、已做坏账损失处理后又收回的应收款项、违约金收益等	包括政府补助、捐赠收益、盘盈收益、逾期未退包装物押金收益、确实无法偿付的应付款项、违约金收益等	第六十八条
23	营业外支出	包括存货的盘亏、毁损、报废损失，非流动资产处置净损失，坏账损失，无法收回的长期债券投资损失，无法收回的长期股权投资损失，自然灾害等不可抗力因素造成的损失，税收滞纳金，罚金，罚款，被没收财物的损失，捐赠支出，赞助支出等	包括存货的盘亏、毁损、报废损失，自然灾害等不可抗力因素造成的损失，税收滞纳金，罚金，罚款，被没收财物的损失，捐赠支出，赞助支出等	第七十条
24	其他业务收入	包括出租固定资产、出租无形资产、销售材料等实现的收入	包括出租固定资产、出租无形资产、出租包装物和商品、销售材料等实现的收入	
25	其他业务成本	包括销售材料的成本、出租固定资产的折旧费、出租无形资产的摊销额等	包括销售材料的成本、出租固定资产的折旧费、出租无形资产的摊销额、出租包装物的成本和摊销额等	

续表

序号	项目	《小企业会计准则》	《企业会计准则》	备注
26	外币财务报表折算	采用资产负债表日的即期汇率对外币资产负债表、利润表和现金流量表的所有项目进行折算	资产负债表中的资产和负债项目，采用资产负债表日的即期汇率折算，所有者权益项目除未分配利润项目外，其他项目采用发生时的即期汇率折算；利润表中的收入和费用项目，采用交易发生日的即期汇率折算；也可以采用按照系统合理的方法确定的、与交易发生日即期汇率近似的汇率折算	第七十八条
27	会计政策变更	采用未来适用法处理	会计政策变更能够提供更可靠、更相关的会计信息的，采用追溯调整法处理；在当期期初确定会计政策变更对以前各期累积影响数不切实可行的，采用未来适用法处理	第八十八条
28	重要的前期差错	采用未来适用法处理	采用追溯重述法	第八十八条
29	以前年度损益调整	没有此账户	企业发生的调整以前年度损益的事项以及本年度发现的重要前期差错更正涉及调整以前年度损益的事项；资产负债表日至财务报告批准报出日之间发生的需要调整报告年度损益的事项	
30	财务报表	资产负债表、利润表、现金流量表、附注	资产负债表、利润表、现金流量表、所有者权益变动表、附注	第七十九条

注：备注栏列示的是《小企业会计准则》的具体条目。

1.3 《小企业会计准则》与《企业所得税法》的比较

如何处理《小企业会计准则》和《企业所得税法》的关系，主要存在两种观点。一种观点坚持以税法为导向的原则，制定《小企业会计准则》和《企业所得税法》尽可能协调一致。主要理由有：以税法规定为基础制定《小企业会计准则》，可以最大限度地消除会计和税收之间的差异，减少小企业在计税过程中涉及的纳税调整事项，同时减少税务部门对企业的计征成本，提高征管效率，有利于促进小企业实行查账征收。另一种观点坚持会计和税法适当分离的原则，制定《小企业会计准则》遵循现有的会计原则，而不应过多地考虑税法规定。主要理由有：一是税收和会计的目标不同，适当分离是必要的，虽然小企业主要的会计信息使用者是税务部门，但会计以提供真实完整的会计信息为前提，税法以确保税金的强制征收为前提，两者目的、意义、原则均不相同；二是所得税法实施以后，税法和会计的差异已大为减少，会计上的很多理念已被税法所采纳，加之小企业本身业务单一，需要纳税调整的事项不多；三是和税法一致，可能导致一些会计处理偏离基本准则的原则要求。

综合考虑各方面因素，财政部在制定《小企业会计准则》时采纳了第一种观点，以满足小企业会计信息使用者（主要为税务部门）的需求为根本出发点，最大限度地消除小企业会计和税法的差异。这样，既有利于提高会计信息的有用性，也有利于在保证会计信息真实可比的前提下降低会计处理和纳税申报的工作量，符合成本效益原则。

1.3.1 《小企业会计准则》和《企业所得税法》的差异

依据《小企业会计准则》计算小企业会计利润和按照企业所得税法计算的应纳税所得额存在差距，《小企业会计准则》和《企业所得税法》存在的差异如下。

1. 小企业资产和税法规范资产的差异

小企业的大部分资产和税法确认的资产计量方法一致。小企业也有一部分资产存在小企业会计和税法规范的差异。

（1）长期投资账面价值和计税基础不同。按照《小企业会计准则》的规定，长期投资成本包含买价和相关税费，但不包含已经到付息期或已宣告尚未领取或尚未收到的债券利息或股票现金股利。按照《企业所得税法》的规定，小企业取得投资时，投资成本不仅包含买价和相关税费，也包含已经到付息期或已宣告尚未领取或尚未收到的债券利息或股票现金股利。

（2）固定资产账面价值和计税基础不同。

1）折旧范围不同。《小企业会计准则》规定，"小企业应当对所有固定资产计提折旧，但已提足折旧仍继续使用的固定资产和单独计价入账的土地不得计提折旧"。《企业所得税法》则规定，"在计算应纳税所得额时，企业按照规定计算的固定资产折旧，准予扣除。下列固定资产不得计算折旧扣除：一是房屋、建筑物以外未投入使用的固定资产；二是与经营活动无关的固定资产"。可见，上述两项内容所述固定资产不在税法计提固定资产折旧之列。

2）固定资产会计处理和税法的差异。小企业可选用的折旧方法包括年限平均法（直线法）、双倍余额递减法和年数总和法等。小企业根据固定资产的性质和使用情况，并考虑税法的规定，合理确定固定资产的使用寿命和预计净残值。《小企业会计准则》没有规定各类固定资产折旧年限。而《企业所得税法实施条例》规定："除国务院财政、税务主管部门另有规定外，固定资产计提折旧的最低年限如下：① 房屋、建筑物，为 20 年；② 机器、机械和其他生产设备，为 10 年；③ 与生产经营活动有关的器具、工具、家具等，为 5 年；④ 飞机、火车、轮船以外的运输工具，为 4 年；⑤ 电子设备，为 3 年。"这会导致小企业固定资产账面价值和计税基础因计提折旧年限不同而产生差异。根据 2014 年出台的加速折旧政策，小微企业购进的研发和生产共用的固定资产，不超过 100 万元的，可以在购进当年税前一次扣除；超过 100 万元的，可采用加速折旧方法计提折旧。小企业新购进的设备、器具，单位价值不超过 500 万元的，允许一次性计入当期成本费用在计算应纳税所得额时扣除，不再分年度计算折旧。自 2019 年 1 月 1 日起，适用《财政部 国家税务总局关于完善固定资产加速折旧企业所得税政策的通知》(财税〔2014〕75号)和《财政部 国家税务总局关于进一步完善固定资产加速折旧企业所得税政策的通知》(财税〔2015〕106号)规定固定资产加速折旧优惠的行业范围,扩大至全部制造业领域。这些可能会导致小企业前述固定资产的税会差异。

(3) 无形资产账面价值和计税基础不同。小企业自创的无形资产中专利权部分,由小企业开发完成,符合资本化条件的,按照《小企业会计准则》的有关规定,将这部分研发支出归集的成本予以资本化,转为无形资产专利权。按照《企业所得税法实施条例》的规定,小企业在摊销无形资产时,按其150%分期摊销,递延计入以后年度费用。小企业开展研发活动中实际发生的研发费用,未形成无形资产计入当期损益的,在按规定据实扣除的基础上,再按照实际发生额的75%在税前加计扣除;形成无形资产的,在上述期间按照无形资产成本的175%在税前摊销。因此,小企业的无形资产账面价值和计税基础不同。

2. 小企业负债和税法规范负债的差异

小企业负债中,"应付职工薪酬"的内容和税法规范的应付职工薪酬差异较大。

(1) 残疾人应付职工薪酬和税法规范内容不一致。残疾人应付职工薪酬,是指企业根据有关规定应付给残疾人职工的各种薪酬。小企业残疾职工的薪酬在"应付职工薪酬"账户按实际发生额进行会计处理。按照《企业所得税法》第三十条第(二)项、《企业所得税法实施条例》第九十六条、《财政部 国家税务总局关于安置残疾人员就业有关企业所得税优惠政策问题的通知》(财税〔2009〕70号)等相关规定,企业安置残疾人员的,在按照支付给残疾职工工资据实扣除的基础上,按照支付给上述人员工资的100%加计扣除。

(2) 一般人员应付职工薪酬中工资附加费部分和税法规范内容不一致。不一致内容包括:

1) 福利费。《企业所得税法》要求超过14%的比例实报实销,小企业实际发生的福利费超支部分,调增应纳税所得额。

2) 职工教育经费。从2018年1月1日开始,小企业发生的职工教育经费支出,不超过工资薪金总额8%的部分,准予在计算企业所得税应纳税所得额时扣除;超过部分,准予在以后纳税年度结转扣除。当年超支部分调增应纳税所得额。

3) "五险一金"按《小企业会计准则》有关规定计提,并缴纳有关部门的工资性支出。小企业超过《企业所得税法》规定的部分,调增应纳税所得额。

3. 小企业收入和税法规范应纳税所得额的差异

小企业的收入包括销售商品收入和提供劳务收入。《小企业会计准则》确认的收入(包括利得),和《企业所得税法》的内容基本一致。但是,也有部分差异较大。

(1) 劳务收入不包括金融保险企业取得的收入。小企业提供劳务的收入,是指从事建筑安装、修理修配、交通运输、仓储租赁、邮电通信、咨询经纪、文化体育、科学研究、科技服务、教育培训、餐饮住宿、中介代理、卫生保健、社区服务、旅游、娱乐、加工以及其他劳务服务活动取得的收入。小企业劳务收入不包括小金融保险企业取得的收入。这是因为《小企业会计准则》不适用于金融保险企业和其他具有金融保险性质的企业。

(2) 视同销售确认的收入不同。《小企业会计准则》确认的收入中仅包含一部分视同销售收入,即外部视同销售收入,如捐赠支出、对外投资等。这从支出表面看,没有买卖行为，甚至不开具发票，但《企业所得税法》视为销售行为，即作为交易活动处理，计算缴纳增值税。但其内部视同销售的收入，《小企业会计准则》不予确认收入。内部视同销售，是指小企业作为一个会计主体，其会计主体内部各单位之间发生的物资转移活动，如基本建设支出领用本企业产品。这种活动不论是从转移表面看，还是从商业实质看，都不具有销售性质，没有买卖行为，也不开具发票，但属于增值税应税范围，作为销售活动。同时，按《企业所得税法》的有关规定，内部视同销售不属于企业所得税规定的视同销售，因为所有权没有发生转移。

（3）国债利息收入。《小企业会计准则》将国债利息收入作为小企业收入处理，计入"投资收益"账户。按照《企业所得税法》的有关规定，国债利息收入，包括地方政府债券利息收入不缴纳所得税，作为免税收入处理。同时，小企业债券利息收入，不仅包含债券票面利息，还包含逐期摊销的溢折价金额。《企业所得税法》规定，债券利息收入只包含债券票面利息。

4．小企业费用支出和税法规范费用的差异

（1）管理费用。例如，业务招待费，《小企业会计准则》规定，实报实销。《企业所得税法》规定允许税前列支60%，且不超过当年收入的5‰，否则，小企业所得税汇算清缴纳税申报时，调增应纳税所得额。

（2）财务费用。例如，利息支出，《小企业会计准则》规定，实报实销。《企业所得税法》规定允许税前列支部分，为小企业从非金融企业取得借款发生的利息支出，超过同期同类贷款利率计算的利息支出部分，在所得税汇算清缴时，调增当年应纳税所得额。

（3）销售费用。小企业进行广告费和业务宣传费的会计处理时，采取实报实销方式。《企业所得税法》规定一般企业允许税前列支部分不超过当年收入的15%，否则，小企业所得税汇算清缴纳税申报时，将超支部分调增当年应纳税所得额，并结转下年度继续扣除。

（4）营业外支出。《小企业会计准则》规定和《企业所得税法》规定的内容有差别的具体有两项：

1）捐赠支出。《小企业会计准则》规定，发生的捐赠支出实报实销。2017年2月修订的《企业所得税法》规定："企业发生的公益性捐赠支出，在年度利润总额12%以内的部分，准予在计算应纳税所得额时扣除；超过年度利润总额12%的部分，准予结转以后三年内在计算应纳税所得额时扣除。"而且，捐赠对象为县级以上政府部门或非营利组织，方可准予扣除。

2）税收滞纳金、罚金、罚款和被没收财物的损失。《小企业会计准则》规定，据实扣减小企业发生的税收滞纳金、罚金、罚款和被没收财物的损失等支出。《企业所得税法》规定不允许税前列支，小企业所得税汇算清缴纳税申报时，将这部分滞纳金调增当年应纳税所得额。

1.3.2 《小企业会计准则》和《企业所得税法》的一致性

为了降低小企业纳税调整成本，满足税务部门税收决策的需要，《小企业会计准则》在很大程度上实现了和《企业所得税法》的协调，保证了两者的一致性。

1.《小企业会计准则》和《企业所得税法》的协调

（1）资产会计处理的协调。

1）统一采用历史成本计量。《企业所得税法》贯彻确定性原则，不承认持有期间市价变动对资产的影响，不确认公允价值变动产生的损益。不确认持有资产的减值，除金融企业按国务院财政、税务主管部门规定提取的准备金外，减值准备一律不得税前扣除。《小企业会计准则》采用历史成本计量属性，不计提坏账准备、存货跌价准备、固定资产减值准备等，无须根据资产公允价值调整短期投资、长期股权投资账面价值；另外，《小企业会计准则》对长期股权投资采用成本法，在实际取得股利时计入当期投资收益。

2）统一资产折旧（摊销）方法和年限。《小企业会计准则》规定，以"竣工"为自建固定资产资本化的截止时点，不再是"达到预定可使用状态"，与《企业所得税法》一致；小企业按照年限平均法对固定资产计提折旧，小企业的固定资产由于技术进步等原因，确需加速折旧的，可以采用双倍余额递减法和年数总和法；小企业根据固定资产的性质和使用情况，并考虑《企业所得税法》的规定，合理确定固定资产的使用寿命和预计净残值。

《小企业会计准则》规定，无形资产在其使用寿命内采用年限平均法进行摊销，无形资产的摊销期自其可供使用时开始至停止使用或出售时止；有关法律规定或合同约定了使用年限的，可以按照规定或约定的使用年限分期摊销；小企业不能可靠估计无形资产使用寿命的，摊销期不得低于10年。这些规定与《企业所得税法实施条例》一致。

3）统一长期待摊费用的会计处理内容和摊销期限。《小企业会计准则》规定，小企业的长期待摊费用包括已提足折旧的固定资产的改建支出、经营租入固定资产的改建支出、固定资产的大修理支出和其他长期待摊费用等；长期待摊费用在其摊销期限内采用年限平均法进行摊销。大修理支出的界定、长期待摊费用会计处理的内容、摊销期限和税法完全一致。

（2）收入会计处理的协调。

1）统一收入确认原则。《企业所得税法》以收讫货款或者取得索取款项权利凭据为确认标准。小企业采用发出货物和收取款项作为收入确认标准，减少了关于风险和报酬转移的职业判断，减少了会计信息的不确定性。

2）统一收入确认时间。《小企业会计准则》对七种常见的销售方式采用了《企业所得税法》确定的收入确认时点。例如，销售商品采用托收承付方式的，在办妥托收手续时确认收入；采取预收款方式的，在发出商品时确认收入；销售商品采用分期收款方式的，在合同约定的收款日期确认收入等。

3）统一收入计量标准。《小企业会计准则》在收入计量方面和《企业所得税法》一致，即不再要求小企业按照从购买方已收或应收的合同或协议价款或者应收的合同或协议价款的公允价值确定收入的金额，而是要求小企业按照从购买方已收或应收的合同或协议价款，确定销售商品收入金额。销售商品涉及现金折扣的，按照扣除现金折扣前的金额确定销售商品收入；涉及商业折扣的，按照扣除商业折扣后的金额确定销售商品收入金额。

（3）费用损失会计处理的协调。《小企业会计准则》确认的费用和《企业所得税法》规定的可以税前扣除的费用很大程度上一致。主要表现在：《小企业会计准则》要求小企业采用应付税款法核算企业所得税，即按照《企业所得税法》规定计算的当期应纳税额，确认所得税费用；对应收账款发生的坏账损失、长期股权投资损失的确认条件和处理方法，按照《企业所得税法》的规定执行；对小企业的借款费用，不再要求按照借款摊余成本和借款实际利率计算，而是按借款本金和借款合同利率在应付利息日计算等，和《企业所得税法》保持了一致，减少了纳税调整的内容。

（4）营业外收入会计处理的协调。小企业营业外收入包括非流动资产处置净收益、政府补助、捐赠收益、盘盈收益、汇兑收益、出租包装物和商品的租金收入、逾期未退包装物押金收益、确实无法偿付的应付款项、已做坏账损失处理后又收回的应收款项、违约金收益等。这些规定和《企业所得税法》一致。

2.《小企业会计准则》和《企业所得税法》一致性的表现

如前所述，《小企业会计准则》一定程度上消除了小企业会计和税法的差异，两者相同之处的具体内容如表1-4所示。

表1-4 《小企业会计准则》与相关税法的相同点

序号	项目	税法的相关规定	《小企业会计准则》
1	权责发生制	《实施条例》第九条规定，企业应纳税所得额的计算，以权责发生制为原则，属于当期的收入和费用，不论款项是否收付，均作为当期的收入和费用；不属于当期的收入和费用，即使款项已经在当期收付，均不作为当期的收入和费用	小企业会计的确认基础是权责发生制
2	资产的计量基础	《实施条例》第五十六条规定，企业的各项资产，包括固定资产、生物资产、无形资产、长期待摊费用、投资资产、存货等，以历史成本为计税基础。 前款所称历史成本，是指企业取得该项资产时实际发生的支出	第六条
3	资产减值	《实施条例》第五十六条规定，企业持有各项资产期间资产增值或者减值，除国务院财政、税务主管部门规定可以确认损益外，不得调整该资产的计税基础	第六条
4	除贷款类债权外的应收、预付账款的坏账损失确认条件	《通知》规定： （1）债务人依法宣告破产、关闭、解散、被撤销，或者被依法注销、吊销营业执照，其清算财产不足清偿的； （2）债务人死亡，或者依法被宣告失踪、死亡，其财产或者遗产不足清偿的； （3）债务人逾期3年以上未清偿，且有确凿证据证明已无力清偿债务的； （4）与债务人达成债务重组协议或法院批准破产重整计划后，无法追偿的； （5）因自然灾害、战争等不可抗力导致无法收回的； （6）国务院财政、税务主管部门规定的其他条件。 从《企业资产损失所得税税前扣除管理办法》（国家税务总局公告〔2011〕第25号）的相关规定可以看出，上述规定也适用于长期债券投资	第十条

续表

序号	项　目	税法的相关规定	《小企业会计准则》
5	存货的定义	《实施条例》第七十二条规定，存货，是指企业持有以备出售的产品或者商品、处在生产过程中的在产品、在生产或者提供劳务过程中耗用的材料和物料等	第十一条
6	存货的取得	《实施条例》第七十二条规定，存货按照以下方法确定成本：通过支付现金方式取得的存货，以购买价款和支付的相关税费为成本；通过支付现金以外的方式取得的存货，以该存货的公允价值和支付的相关税费为成本	第十二条　表述不同，通过支付现金以外的方式取得的存货，以该存货的评估价值和支付的相关税费为成本
7	存货的发出	《实施条例》第七十二条规定，企业使用或者销售的存货的成本计算方法，可以在先进先出法、加权平均法、个别计价法中选用一种。计价方法一经选用，不得随意变更	第十三条
8	投资资产的定义	《实施条例》第七十二条规定，投资资产，是指企业对外进行权益性投资和债权性投资形成的资产	
9	投资资产的取得	《实施条例》第七十二条规定，投资资产按照以下方法确定成本：通过支付现金方式取得的投资资产，以购买价款为成本；通过支付现金以外的方式取得的投资资产，以该资产的公允价值和支付的相关税费为成本	第八条、第十八条、第二十三条
10	长期股权投资损失确认条件	《通知》规定： （1）被投资方依法宣告破产、关闭、解散、被撤销，或者被依法注销、吊销营业执照的； （2）被投资方财务状况严重恶化，累计发生巨额亏损，已连续停止经营3年以上，且无重新恢复经营改组计划的； （3）对被投资方不具有控制权，投资期限届满或者投资期限已超过10年，且被投资单位因连续3年经营亏损导致资不抵债的； （4）被投资方财务状况严重恶化，累计发生巨额亏损，已完成清算或清算期超过3年以上的； （5）国务院财政、税务主管部门规定的其他条件	第二十六条
11	固定资产的定义	《实施条例》第二十七条规定，固定资产，是指企业为生产产品、提供劳务、出租或者经营管理而持有的、使用时间超过12个月的非货币性资产，包括房屋、建筑物、机器、机械、运输工具以及其他与生产经营活动有关的设备、器具、工具等	第二十七条

续表

序号	项目	税法的相关规定	《小企业会计准则》
12	固定资产的取得	《实施条例》第二十八条规定，固定资产按照以下方法确定计税基础： （1）外购的固定资产，以购买价款和支付的相关税费以及直接归属于使该资产达到预定用途发生的其他支出为计税基础； （2）自行建造的固定资产，以竣工结算前发生的支出为计税基础； （3）融资租入的固定资产，以租赁合同约定的付款总额和承租人在签订租赁合同过程中发生的相关费用为计税基础，租赁合同未约定付款总额的，以该资产的公允价值和承租人在签订租赁合同过程中发生的相关费用为计税基础； （4）盘盈的固定资产，以同类固定资产的重置完全价值为计税基础； （5）通过捐赠、投资等方式取得的固定资产，以该资产的公允价值和支付的相关税费为计税基础	第二十八条 但没有规范租赁合同未约定付款总额的入账价值； 盘盈的，表述不同，采用同类或类似固定资产的市场价格和评估价值
13	租入的固定资产	《实施条例》第四十七条规定，企业根据生产经营活动的需要租入固定资产支付的租赁费，按照以下方法扣除：以经营租赁方式租入固定资产发生的租赁费支出，按照租赁期限均匀扣除；以融资租赁方式租入固定资产发生的租赁费支出，按照规定构成融资租入固定资产价值的部分提取折旧费用，分期扣除	
14	固定资产的折旧方法	《实施条例》第五十九条规定，固定资产按照直线法计算的折旧，准予扣除。 企业自固定资产投入使用月份的次月起计算折旧；停止使用的固定资产，自停止使用月份的次月起停止计算折旧。 企业根据固定资产的性质和使用情况，合理确定固定资产的预计残值。固定资产的预计净残值一经确定，不得变更	第三十条、第三十一条
15	固定资产的折旧年限	《实施条例》第六十条规定，除国务院财政、税务主管部门另有规定外，固定资产计算折旧的最低年限如下： （1）房屋、建筑物，为20年； （2）飞机、火车、轮船、机器、机械和其他生产设备，为10年； （3）与生产经营活动有关的器具、工具、家具等，为5年； （4）飞机、火车、轮船以外的运输工具，为4年； （5）电子设备，为3年	没有规定，但在实际工作中按照《实施条例》的规定执行
16	固定资产的加速折旧	《实施条例》第九十八条规定，可以采取缩短折旧年限或者采取加速折旧的方法的固定资产，包括： （1）由于技术进步，产品更新换代较快的固定资产； （2）常年处于强震动、高腐蚀状态的固定资产。	第三十条

续表

序号	项目	税法的相关规定	《小企业会计准则》
16	固定资产的加速折旧	采取缩短折旧年限方法的，最低折旧年限不得低于本条例第六十条规定折旧年限的60%；采取加速折旧方法的，可以采取双倍余额递减法或者年数总和法	
17	存货或固定资产损失	《通知》规定： （1）对企业盘亏的固定资产或存货，以该固定资产的账面净值或存货的成本减除责任人赔偿后的余额，作为固定资产或存货盘亏损失在计算应纳税所得额时扣除。 （2）对企业毁损、报废的固定资产或存货，以该固定资产的账面净值或存货的成本减除残值、保险赔款和责任人赔偿后的余额，作为固定资产或存货毁损、报废损失在计算应纳税所得额时扣除。 （3）对企业被盗的固定资产或存货，以该固定资产的账面净值或存货的成本减除保险赔款和责任人赔偿后的余额，作为固定资产或存货被盗损失在计算应纳税所得额时扣除。 （4）企业因存货盘亏、毁损、报废、被盗等原因不得从增值税销项税额中抵扣的进项税额，可以与存货损失一起在计算应纳税所得额时扣除	第十五条、第三十四条
18	无形资产的定义、内容	《实施条例》第六十五条规定，企业所得税法第十二条所称无形资产，是指企业为生产产品、提供劳务、出租或者经营管理而持有的、没有实物形态的非货币性长期资产，包括专利权、商标权、著作权、土地使用权、非专利技术等	第三十八条
19	无形资产的取得	《实施条例》第六十六条规定，无形资产按照以下方法确定计税基础： （1）外购的无形资产，以购买价款和支付的相关税费以及直接归属于使该资产达到预定用途发生的其他支出为计税基础； （2）自行开发的无形资产，以开发过程中该资产符合资本化条件后至达到预定用途前发生的支出为计税基础； （3）通过捐赠、投资等方式取得的无形资产，以该资产的公允价值和支付的相关税费为计税基础	第三十九条 但是，通过捐赠、投资等方式取得的无形资产，按照评估价值和相关税费确定
20	无形资产的摊销	《实施条例》第六十七条规定，无形资产按照直线法计算的摊销费用，准予扣除。 无形资产的摊销年限不得低于10年。 作为投资或者受让的无形资产，有关法律规定或者合同约定了使用年限的，可以按照规定或者约定使用年限分期摊销	第四十一条

续表

序号	项目	税法的相关规定	《小企业会计准则》
21	无形资产摊销的加计扣除	《实施条例》第九十五条规定,企业所得税法第三十条第(一)项所称研究开发费用的加计扣除,是指企业为开发新技术、新产品、新工艺发生的研究开发费用,未形成无形资产计入当期损益的,在按照规定据实扣除的基础上,按照研究开发费用的50%加计扣除;形成无形资产的,按照无形资产成本的150%摊销	
22	长期待摊费用的内容	《企业所得税法》第十三条规定,在计算应纳税所得额时,企业发生的下列支出作为长期待摊费用,按照规定摊销的,准予扣除: (1)已足额提取折旧的固定资产的改建支出; (2)租入固定资产的改建支出; (3)固定资产的大修理支出; (4)其他作为长期待摊费用的支出 《实施条例》第六十九条规定,企业所得税法第十三条所称固定资产的大修理支出,是指同时符合下列条件的支出:修理支出达到取得固定资产时的计税基础50%以上;修理后固定资产的使用年限延长2年以上	第四十三条
23	长期待摊费用的摊销	《实施条例》第六十八条规定,企业所得税法第十三条第(一)项规定的支出,按照固定资产预计尚可使用年限分期摊销;第(二)项规定的支出,按照合同约定的剩余租赁期限分期摊销。 改建的固定资产延长使用年限的,除企业所得税法第十三条第(一)项和第(二)项规定外,适当延长折旧年限。 《实施条例》第六十九条规定,企业所得税法第十三条第(三)项规定的支出,按照固定资产尚可使用年限分期摊销。 《实施条例》第七十条规定,企业所得税法第十三条第(四)项所称其他作为长期待摊费用的支出,自支出发生月份的次月起,分期摊销,摊销年限不得低于3年	第四十四条
24	销售货物收入	《实施条例》第十四条规定,销售货物收入,是指企业销售商品、产品、原材料、包装物、低值易耗品以及其他存货取得的收入	
25	销售收入的确认时间	国税函〔2008〕875号文件规定,采取下列商品销售方式的,按以下规定确认收入实现时间: (1)销售商品采用托收承付方式的,在办妥托收手续时确认收入。 (2)销售商品采取预收款方式的,在发出商品时确认收入。 (3)销售商品需要安装和检验的,在购买方接受商品以及安装和检验完毕时确认收入。如果安装程序比较简单,可在发出商品时确认收入。	第五十九条

续表

序号	项目	税法的相关规定	《小企业会计准则》
25	销售收入的确认时间	（4）销售商品采用支付手续费方式委托代销的，在收到代销清单时确认收入	
26	销售收入的增值税纳税义务发生时间	销售货物或者应税劳务，为收讫销售款项或者取得索取销售款项凭据的当天；先开具发票的，为开具发票的当天。 收讫销售款项或者取得索取销售款项凭据的当天，按销售结算方式的不同，具体为： （1）采取直接收款方式销售货物，不论货物是否发出，均为收到销售款或者取得索取销售款凭据的当天； （2）采取托收承付和委托银行收款方式销售货物，为发出货物并办妥托收手续的当天； （3）采取赊销和分期收款方式销售货物，为书面合同约定的收款日期的当天，无书面合同的或者书面合同没有约定收款日期的，为货物发出的当天； （4）采取预收货款方式销售货物，为货物发出的当天，但生产销售生产工期超过12个月的大型机械设备、船舶、飞机等货物，为收到预收款或者书面合同约定的收款日期的当天； （5）委托其他纳税人代销货物，为收到代销单位的代销清单或者收到全部或者部分货款的当天；未收到代销清单及货款的，为发出代销货物满180天的当天； （6）销售应税劳务，为提供劳务同时收讫销售款或者取得索取销售款的凭据的当天； （7）除代销外的视同销售货物行为，为货物移送的当天	第五十九条
27	以旧换新	国税函〔2008〕875号文件规定，销售商品以旧换新的，销售商品按照销售商品收入确认条件确认收入，回收的商品作为购进商品处理	第五十九条
28	买一赠一	国税函〔2008〕875号文件规定，企业以买一赠一等方式组合销售本企业商品的，不属于捐赠，将总的销售金额按各项商品的公允价值的比例来分摊确认各项的销售收入	
29	商业折扣、现金折扣	国税函〔2008〕875号文件规定，企业为促进商品销售而在商品价格上给予的价格扣除属于商业折扣。商品销售涉及商业折扣的，按照扣除商业折扣后的金额确定销售商品收入金额。 债权人为鼓励债务人在规定的期限内付款而向债务人提供的债务扣除属于现金折扣。销售商品涉及现金折扣的，按扣除现金折扣前的金额确定销售商品收入金额，现金折扣在实际发生时作为财务费用扣除	第六十条

续表

序号	项 目	税法的相关规定	《小企业会计准则》
30	销售折让、销售退回	国税函〔2008〕875号文件规定,企业因售出商品的质量不合格等原因而在售价上给的减让属于销售折让;企业因售出商品质量、品种不符合要求等原因而发生的退货属于销售退回。企业已经确认销售收入的售出商品发生销售折让和销售退回,在发生当期冲减当期销售商品收入	第六十一条
31	提供劳务收入的内容	《实施条例》第十五条规定,提供劳务收入,是指企业从事建筑安装、修理修配、交通运输、仓储租赁、金融保险、邮电通信、咨询经纪、文化体育、科学研究、技术服务、教育培训、餐饮住宿、中介代理、卫生保健、社区服务、旅游、娱乐、加工以及其他劳务服务活动取得的收入	第六十二条
32	劳务收入的会计处理	国税函〔2008〕875号文件规定,企业按照从接受劳务方已收或应收的合同或协议价款确定劳务收入总额,根据纳税期末提供劳务收入总额乘以完工进度扣除以前纳税年度累计已确认提供劳务收入后的金额,确认为当期劳务收入;同时,按照提供劳务估计总成本乘以完工进度扣除以前纳税期间累计已确认劳务成本后的金额,结转为当期劳务成本	第六十三条
33	租金收入	《实施条例》第十九条规定,租金收入,是指企业提供固定资产、包装物或者其他有形资产的使用权取得的收入。租金收入,按照合同约定的承租人应付租金的日期确认收入的实现	
34	接受捐赠收入	《实施条例》第二十一条规定,企业所得税法第六条第(八)项所称接受捐赠收入,是指企业接受的来自其他企业、组织或者个人无偿给予的货币性资产、非货币性资产。接受捐赠收入,按照实际收到捐赠资产的日期确认收入的实现	
35	其他收入	《实施条例》第二十二条规定,其他收入,包括企业资产溢余收入、逾期未退包装物押金收入、确实无法偿付的应付款项、已做坏账损失处理后又收回的应收款项、债务重组收入、补贴收入、违约金收入、汇兑收益等	第六十八条
36	分期确认收入的实现	《实施条例》第二十三条规定,企业的下列生产经营业务可以分期确认收入的实现:以分期收款方式销售货物的,按照合同约定的收款日期确认收入的实现;企业受托加工制造大型机械设备、船舶、飞机,以及从事建筑、安装、装配工程业务或者提供其他劳务等,持续时间超过12个月的,按照纳税年度内完工进度或者完成的工作量确认收入的实现	第五十九条
37	产品分成方式取得收入	《实施条例》第二十四条规定,采取产品分成方式取得收入的,按照企业分得产品的日期确认收入的实现,其收入额按照产品的公允价值确定	第五十九条

续表

序号	项目	税法的相关规定	《小企业会计准则》
38	收益性支出和资本性支出	《实施条例》第二十八条规定，企业发生的支出区分收益性支出和资本性支出。收益性支出在发生当期直接扣除；资本性支出分期扣除或者计入有关资产成本，不得在发生当期直接扣除	借款费用，固定资产改建支出，无形资产研发支出
39	损失	《实施条例》第三十二条规定，损失，是指企业在生产经营活动中发生的固定资产和存货的盘亏、毁损、报废损失，转让财产损失，呆账损失，坏账损失，自然灾害等不可抗力因素造成的损失以及其他损失。 企业发生的损失，减除责任人赔偿和保险赔款后的余额，依照国务院财政、税务主管部门的规定扣除。 企业已经作为损失处理的资产，在以后纳税年度又全部收回或者部分收回时，计入当期收入	
40	借款费用	《实施条例》第三十七条规定，企业在生产经营活动中发生的合理的不需要资本化的借款费用，准予扣除。企业为购置、建造固定资产、无形资产和经过12个月以上的建造才能达到预定可销售状态的存货发生借款的，在有关资产购置、建造期间发生的合理的借款费用，作为资本性支出计入有关资产的成本，并依照本条例的规定扣除	第二十八条、第三十九条
41	外币折算	《实施条例》第三十条规定，企业在货币交易中，以及纳税年度终了时将人民币以外的货币性资产、负债按照期末即期人民币汇率中间价折算为人民币时产生的汇兑损失，除已经计入有关资产成本以及与向所有者进行利润分配相关的部分外，准予扣除	第七十六条、第七十八条

注：《财政部 国家税务总局关于企业资产损失税前扣除政策的通知》，简称《通知》。《中华人民共和国企业所得税法实施条例》，简称《实施条例》。

《关于确认企业所得税收入若干问题的通知》（国税函〔2008〕875号，简称国税函〔2008〕875号文件。

1.4 小企业的会计要素、会计科目和会计账户

1.4.1 会计要素

小企业的会计要素分为六类，即资产、负债、所有者权益、收入、费用和利润。其中，资产、负债和所有者权益三项会计要素主要反映小企业的财务状况；收入、费用和利润三项会计要素主要反映小企业的经营成果。

1. 反映财务状况的会计要素

小企业的资金表现为资金占用和资金来源两方面。其中，资金占用的具体表现形式就是小企业的资产，资金来源又可分为小企业所有者投入资金和债权人投入资金两类。债权

人对投入资产的求偿权称为债权人权益,表现为小企业的负债;小企业所有者对净资产(资产与负债的差额)的所有权称为所有者权益。从一定日期这一相对静止状态来看,资产总额与负债和所有者权益的合计必然相等,由此分离出资产、负债及所有者权益三项表现资金运动静止状态的会计要素。这三要素反映小企业一定时间点的资产及权益情况。

(1)资产。

> **小企业会计准则**
>
> 第五条 资产,是指小企业过去的交易或者事项形成的、由小企业拥有或者控制的、预期会给小企业带来经济利益的资源。

小企业过去的交易或者事项包括购买、生产、建造行为或其他交易或者事项。预期在未来发生的交易或者事项不形成资产。由小企业拥有或者控制,是指小企业享有某项资源的所有权,或者虽然不享有某项资源的所有权,但该资源能被小企业所控制。预期会给小企业带来经济利益,是指直接或者间接导致现金和现金等价物流入小企业的潜力。具体来讲,小企业从事生产经营活动必须具备一定的物质资源,如货币资金、厂房场地、机器设备、原材料等,这些都是小企业从事生产经营的物质基础,都属于小企业的资产。此外,像专利权、商标权等不具有实物形态却有助于生产经营活动进行的无形资产,以及小企业对其他单位的投资等,也都属于资产。

1)资产的特征。

① 资产预期会给小企业带来经济利益。所谓经济利益,是指直接或间接地流入小企业的现金或现金等价物。资产都能够为小企业带来经济利益,例如,小企业通过收回应收账款、出售库存商品等直接获得经济利益。按照这一特征,那些已经没有经济价值、不能给小企业带来经济利益的项目,就不能继续确认为小企业的资产。

例 1-1 某小企业的某工序上有两台机床,其中甲机床型号较老,自乙机床投入使用后,一直未再使用;乙机床是甲机床的替代产品,目前承担该工序的全部生产任务。甲、乙机床是否都是该小企业的固定资产?

甲机床不能确认为该小企业的固定资产。该小企业原有的甲机床已长期闲置不用,不能带来经济利益,因此不作为资产反映在资产负债表中。

② 资产是为小企业拥有的,或者即使不为小企业拥有,也是被小企业控制的。一项资源要作为小企业资产予以确认,小企业应该拥有此项资源的所有权,可以按照自己的意愿使用或处置资产。

例 1-2 某小企业的加工车间有两台设备。甲设备是从 A 企业融资租入获得的,乙设备是从 B 企业以经营租入方式获得的,目前两台设备均投入使用。甲、乙设备是否为该小企业的资产?

该小企业对经营租入的乙设备既没有所有权也没有控制权,因此乙设备不能确认为该小企业的资产。而其融资租入的甲设备虽然没有所有权,但享有与所有权相关的风险和报酬的权利,即拥有实际控制权,因此将甲设备确认为该小企业的资产。

比较：租赁准则（2018）要求，承租方不再区分经营租赁或融资租赁，对于符合租赁合同条件下租入的资产，都在资产负债表的"使用权资产"中反映。所以，执行《企业会计准则》的企业（承租方）将租入的资产作为自己的资产来进行会计处理。

③ 资产是由过去的交易或事项形成的。也就是说，资产是过去已经发生的交易或事项所产生的结果，资产必须是现实的资产，而不能是预期的资产。未来交易或事项可能产生的结果不能作为资产确认。

例 1-3 某小企业计划在年底购买一批机器设备，8月和销售方签订了购买合同，但实际购买行为发生在11月，则该小企业不能在8月将该批设备确认为资产。

2）资产的分类。

小企业会计准则

第五条第二款 小企业的资产按照流动性，可分为流动资产和非流动资产。

第七条 小企业的流动资产，是指预计在一年内（含一年）或超过一年的一个正常营业周期内变现、出售或耗用的资产。

小企业的流动资产包括货币资金、短期投资、应收及预付款项、存货等。

第十六条 小企业的非流动资产，是指流动资产以外的资产。

小企业的非流动资产包括长期债券投资、长期股权投资、固定资产、生产性生物资产、无形资产、长期待摊费用等。

小企业会计准则

第六条 小企业的资产应当按照成本计量，不计提资产减值准备。

由表1-4可知，《小企业会计准则》规定的会计处理基础和计量属性与税法的规定是一致的。

小企业取得各项资产时，按照取得成本入账，在采用分期付款取得资产时，不考虑货币的时间价值而计算未来付款金额的现值。在资产的持有期间，资产的增值和减值都不进行账项调整。采用成本计量模式，可靠性强，便于确认，资产的增值和减值不做账项调整，简化了会计处理，避免了因资产价值调整而引起的纳税调整。

由于客观因素的变化引起的资产实际价值和账面价值背离是会计工作需要面对的现实，如何客观地反映企业所拥有资产的实际价值以满足不同的信息使用者的要求，一直是会计改革的一个重要内容。由于衡量资产价值标准（如公允价值、可变现净值的认定）需要会计人员的职业判断，而这种专业的判断对于大多数小微企业来说，很难保证会计信息的高质量，况且据此调整资产价值后还需要进行纳税调整，可能会导致高成本、低效益。《小企业会计准则》规定资产按成本计量，保证了会计处理的可靠性，减少了会计人员的职业判断，简化了会计处理工作。

小企业资产采用成本计量，持有期间的增值或减值，都不调整账面价值，实际发生资产项目的损失，在《小企业会计准则》中分别做出规定，其认定损失的条件和税法的规定相同。《小企业会计准则》不计提资产减值准备，减少了小企业纳税调整的内容，简化了会计处理。小企业发生的资产损失，可以依照税法的相关规定进行申报和进行资产损失的处置。《企业资产损失所得税税前扣除管理办法》（国家税务总局2011年25号公告）对于税前扣除的资产损失有具体规定，本书将在以后资产章节介绍有关资产损失的税务处理和纳税申报，并且在"相关链接"栏目里介绍部分资产的资产损失所得税税前扣除管理办法。同时，《小企业会计准则》规定在附注中要披露"短期投资、应收账款、存货、固定资产项目的说明"，要求小企业客观地反映这些资产的情况，以利于银行等信息使用者了解和分析企业资产质量状况和实际价值。

（2）负债。

> **小企业会计准则**
>
> 第四十五条　负债，是指小企业过去的交易或者事项形成的，预期会导致经济利益流出小企业的现时义务。

现时义务是指小企业在现行条件下已承担的义务。未来发生的交易或者事项形成的义务，不属于现时义务，不确认为负债。

1）负债的特征。

① 负债的清偿预期会导致经济利益流出小企业。负债通常是在未来某一时日通过交付资产（包括现金和其他资产）或提供劳务来清偿。例如，小企业赊购一批材料，材料已验收入库，但尚未付款，该笔业务所形成的应付账款确认为小企业的负债，需要在未来某一时日通过交付现金或银行存款来清偿。

② 负债是由过去的交易或事项形成的现时义务。也就是说，导致负债的交易或事项必须已经发生，例如，购置货物或使用劳务会产生应付账款（已经预付或在交货时支付的款项除外），接受银行贷款则会产生偿还贷款的义务。只有源于已经发生的交易或事项，才有可能确认为负债。

2）负债的分类。

> **小企业会计准则**
>
> 第四十五条第二款　小企业的负债按照其流动性，可分为流动负债和非流动负债。
>
> 第四十六条　小企业的流动负债，是指预计在一年内或者超过一年的一个正常营业周期内清偿的债务。
>
> 小企业的流动负债包括短期借款、应付及预收款项、应付职工薪酬、应交税费、应付利息等。
>
> 第五十一条　小企业的非流动负债，是指流动负债以外的负债。
>
> 小企业的非流动负债包括长期借款、长期应付款等。

(3) 所有者权益。

> **小企业会计准则**
>
> 第五十三条 所有者权益,是指小企业资产扣除负债后由所有者享有的剩余权益。
>
> 小企业的所有者权益包括实收资本(或股本)、资本公积、盈余公积和未分配利润。

对于小企业而言,其资产形成的资金来源不外乎两个:一个是债权人;一个是所有者。债权人对小企业资产的要求权形成负债,所有者对小企业资产的要求权形成所有者权益。所有者权益的来源包括所有者投入的资本、资本公积和留存收益等。

🔍 专栏　与《企业会计准则》的比较

资产、负债、所有者权益这三个要素的定义和分类,两者相同。

《企业会计准则》规定的流动资产、非流动资产、流动负债、非流动负债的内容比《小企业会计准则》规定的内容要复杂。《企业会计准则》规定的所有者权益还包括其他综合收益、其他权益工具等项目。

2. 反映经营成果的会计要素

小企业的各项资产经过一定时期的营运,将发生一定的耗费,生产出特定种类和数量的产品,产品销售后获得收入,收支相抵后计算出当期损益,由此分离出收入、费用和利润三项表现资金运动显著变动状态的会计要素。这三要素反映小企业在一定时期内从事生产经营活动所取得的最终成果。

(1) 收入。

> **小企业会计准则**
>
> 第五十八条 收入,是指小企业在日常生产经营活动中形成的、会导致所有者权益增加、与所有者投入资本无关的经济利益的总流入,包括销售商品收入和提供劳务收入。

✏ 例1-4　某小企业出售固定资产、无形资产的收入以及出售不需要的材料的收入是否确认为企业的收入?

出售固定资产、无形资产并非该小企业的日常活动,这种偶发性的收入不能确认为收入,而作为营业外收入确认。出售不需要的材料的收入属于该小企业日常活动中的收入,因此确认为该小企业的收入,具体确认为其他业务收入。

比较：根据《企业会计准则》要求,出售固定资产、无形资产的收入在"资产处置收益"账户的贷方反映。

(2) 费用。

> **小企业会计准则**
>
> 　　第六十五条　费用，是指小企业在日常生产经营活动中发生的、会导致所有者权益减少、与向所有者分配利润无关的经济利益的总流出。
> 　　小企业的费用包括营业成本、税金及附加、销售费用、管理费用、财务费用等。

以工业小企业为例，一定时期的费用通常由产品生产成本和期间费用两部分构成。产品生产成本由直接材料、直接人工和制造费用三个成本项目构成，期间费用包括管理费用、财务费用和销售费用三项。

例 1-5　某小企业处置固定资产发生的净损失，是否确认为该小企业的费用？

处置固定资产而发生的损失，虽然会导致所有者权益减少和经济利益的总流出，但不属于企业的日常活动，因此不能确认为该小企业的费用，而确认为营业外支出。

比较：根据《企业会计准则》要求，处置固定资产发生的净损失，在利润表的"资产处置收益"中反映。

(3) 利润。

> **小企业会计准则**
>
> 　　第六十七条　利润，是指小企业在一定会计期间的经营成果，包括营业利润、利润总额和净利润。

> **专栏**　与《企业会计准则》的比较
>
> 收入、费用、利润这三个要素的定义，两者相同。
> 《企业会计准则》中的收入准则（2017）没有规定收入的分类。
> 《小企业会计准则》规定，收入包括销售商品收入和提供劳务收入。

1.4.2　会计科目

会计要素是对会计对象（一般来说，可以将会计对象理解为会计主体的资金运动）的基本分类，这种分类过于粗糙，难以满足会计信息使用者对会计信息的需要。例如，所有者要了解利润构成及其分配情况，了解负债及其构成情况；税务机关要了解小企业欠交税费的详细情况等。为此，须对会计要素做进一步分类，这种对会计要素的具体内容进行分类的项目，称为会计科目。

会计科目是对会计要素的具体内容进行分类的标志，也就是对各项会计要素在科学分类的基础上所赋予的名称。会计科目的设置，对于正确反映和监督企业的经济活动，具有重要的作用：会计科目是对会计对象的具体内容进行科学归类，是连续反映和监督的重要工具；同时，会计科目又是设置账户的依据；会计科目还是规范会计反映和加强会计监督的重要手段。小企业为了反映和监督会计对象的具体内容，根据规定的会计科目设置账户，进行会计处理。

小企业会计科目分类情况如下。

1. 按会计要素和经营管理的要求分类

《小企业会计准则》中对会计科目按会计要素和经营管理要求分为资产类、负债类、所有者权益类、成本费用类、损益类五类。其中，将六个会计要素中前三个要素（资产、负债、所有者权益）保持不变，将后三个要素（收入、费用、利润）适当简化归并为成本费用类和损益类。

（1）资产类会计科目。根据资产的一般分类和资金的流动性强弱，将资产类会计科目分为流动资产类和非流动资产类（包括长期投资、固定资产、无形资产、长期待摊费用等）会计科目。

（2）负债类会计科目。根据债务偿还期限的长短和负债的构成，分为流动负债类和非流动负债类会计科目。

（3）所有者权益类会计科目。包括资本类、留存收益类会计科目。

（4）成本费用类会计科目。主要分为生产成本、制造费用等会计科目。

（5）损益类会计科目。根据小企业经营损益形成的内容划分的，可分为主营业务收入与成本、其他业务收入与成本、投资收益和营业外收支等类别的会计科目。

2. 按会计科目隶属关系分类

会计科目按其隶属关系可以分为总分类科目和明细分类科目两大类。

（1）总分类科目，又称总账科目或一级科目，是反映各种经济业务总括资料的会计科目，如库存现金、银行存款、原材料、应收账款、固定资产等。

（2）明细分类科目，又称子目，可以分为二级明细科目、三级明细科目等，是对某个总分类科目提供详细资料的会计科目。例如，为了反映短期投资的详细情况，在"短期投资"总分类科目下可按股票、债券、基金等短期投资种类设置明细账，详细反映短期投资增减变动的情况。又如，在应收账款总分类科目下，可按债务人设置明细科目，进行明细会计处理，详细、具体地反映应收账款的增减变动情况。

会计实务中应规范使用会计科目，既不要写错别字，也不要任意增减字。

1.4.3 会计账户

账户是根据会计科目设置的，具有一定格式和结构，用于分类反映会计要素增减变动情况及其结果的载体。

同会计科目的分类相对应，账户按其所提供信息的详细程度及其统驭关系不同分为总分类账户（简称总账账户或总账）和明细分类账户（简称明细账）；按其所反映的经济内容不同分为资产类账户、负债类账户、所有者权益类账户、成本类账户、损益类账户等。

账户分为左方（记账符号为"借"）、右方（记账符号为"贷"）两个方向，一方登记增加，另一方登记减少。资产、成本、费用类账户借方登记增加额，贷方登记减少额；负债、所有者权益、收入类账户借方登记减少额，贷方登记增加额。

根据资产和权益的恒等关系以及借贷记账法"有借必有贷，借贷必相等"的记账规则，检查所有账户记录是否正确，可以采用两种试算平衡方法，即发生额试算平衡法和余额试算平衡法。前者是根据本期所有账户借方发生额合计和贷方发生额合计的恒等关系，检验本期发生额记录是否正确的方法；后者是根据本期所有账户借方余额合计和贷方余额合计的恒等关系，检验本期账户记录是否正确的方法。

会计科目和账户都是对会计对象具体内容的项目分类，两者口径一致，性质相同。会计科目是账户的名称，也是设置账户的依据，账户是会计科目的具体运用。两者的区别是：会计科目仅仅是账户的名称，不存在结构；而账户则具有一定的格式和结构。

本书在后面的章节中，在介绍具体业务的会计处理时，将会计科目称为会计账户。

第 2 部分
资产负债表业务

第 2 章
货币资金、债权债务和资金往来

小企业通过向金融机构或非金融机构借款筹集资金，会形成债务。在经营过程中，作为供货方，小企业为了促销，占领市场，加快资金周转，会将商品或服务赊销给客户，从而产生债权；作为购货方，小企业可能由于资金短缺等原因，会延期支付货款，形成债务，包括应付账款、应付票据和长期应付款。同时，小企业在经营过程中也会有其他应收款、其他应付款、预收账款、预付账款等资金往来业务。

在介绍债权、债务和资金往来之前，先介绍货币资金的会计实务。

2.1 货币资金

货币资金是指小企业在生产经营过程中停留在货币形态的那部分资金，是小企业流动资产的重要组成部分。

货币资金按存放地点和用途的不同，可分为库存现金、银行存款和其他货币资金。小企业货币资金的入账时间一般以货币资金的实际收付时间为标准。库存现金和其他货币资金的实际收付时间比较容易确认。而银行存款存在多种转账结算方式，在不同的转账结算方式下，根据收到的不同原始凭证分别予以确认。

2.1.1 库存现金

库存现金是指通常存放于小企业财会部门、由出纳人员经管的货币。库存现金是小企业流动性最强的资产，小企业需要严格遵守国家有关现金管理制度，正确进行现金收支的会计处理，监督现金使用的合法性和合理性。

1. 库存现金的会计处理

小企业的库存现金是通过设置"库存现金"账户，并由会计人员进行会计处理的。"库存现金"属于资产类账户，其借方登记收到的现金，贷方登记支出的现金，余额在借方，表示小企业实际持有的库存现金。

有外币现金的小企业，分别按照人民币和外币进行明细会计处理。请读者参阅第 11 章外币业务。

例 2-1　总经理办公室凭餐费发票报销业务招待费 500 元。

根据发票所做的会计处理如下（单位：元，全书同此）：

借：管理费用——业务招待费　　　　　　　　　　　　500
　　贷：库存现金　　　　　　　　　　　　　　　　　　　500

为了详细了解库存现金的收支和结存情况，及时发现现金收支工作中存在的问题和可能出现的差错，小企业除了对现金进行总分类会计处理以外，还须设置"现金日记账"，由出纳人员根据现金收款凭证和付款凭证，按照业务发生的先后顺序逐笔登记。每日终了，计算当日的现金收入合计数、现金支出的合计数，结出账面余额，和实际库存额核对。现金日记账的账面余额必须和库存数相符，否则作为现金溢余或短缺处理。同时，现金日记账的账面余额还应定期和现金总账的余额核对相符。

2. 库存现金的清查

财产清查是小企业对各项财产、物资进行实地盘点和核对，查明财产物资、货币资金和债权债务的实有数额，确定其账面结存数额和实际结存数额是否一致，以保证账实相符的一种会计专门方法。财产清查是内部控制制度的一部分，其目的是确定内部控制制度执行是否有效。在小企业日常工作中，在考虑成本、效益的前提下，可选择范围大小适宜、时机恰当的财产清查。

小企业通过实地盘点的方法，确定库存现金的实存数，再与现金日记账的账面余额进行核对，以查明余缺情况。除查明账实是否相符外，还要查明有无违反现金管理制度规定。盘点结束后，根据盘点结果，及时填制库存现金盘点报告表，并由检查人员和出纳人员签名或盖章。对长款、短款情况，要进行分析，明确经济责任。

库存现金的清查，包括人民币和各种外币的清查，通常采用实地盘点的方法，即通过点票数来确定现金的实存数，然后以实存数和现金日记账的账面余额进行核对，以查明账实是否相符及盈亏情况。

现金的收支业务比较频繁，容易出现差错，需要出纳人员每日进行清查和定期及不定期的专门清查。每日业务终了，出纳人员将现金日记账的账面余额和现金的实存数进行核对，做到账款相符。专门人员清查盘点时，出纳人员必须在场，逐张查点现钞。

盘点前，出纳人员先将库存现金收、付款凭证全部登记入账，并结出余额；盘点时，如发现盘盈、盘亏，必须同出纳人员核实清楚。

盘点时，除查明账实是否相符外，还要注意有无违反现金管理制度的现象。在盘点过程中不能用白条抵库，即不能用不具有法律效力的借条、收据等抵充库存现金。同时要注意，现金库存是否有超过银行核定的限额，有无坐支现金现象等。

盘点结束后，根据盘点结果填制"现金盘点报告表"（见表 2-1），并由检查人员和出纳人员签名或盖章。现金盘点报告表兼有盘存单和实存账存对比表的作用，是反映现金实有数和调整账簿记录的重要原始凭证，也是分析账实发生差异原因、明确经济责任的依据。

表 2-1　现金盘点报告表

单位名称：　　　　　　　　　　　　　　　　　　　　　　　　　年　月　日

实存金额	账存金额	对比结果		备注
		盘盈	盘亏	

续表

实存金额	账存金额	对比结果		备注
		盘 盈	盘 亏	

盘点人： 出纳员：

国库券、其他金融债券、公司债券、股票等有价证券的清查方法和库存现金相同。

例 2-2 企业盘亏现金 100 元，经查原因不明，经批准予以转销。

《小企业会计准则》下的会计处理：

借：待处理财产损溢——待处理流动资产损溢　　100
　　贷：库存现金　　　　　　　　　　　　　　　　　100
借：营业外支出　　　　　　　　　　　　　　　100
　　贷：待处理财产损溢——待处理流动资产损溢　　100

《企业会计准则》下的会计处理：

借：待处理财产损溢——待处理流动资产损溢　　100
　　贷：库存现金　　　　　　　　　　　　　　　　　100
借：管理费用　　　　　　　　　　　　　　　　100
　　贷：待处理财产损溢——待处理流动资产损溢　　100

不仅是上述的库存现金，还是后文介绍的存货、固定资产的清查结果，会计上在反映这些清查结果时，都用到"待处理财产损溢"账户，请扫描二维码了解相关内容。

相关链接　《企业资产损失所得税税前扣除管理办法》的相关规定

企业清查出的现金短缺减除责任人赔偿后的余额，作为现金损失在计算应纳税所得额时扣除。

现金损失应依据以下证据材料确认：

（1）现金保管人确认的现金盘点表（包括倒推至基准日的记录）；
（2）现金保管人对于短缺的说明及相关核准文件；
（3）对责任人由于管理责任造成损失的责任认定及赔偿情况的说明；
（4）涉及刑事犯罪的，应有司法机关出具的相关材料；
（5）金融机构出具的假币收缴证明。

2.1.2　银行存款

小企业在银行或其他金融机构开设"银行存款"账户，以办理银行存款的存款、取款和转账结算业务。

1. 银行存款的会计处理

小企业银行存款的收付业务是通过"银行存款"账户进行会计处理的，该账户属于资产类账户，借方记录存款的增加额，贷方记录存款的提取和支付金额，期末余额在借方，反映小企业期末存款的数额。银行存款按开户银行、存款种类、币种等分别设置日记账。银行存款总账由会计人员负责记录，而银行存款日记账由出纳人员负责记录。

有外币银行存款的小企业，分别按照人民币和外币进行明细会计处理。请读者参阅第11章外币业务。

现以某小企业的银行存款收付业务为例，说明银行存款的会计处理方法。

例2-3 收款员将当日收到的销货款现金4 500元、转账支票5 000元存入银行，假设不考虑增值税。

借：银行存款　　　　　　　　　　　　　　　　9 500
　　贷：主营业务收入　　　　　　　　　　　　　　9 500

为了及时掌握银行存款的收支和结存情况，便于和银行核对账目，及时发现银行存款收支工作中存在的问题和可能出现的差错，小企业除了对银行存款进行总分类会计处理以外，还需要按开户银行或其他金融机构、存款种类、币别等分别设置"银行存款日记账"，由出纳人员根据收付款凭证，按照业务的发生顺序逐笔登记。每日终了，结出余额。

2. 银行存款的清查

小企业采用核对法，即把开户银行对账单和本企业的银行存款日记账逐笔进行核对，以查明账实是否相符。在清查过程中，查找双方未达账项的余额，并据以编制银行存款余额调节表，清除未达款项影响，以便检查双方有无差错，并确定银行存款实存数。

银行存款日记账定期和银行对账单核对，至少每月核对一次。小企业银行存款账面余额和银行对账单余额之间如有差额，则编制银行存款余额调节表。

银行存款的清查，是小企业将本企业的银行存款日记账和开户银行转来的对账单逐笔进行核对。

在和银行对账之前，先检查银行存款日记账的正确性和完整性。通过核对，如果发现双方账目不相符，那么主要原因有两个：

（1）双方记账可能有差错，如错账、漏账等，这是不正常的，应及时查明更正。

（2）存在未达账项，这是正常的。

为了消除未达账项的影响，小企业可以根据核对后发现的未达账项编制银行存款余额调节表。

所谓未达账项，是指由于小企业与银行取得有关凭证的时间不同，发生的一方已经取得凭证登记入账而另一方由于未取得凭证尚未入账的款项。具体有以下四种情况：

（1）小企业已收款入账，银行尚未收款入账。例如，小企业已将销售产品收到的支票送存银行，对账前银行尚未入账的款项。

（2）小企业已付款入账，银行尚未付款入账。例如，小企业开出支票购货，根据支票存根已登记银行存款的减少，而银行尚未接到支票，未登记银行存款减少。

（3）银行已收款入账，小企业尚未收款入账。例如，银行收到外单位采用托收承付结算方式购货所付的款项，已登记入账，而小企业因未收到银行通知尚未入账的款项。

（4）银行已付款入账，小企业尚未付款入账。例如，银行根据有关规定代小企业支付了款项，已登记企业银行存款的减少，而小企业因未收到付款凭证尚未记账的款项。

✏️ **例2-4** 2021年8月31日,某小企业银行存款日记账的余额为86 850元,银行转来对账单的余额为124 500元。经逐笔核对,发现以下未达账项:

(1) 送存银行转账支票90 000元,企业已登记银行存款增加,银行未记账;

(2) 开出转账支票67 500元,持票单位未到银行办理转账,银行未记账;

(3) 委托银行代收某公司购货款72 000元,银行登记入账,企业未记账;

(4) 银行代付电话费6 000元,银行登记入账,企业未记账。

(5) 另8月15日开出转账支票一张,系偿付应付账款6 500元,当时编制的银行付款凭证为:

借:应付账款　　　　　　　　　　　　　　650
　贷:银行存款　　　　　　　　　　　　　　650

该错误凭证已登记入账。

根据上述既存在会计差错、又存在未达账的情况,小企业先更正会计差错,再编制银行存款余额调节表。

(1) 采用补充登记法更正差错:

借:应付账款　　　　　　　　　　　　　　5 850
　贷:银行存款　　　　　　　　　　　　　　5 850

更正差错后,该小企业2021年8月31日基本存款账户银行存款日记账的余额为81 000元。

(2) 编制银行存款余额调节表,如表2-2所示。

表2-2 银行存款余额调节表　　　　　　　　　　　　　　单位:元

项　目	金　额	项　目	金　额
企业银行存款日记账余额	81 000	银行对账单余额	124 500
加:银行已收、企业未收	72 000	加:企业已收、银行未收	90 000
减:银行已付、企业未付	6 000	减:企业已付、银行未付	67 500
调节后的存款余额	147 000	调节后的存款余额	147 000

需要指出的是,银行存款余额调节表只是为了核对账目,并不能作为调整银行存款账面余额的原始凭证。因此,不需根据银行存款调节表做会计处理,双方账面仍保持原有的余额,待收到有关凭证之后(由未达账项变成已达账项),再同正常业务一样进行处理。

🌐 **相关链接**　《企业资产损失所得税税前扣除管理办法》的相关规定

企业将货币性资金存入法定具有吸收存款职能的机构,因该机构依法破产、清算,或者政府责令停业、关闭等原因,确实不能收回的部分,作为存款损失在计算应纳税所得额时扣除。

企业因金融机构清算而发生的存款类资产损失应依据以下证据材料确认:

(1) 企业存款类资产的原始凭据;

(2) 金融机构破产、清算的法律文件;

(3) 金融机构清算后剩余资产分配情况资料。

金融机构应清算而未清算超过三年的，企业可将该款项确认为资产损失，但应有法院或破产清算管理人出具的未完成清算证明。

2.1.3 其他货币资金

1. 其他货币资金的内容

其他货币资金是指小企业除库存现金、银行存款以外的各种货币资金，主要包括银行汇票存款、银行本票存款、信用卡存款、信用证保证金存款、存出投资款、外埠存款、备用金、第三方支付等。

（1）银行汇票存款。银行汇票是指由出票银行签发的，由其在见票时按照实际结算金额无条件支付给收款人或者持票人的票据。银行汇票的出票银行为银行汇票的付款人。银行汇票可以用于转账，填明"现金"字样的银行汇票也可以用于支取现金。

（2）银行本票存款。银行本票是指银行签发的，承诺自己在见票时无条件支付确定的金额给收款人或持票人的票据。银行本票可以用于转账，注明"现金"字样的银行本票可以用于支取现金。

（3）信用卡存款。信用卡存款是指小企业为取得信用卡而存入银行信用卡专户的款项。信用卡是银行卡的一种。

（4）信用证保证金存款。信用证保证金存款是指采用信用证结算方式的小企业为开具信用证而存入银行信用证保证金专户的款项。小企业向银行申请开立信用证，按规定向银行提交开证申请书、信用证申请人承诺书和购销合同。

（5）存出投资款。存出投资款是指小企业为了进行股票、基金、债券等有价证券的交易而存入银行证券交易专用户的款项。

（6）外埠存款。外埠存款是指小企业为了到外地进行临时或零星采购，而汇往采购地银行开立采购专户的款项。该账户的存款不计利息、只付不收、付完清户，除了采购人员可从中提取少量现金外，一律采用转账结算。

（7）备用金。备用金的主要用途是小企业内部周转资金。很多小企业没有专门设置备用金。

（8）第三方支付。小企业通过支付宝、微信等方式取得相关收入的，对于尚未转入银行存款的支付宝、微信收付款等第三方支付平台账户的款项；小企业通过第三方支付平台支付货款的，转入到支付宝、微信收付款等第三方支付平台账户的款项。

2. 其他货币资金的会计处理

为了反映和监督其他货币资金的收支和结存情况，小企业设置"其他货币资金"账户，借方登记其他货币资金的增加数，贷方登记其他货币资金的减少数，期末余额在借方，反映企业实际持有的其他货币资金。"其他货币资金"账户按照银行汇票或本票、信用卡发放银行、信用证的收款单位、外埠存款的开户银行，分别"银行汇票""银行本票""信用卡""信用证保证金""存出投资款""外埠存款""支付宝（微信等）"等明细账户进行会计处理。

（1）银行汇票存款。小企业填写"银行汇票申请书"将款项交存银行时，借记"其他货币资金——银行汇票"账户，贷记"银行存款"账户；小企业持银行汇票购货，收到有关发票账单时，借记"材料采购"或"原材料""库存商品""应交税费——应交增值税（进项税额）"（或"应交税费——待认证进项税额"等）等账户，贷记"其他货币资金——银行汇票"账户；采购完毕收回剩余款项时，借记"银行存款"账户，贷记"其他货币资金——银行汇票"账户。小企业收到银行汇票，填制进账单到开户银行办理款项入账手续时，根据进账单及销货发票等，借记"银行存款"账户，贷记"主营业务收入""应交税费——应交增值税（销项税额）"（或"应交税费——待转销项税""应交税费——简易计税"等）等账户。

（2）银行本票存款。小企业填写"银行本票申请书"将款项交存银行时，借记"其他货币资金——银行本票"账户，贷记"银行存款"账户；小企业持银行本票购货，收到有关发票账单时，借记"材料采购"或"原材料""库存商品""应交税费——应交增值税（进项税额）"（或"应交税费——待认证进项税额"等）等账户，贷记"其他货币资金——银行本票"账户。小企业收到银行本票，填制进账单到开户银行办理款项入账手续时，根据进账单及销货发票等，借记"银行存款"账户，贷记"主营业务收入""应交税费——应交增值税（销项税额）"（或"应交税费——待转销项税""应交税费——简易计税"等）等账户。

（3）信用卡存款。小企业填制"信用卡申请表"，连同支票和有关资料一并送存发卡银行，根据银行盖章退回的进账单第一联，借记"其他货币资金——信用卡"账户，贷记"银行存款"账户；小企业用信用卡购物或支付有关费用，收到开户银行转来的信用卡存款的付款凭证及所附发票账单，借记"管理费用"等账户，贷记"其他货币资金——信用卡"账户；小企业信用卡在使用过程中，需要向其账户续存资金的，借记"其他货币资金——信用卡"账户，贷记"银行存款"账户；小企业的持卡人如不需要继续使用信用卡，则持卡人主动持信用卡到发卡银行办理销户，销卡时，单位卡账户余额转入企业基本存款户，不得提取现金，借记"银行存款"账户，贷记"其他货币资金——信用卡"账户。

（4）信用证保证金存款。小企业填写"信用证申请书"，将信用证保证金交存银行时，根据银行盖章退回的"信用证申请书"回单，借记"其他货币资金——信用证保证金"账户，贷记"银行存款"账户。小企业接到开证行通知，根据供货单位信用证结算凭证及所附发票账单，借记"材料采购"或"原材料""库存商品""应交税费——应交增值税（进项税额）"（或"应交税费——待认证进项税额"等）等账户，贷记"其他货币资金——信用证保证金"账户；将未用完的信用证保证金存款余额转回开户银行时，借记"银行存款"账户，贷记"其他货币资金——信用证保证金"账户。

（5）存出投资款。小企业向证券公司划出资金时，按实际划出的金额，借记"其他货币资金——存出投资款"账户，贷记"银行存款"账户；购买股票、债券等时，借记"短期投资"等账户，贷记"其他货币资金——存出投资款"账户。

（6）外埠存款。小企业将款项汇往外地开立采购专用账户时，根据汇出款项凭证，编制付款凭证，进行会计处理，借记"其他货币资金——外埠存款"账户，贷记"银行存款"账户；收到采购人员转来供应单位发票账单等报销凭证时，借记"材料采购"或"原材料""库存商品""应交税费——应交增值税（进项税额）"（或"应交税费——待认证进项税额"等）等账户，贷记"其他货币资金——外埠存款"账户；采购完毕收回剩余款项时，根据银行的收账通知,借记"银行存款"账户,贷记"其他货币资金——外埠存款"账户。

(7)小企业有内部周转使用备用金的,设置"其他货币资金——备用金"账户。

(8)第三方支付平台(支付宝等)收到付款请求后,向网联发起协议支付,网联保存交易信息后,将请求转给相应的银行,银行成功扣款并通知网联,网联再传输给第三方支付平台(支付宝等),显示支付成功,交易完成。购货方,货款存入第三方平台,借记"其他货币资金——支付宝(微信等)"账户,贷记"银行存款"账户;收到商品或服务并支付货款时,借记"材料采购""原材料""库存商品""应交税费——应交增值税(进项税额)"(或"应交税费——待认证进项税额"等)等账户,贷记"其他货币资金——支付宝(微信等)"账户。销货方,收到货款时,借记"其他货币资金——支付宝(微信等)"账户,贷记"主营业务收入""应交税费——应交增值税(销项税额)"等;提取货款时,不考虑手续费,借记"银行存款"账户,贷记"其他货币资金——支付宝(微信等)"账户。

3. 其他货币资金的清查

其他货币资金的清查,和银行存款的清查相同。

探讨　备用金的会计处理方法

《小企业会计准则》规定,内部周转使用的备用金在"其他货币资金"账户进行会计处理,也可以设置"备用金"账户。备用金的性质为内部结算资金,作为货币资金处理不妥。可参照《企业会计准则》规定,在"其他应收款"账户进行会计处理。

2.1.4　货币资金损失的税务处理

对于现金损失,小企业根据《财政部　国家税务总局关于企业资产损失税前扣除政策的通知》(财税2009年第57号)规定,清查出的现金短缺减除责任人赔偿后的余额,作为现金损失在计算应纳税所得额时扣除。

对于银行存款损失,小企业根据财税2009年第57号文的规定,将货币性资金存入法定具有吸收存款职能的机构,因该机构依法破产、清算,或者政府责令停业、关闭等原因,确实不能收回的部分,作为存款损失在计算应纳税所得额时扣除。

在纳税申报时,如果存在税会差异,那么小企业需填报二级附表《资产损失税前扣除及纳税调整明细表》(A105090),然后将相关数据填列在一级附表《纳税调整项目明细表》(A105000),最终将相关汇总数据填列在主表《中华人民共和国企业所得税年度纳税申报表(A类)》(A100000)的第15行或第16行。相关报表如表2-3至表2-5所示(单位:元,全书同此)。

表2-3　资产损失税前扣除及纳税调整明细表(A105090)

行次	项目	资产损失直接计入本年损益金额	资产损失准备金核销金额	资产处置收入	赔偿收入	资产计税基础	资产损失的税收金额	纳税调整金额
		1	2	3	4	5	6(5-3-4)	7
1	一、现金及银行存款损失		*					

表 2-4　纳税调整项目明细表（A105000）

行次	项目	账载金额 1	税收金额 2	调增金额 3	调减金额 4
34	（三）资产损失（填写 A105090）				

表 2-5　中华人民共和国企业所得税年度纳税申报表（A 类）（A100000）

行次	类别	项目	金额
15		加：纳税调整增加额（填写 A105000）	
16		减：纳税调整减少额（填写 A105000）	

2.2　债权

在实务中，小企业的债权主要包括短期债权和长期债权。其中，短期债权包括应收票据、应收账款等；长期债权主要包括长期应收款等。根据《小企业会计准则》，融资租赁时出租方的未来租金收取和分期付款销售商品时销售方未来货款的收取，这两方面业务都是在收到租金或货款时确认相关收入，不涉及长期应收款的问题，故资产负债表没有列示长期应收款项目，本书因此也不对其进行介绍。

小企业的销售方式总体可分为现销和赊销，具体采用何种方式和市场同类商品的供求、商品质量、小企业的抗风险能力以及新兴市场的拓展等密切相关。

2.2.1　应收票据

> **小企业会计准则**
>
> 　　第九条　应收及预付款项，是指小企业在日常生产经营活动中发生的各项债权，包括应收票据、应收账款、应收股利、应收利息、其他应收款等应收款项和预付账款。
> 　　应收及预付款项应当按照发生额入账。

应收票据，是指小企业因赊销商品、产品、提供劳务等收到的商业汇票所形成的债权。我国的应收票据一般是指商业汇票。根据承兑人不同，商业汇票分为商业承兑汇票和银行承兑汇票。

商业承兑汇票是指由付款人签发并承兑，或由收款人签发交由付款人承兑的汇票。商业承兑汇票的付款人收到开户银行的付款通知，在当日通知银行付款。付款人在接到通知日的次日起三日内（遇法定休假日顺延）未通知银行付款的，视同付款人承诺付款，银行在付款人接到通知日的次日起第四日（遇法定休假日顺延）上午开始营业时，将票款划给持票人。付款人提前收到由其承兑的商业汇票，通知银行在汇票到期日付款。银行在办理划款时，付款人存款账户不足支付的，银行填制付款人未付票款通知书，连同商业承兑汇票邮寄持票人开户银行转交持票人。

银行承兑汇票是指由在承兑银行开立存款账户的存款人（出票人）签发，由承兑银行承兑的票据。小企业申请使用银行承兑汇票时，向其承兑银行按票面金额的万分之五缴纳手续费。银行承兑汇票的出票人于汇票到期前将票款足额交存其开户银行，承兑银行在汇票到期日或到期日后的见票当日支付票款。银行承兑汇票的出票人在汇票到期前未能足额交存票款时，承兑银行除凭票向持票人无条件付款外，对出票人尚未支付的汇票金额按照每天万分之五计收利息。

1. 应收票据的入账价值

应收票据理论上按现值入账，而实务中可根据应收票据期限的长短分别按照面值入账或现值入账。一般来说，小企业收到的应收票据，如果票据的存续期短于一年，则入账金额按照面值确定；如果票据的存续期长于一年，则入账金额按照现值确定。由于我国的商业票据期限较短，面值和现值的差异不大，因此我国采用按票面价值入账的方法。

不论是带息票据还是不带息票据，小企业均设置"应收票据"账户，该账户处理小企业因销售商品、提供劳务等而收到的商业汇票。下面分别介绍不带息票据和带息票据的会计处理。

（1）不带息应收票据的会计处理。不带息应收票据的到期值等于其面值。小企业收到应收票据时，按应收票据的面值，借记"应收票据"账户；按实现的营业收入，贷记"主营业务收入""其他业务收入"等账户；按专用发票上注明的增值税额，贷记"应交税费——应交增值税（销项税额）"（或"应交税费——待转销项税""应交税费——简易计税"等）账户。

应收票据到期收回账款时，借记"银行存款"账户，贷记"应收票据"账户。

商业汇票到期时，如果承兑人违约拒付或无力偿还票款，小企业就将到期票据的票面金额转入"应收账款"账户。

例2-5 利顺公司向京润公司销售一批产品，货款为30 000元（不含增值税），但尚未收到，已办妥托收手续，适用的增值税税率为13%。假设不考虑结转该批商品的成本。

利顺公司的会计处理如下：

借：应收账款——京润公司　　　　　　　　33 900（30 000+30 000×13%）
　　贷：主营业务收入　　　　　　　　　　30 000
　　　　应交税费——应交增值税（销项税额）等　3 900

5日后，利顺公司收到京润公司开来一张3个月的商业承兑汇票，面值为33 900元，抵付产品货款。

利顺公司的会计处理如下：

借：应收票据　　　　　　　　　　　　　　33 900
　　贷：应收账款——京润公司　　　　　　33 900

3个月后，票据到期，收回票款33 900元并存入银行。

利顺公司的会计处理如下：

借：银行存款　　　　　　　　　　　　　　33 900
　　贷：应收票据　　　　　　　　　　　　33 900

如果该票据到期时，京润公司无力偿还票款，则利顺公司将到期票据的票面金额转入"应收账款"账户。

利顺公司的会计处理如下：

借：应收账款——京润公司　　　　　　　　　　33 900
　　贷：应收票据　　　　　　　　　　　　　　　　　33 900

（2）带息应收票据的会计处理。带息应收票据的到期价值等于票据的面值和票据到期应计利息之和。小企业收到带息应收票据时，按票据面值，借记"应收票据"账户；按实现的营业收入，贷记"主营业务收入""其他业务收入"账户；按专用发票上注明的增值税额，贷记"应交税费——应交增值税（销项税额）"（或"应交税费——待转销项税""应交税费——简易计税"等）账户。

带息应收票据，小企业在期末或年度终了，按应收票据的票面价值和确定的利率计提利息，计提的利息增加应收票据的账面价值，借记"应收票据"账户，贷记"财务费用"账户。

带息票据利息的计算公式：

$$应收票据利息＝应收票据面值\times票面利率\times期限（折算为年）$$

带息应收票据到期时，按收到的本息金额，借记"银行存款"账户；按票据面值，贷记"应收票据"账户；按两者的差额，贷记"财务费用"账户。

小企业收到的带息票据到期时，如果承兑人无力偿付或违约拒付票款，则小企业在收到银行退回的商业承兑汇票、委托收款凭证、未付票款通知书或拒绝付款证明时，按到期票据的账面价值转入"应收账款"账户，即按带息票据到期时的账面价值，借记"应收账款"账户，贷记"应收票据"账户。

到期不能收回的带息应收票据，转入"应收账款"账户后，不再计提利息。

✎ **例2-6**　2021年9月10日，实益公司向鸿飞公司销售一批产品，增值税专用发票上注明产品销售收入为100 000元，增值税额为13 000元。同日，实益公司收到鸿飞公司开出的一张6个月到期、年利率为10%、票面金额为113 000元的商业承兑汇票。假设不考虑结转该批商品的成本。

实益公司的会计处理如下：

借：应收票据　　　　　　　　　　　　　　　　113 000
　　贷：主营业务收入　　　　　　　　　　　　　　 100 000
　　　　应交税费——应交增值税（销项税额）等　　 13 000

6个月后，应收票据到期，实益公司收回票据本金和利息，存入银行。

应收票据利息＝113 000×10%×（6/12）＝5 650（元）

实益公司的会计处理如下：

借：银行存款　　　　　　　　　　　　　　　　118 650
　　贷：应收票据　　　　　　　　　　　　　　　　 113 000
　　　　财务费用　　　　　　　　　　　　　　　　　 5 650

如果票据到期时，鸿飞公司无力偿还票款。

实益公司的会计处理如下：

借：应收账款　　　　　　　　　　　　　　118 650
　　贷：应收票据　　　　　　　　　　　　　　　　118 650

相关链接　账面价值与账面余额

账面价值和账面余额是小企业日常会计处理中经常遇到的概念，两个概念不同。

账面价值是账面余额减去备抵项目（如累计折旧、累计摊销等）后的净值。

账面余额是账面的实际余额，不扣除备抵项目。

备抵账户，也称"抵减账户"，是作为被调整对象原始数额的抵减项目，以确定被调整对象实有数额而设置的独立账户。备抵账户按被调整账户的性质和内容，又可分为资产类备抵账户和权益类备抵账户两类。资产类备抵账户包括累计折旧、累计摊销等。权益备抵账户，如"利润分配"账户是"本年利润"的备抵账户。

2．应收票据贴现

在应收票据到期前，小企业如果急需货币资金，就可以将有关商业汇票背书后，向银行或其他金融机构申请贴现，以便获得所需要的资金。贴现，是指小企业将未到期的票据转让给银行，银行受理后从票据到期值中扣除按银行贴现率计算确定的贴现利息，然后将余额支付给小企业，作为银行对小企业的短期借款。

（1）应收票据贴现的计算。应收票据贴现中，贴现日至票据到期日的期间，称为贴现期；贴现银行所使用的利率，称为贴现率，贴现银行扣除的利息，称为贴现息；贴现银行将票据到期值扣除贴现息后支付给小企业的金额，称为贴现净额。有关计算公式如下：

$$贴现净额=到期值-贴现息$$

$$到期值=票据面值×（1+票据利率×票据期限）$$

$$贴现息=到期值×贴现率×贴现期$$

或者

$$贴现息=到期值×贴现率×贴现天数÷360$$

$$贴现天数=票据天数-已持有票据天数$$

带息票据的到期价值为票据到期日的面值与利息之和，不带息票据的到期价值为票据的面值。而贴现期的计算和票据到期日的计算方法一样（一般分为"算头不算尾"和"算尾不算头"），如果承兑人在异地，则按照中国人民银行《支付结算办法》的规定，贴现期的计算另加 3 天划款日期。

例 2-7　2021 年 3 月 14 日，大龙公司将一张为期 6 个月、票面利率为 9%、面值为 24 000 元的商业承兑汇票，在票据到期前的 2 个月向银行贴现，银行贴现率为 12%。

有关计算如下：

到期值=票据面值×（1+票据利率×票据期限）=24 000×（1+9%×6/12）=25 080（元）

贴现息=到期值×贴现率×贴现期=25 080×12%×2/12=501.6（元）

贴现净额=到期值-贴现息=25 080-501.6=24 578.4（元）

（2）应收票据贴现的会计处理。持未到期的商业汇票向银行贴现，按实际收到的金额（减去贴现息后的净额），借记"银行存款"等账户；按贴现息部分，借记"财务费用"等账户；按商业汇票的票面金额，贷记"应收票据"账户（银行无追索权情况下）或"短期借款"账户（银行有追索权情况下）。

✎ **例 2-8** 根据例 2-7 的贴现数据，可计算出利息净收入为 578.40 元（24 578.4–24 000），会计处理中冲减财务费用。

大龙公司的会计处理如下：

借：银行存款　　　　　　　　　　　　　　　　　24 578.4
　　贷：应收票据　　　　　　　　　　　　　　　　　　24 000
　　　　财务费用　　　　　　　　　　　　　　　　　　　578.4

可见，在这种方法下资产负债表中的应收票据反映的是小企业现在持有的未到期也未向银行贴现的应收票据的价值。已贴现的应收票据，在该账户中注销。目前，我国的会计实务采用的就是此法。

此外，应收票据的贴现率一般要高于票面利率，否则，银行等金融机构将提供"免费无偿服务"（贴现率等于票面利率）或"有奖服务"（贴现率低于票面利率）。

3. 应收票据背书转让的会计处理

应收票据转让是指持票人因偿还前欠货款等原因，将未到期的商业汇票背书后转让给其他单位或个人的业务。其中，背书是指持票人在票据背面签字，签字人称为背书人。背书人对票据的到期付款负有连带责任。

由于应收票据转让的价值是应收票据的到期值，因此到期票据中途背书转让时，计提尚未到期的利息。小企业背书转让票据以取得所需物资时，按应计入取得物资的成本的价值，借记"在途物资""原材料""库存商品"等账户；按专用发票中注明的增值税额，借记"应交税费——应交增值税（进项税额）"（或"应交税费——待认证进项税额"等）账户；按应收票据的账面余额，贷记"应收票据"账户；按尚未计提的利息，贷记"财务费用"账户；如有差额，则借记或贷记"银行存款"账户。

✎ **例 2-9** 2020 年 11 月 30 日，秦淮公司销售给中科公司一批商品，货款 30 000 元，增值税额为 3 900 元，收到对方签发并承兑的期限为 4 个月、票面利率为 6%、面值为 33 900 元的带息商业汇票一张。假设不考虑结转该批商品的成本。2021 年 3 月 5 日，秦淮公司向沪宁公司采购一批原材料，价款 29 000 元，增值税 3 770 元，将 2020 年 11 月 30 日收到的商业汇票背书转让给沪宁公司支付货款，收到差额款存入银行，材料已验收入库。

秦淮公司的会计处理如下：

（1）2020 年 11 月 30 日销售实现时：

借：应收票据——中科公司　　　　　　　　　　　33 900
　　贷：主营业务收入　　　　　　　　　　　　　　　30 000
　　　　应交税费——应交增值税（销项税额）等　　　3 900

（2）2020 年 12 月 31 日计提应收票据利息时：

借：应收利息　　　　　　　　　　　　　　169.5（33 900×6%×1/12）

  贷：财务费用   169.5
（3）2021年3月5日背书转让时：
借：原材料   29 000
  应交税费——应交增值税（进项税额）等   3 770
  银行存款   1 130
  财务费用   169.5
  贷：应收票据——中科公司   33 900
    应收利息   169.5

  小企业设置"应收票据备查簿"，逐笔登记商业汇票的种类、号数、出票日、票面金额、交易合同号、到期日、背书转让日、贴现日、贴现率、贴现净额、收款日期、收回金额、退票情况以及付款人、承兑人、背书人的姓名或单位名称等资料。商业汇票到期结清票款或退票后，在备查簿中应予注销。

2.2.2 应收账款

1. 应收账款及其规模的决定因素

  应收账款是指小企业因赊销商品、材料、提供劳务等业务，应向购货单位或接受劳务单位收取的款项，属于商业债权。应收账款规模的大小对小企业资金的利用效率高低有很大影响，因此，小企业应关注应收账款规模的管理。决定或影响应收账款规模的因素主要有以下几点。

  （1）小企业的经营方式及所处的行业特点。对大多数小企业来说，销售自己的产品或提供劳务，不外乎采用预收款、赊销和现销等方式。因此，债权规模与小企业经营方式和所处行业有直接联系。例如，对于商品零售小企业，相当一部分业务是现金销售业务，因而其商业债权较少；而多数工业小企业，往往采用赊销方式，从而形成商业债权。

  （2）小企业的信用政策。小企业赊销商品，意味着向购货方提供了商业信用。小企业的信用政策对其商业债权规模有着直接的影响：放松信用政策，将会刺激销售，增大债权规模；紧缩信用政策，则会制约销售，减少债权规模。同时，小企业应收账款规模越大，其发生坏账的可能性越大；应收账款规模越小，发生坏账的可能性越小。因此，合理确定信用政策，在刺激销售和减少坏账间寻找赊销政策的最佳点，是小企业营销策略中必须解决的问题。

2. 应收账款的入账金额

  一般来说，应收账款的入账金额以双方共同确定的成交价格为基础。但是，由于在一些交易中存在折扣，使得小企业最终收到的金额和成交时确认的金额并不一定相同。商业上通用的折扣方式包括商业折扣和现金折扣。

  （1）商业折扣。商业折扣是指小企业为促进商品销售而在商品标价上给予的价格扣除。此项扣减数通常用百分数来表示，如5%、10%、15%等。

  商业折扣作为促销手段有利于扩大商品的销路，增加销量，提高小企业盈利水平。此外，小企业还可以通过采用商业折扣的办法，灵活掌握销售价格而无须重新编制商品价目单。有了商业折扣,如果要变动商品售价,就可以提高或降低商业折扣,从而避免商品价目单中的价格频繁变动。

由表1-4可知,在商业折扣的情况下,小企业应收账款的入账金额按扣除商业折扣以后的实际售价加以确认。商业折扣对应收账款入账金额的确认并无实质性影响。

(2)现金折扣。现金折扣是指债权人为鼓励债务人在规定的期限内付款而向债务人提供的债务扣除。现金折扣,对于销货方来讲,称为销货折扣;对于购货方来讲,称为购货折扣。现金折扣,一般用"$x/10$,$y/20$,$N/30$"等表示,意思分别是10天内付款给予$x\%$的折扣,20天内付款给予$y\%$的折扣,30天内付款不享受折扣。

在现金折扣的情况下,应收账款入账金额的确认有总价法和净价法之分。

我国采用总价法,小企业应收账款的入账金额,是按照没有扣减现金折扣前的发票总价金额来确定的。

相关链接 总价法和净价法

在总价法下,应收账款按小企业销售商品的实际售价计价入账,发生现金折扣时,相当于小企业销售收入的减少或者理财费用的增加。如例2-10的会计处理,即为总价法。

在净价法下,应收账款按实际售价扣减最大现金折扣后的金额入账。这种方法认为购货方会为获得购货折扣而提前付款,客户如果丧失购货折扣,则视为利息支出;销货方把这一丧失的折扣,作为利息收入入账,记入"财务费用"账户。

从销货方来看,采用总价法,入账的销售收入和发票上的金额一致,便于纳税管理,但可能虚增应收账款;采用净价法,则会计处理比较繁杂。从购货方看,采用总价法,购进货物的入账价值和发票上的金额一致,便于控制;采用净价法,购进货物的入账价值和发票上的金额不一致,不便于控制。

3. 应收账款的会计处理

小企业发生应收账款时,按应收的货款及增值税税款,借记"应收账款"账户;按实现的营业收入(不含增值税),贷记"主营业务收入"账户;按专用发票中注明的增值税额,贷记"应交税费——应交增值税(销项税额)"(或"应交税费——待转销项税""应交税费——简易计税"等)账户。小企业代购货单位垫付的包装费、运杂费等各种费用,借记"应收账款"账户,贷记"银行存款"账户。小企业收回款项时,借记"银行存款"账户,贷记"应收账款"账户。

"应收账款"账户期末借方余额,反映小企业尚未收回的应收账款;期末如为贷方余额,则反映小企业预收的账款。

【例2-10】 2021年7月20日,江汉公司销售给利盟公司一批商品,计20 000元,规定的现金折扣条件为2/10、N/30,适用的增值税税率为13%,商品交付并办妥托收手续。假设不考虑结转该批商品的成本。

江汉公司的会计处理如下:

借:应收账款——利盟公司　　　　　　　　22 600
　　贷:主营业务收入　　　　　　　　　　　　　　20 000

　　　　应交税费——应交增值税（销项税额）等　　　　　　　　2 600
假设上述货款在 10 天内收到，会计处理如下：
借：银行存款　　　　　　　　　　　　　　　　　　　　　22 148
　　财务费用　　　　　　　　　　　　　　　　　　　　　　　452
　　贷：应收账款——利盟公司　　　　　　　　　　　　　　　　22 600
假设超过 10 天收到货款，会计处理如下：
借：银行存款　　　　　　　　　　　　　　　　　　　　　22 600
　　贷：应收账款——利盟公司　　　　　　　　　　　　　　　　22 600

　　如果小企业的应收账款在收回之前，又改用商业汇票结算，那么在收到已承兑的商业汇票时，将应收账款的金额从"应收账款"账户转入"应收票据"账户。
　　近几年，作为供应链金融的重要一环，应收账款融资得到了长足发展，请扫描二维码学习应收账款融资模式及其案例和我国供应链发展的历程。

4. 应收账款发生坏账的会计处理

> **小企业会计准则**
>
> 　　第十条　小企业应收及预付款项符合下列条件之一的，减除可收回的金额后确认的无法收回的应收及预付款项，作为坏账损失：
> 　　（一）债务人依法宣告破产、关闭、解散、被撤销，或者被依法注销、吊销营业执照，其清算财产不足清偿的。
> 　　（二）债务人死亡，或者依法被宣告失踪、死亡，其财产或者遗产不足清偿的。
> 　　（三）债务人逾期 3 年以上未清偿，且有确凿证据证明已无力清偿债务的。
> 　　（四）与债务人达成债务重组协议或法院批准破产重整计划后，无法追偿的。
> 　　（五）因自然灾害、战争等不可抗力导致无法收回的。
> 　　（六）国务院财政、税务主管部门规定的其他条件。
> 　　应收及预付款项的坏账损失应当于实际发生时计入营业外支出，同时冲减应收及预付款项。

　　由表 1-4 可知，上述坏账损失的确认条件和税法规定一致。
　　（1）坏账及其确认标准。小企业无法收回的应收款项称为坏账，由于发生坏账而引起的损失称为坏账损失。当小企业的应收款项被证实很可能无法收回且金额能够合理估计时，确认为坏账。
　　值得注意的是，已确认为坏账的债权，并不意味着小企业放弃了追索权，仍应积极追索，最大限度地回收债权。
　　（2）坏账损失的会计处理。小企业对坏账损失的会计处理，主要采用直接注销法。
　　在直接注销法下，小企业在确认应收账款确实无法回收时，在账上将应收账款注销，同时将此坏账损失计入当期损益。根据《小企业会计准则》规定，确认应收账款实际发生的坏账损失，按照可收回的金额，借记"银行存款"等账户；按照其账面余额，贷记"应收账款"账户；按照其差额，借记"营业外支出"账户。

这种方法较为简单，但它忽视了坏账损失和赊销收入的配比关系，在坏账损失实际发生之前，对于坏账情况不做处理，从而导致高估资产和利润。当小企业每年的赊销规模和坏账比例变化不大时，该方法的缺陷表现得还不很明显，在这种情况下可以运用直接注销法。

例 2-11 江汉公司 2021 年确认坏账损失为 5 000 元。

借：营业外支出　　　　　　　　　　　　　　　　　　5 000
　　贷：应收账款——××公司　　　　　　　　　　　　　　5 000

> **专栏　与《企业会计准则》的比较**
>
> 《企业会计准则》规定，应收及预付款项可以采用备抵法或直接冲销法来进行会计处理。
>
> 《小企业会计准则》规定，应收及预付款项实际发生坏账时，作为损失计入"营业外支出"，同时冲销应收及预付款项。

5. 小企业赊销的得失分析

以 1 000 000 元的赊销业务为例，如果以销售成本率 70%、销售期间费用率 10%、变动成本率 60%、所得税税率 25%、银行一年期存款利率 2.5%、银行一年期贷款利率 5.6% 计算，则该笔赊销业务的会计处理如下：

借：应收账款　　　　　　　　　　　　　　　　　　1 130 000
　　贷：主营业务收入　　　　　　　　　　　　　　　　1 000 000
　　　　应交税费——应交增值税（销项税额）等　　　　　130 000

同时小企业在当月结转销售成本 700 000 元，发生销售费用 100 000 元，则小企业实现利润 200 000 元（1 000 000–700 000–100 000），应交所得税 50 000 元（200 000×25%），即在企业没有任何现金流入的情况下，先发生现金流出 180 000 元（130 000+50 000）。而小企业将 1 000 000 元产品赊销给购买单位，将有一大部分资金被购货单位占用，小企业会丧失存款利息 15 000 元（1 000 000×60%×2.5%）。如果此时小企业需要取得银行贷款，则同时支付贷款利息 33 600 元（1 000 000×60%×5.6%）。此外，小企业还会发生应收账款的管理费用，即收账费用 20 000 元。这样一笔 1 000 000 元赊销业务在没有取得任何现金流入的情况下，小企业需发生现金支出 248 600 元（180 000+15 000+33 600+20 000）。这会造成小企业资金的严重短缺，还不包括坏账损失、信誉损失、客户流失损失等。可见，小企业进行商品赊销失去的多而得到的少。

相关链接　《企业资产损失所得税税前扣除管理办法》的相关规定

第二十二条　企业应收及预付款项坏账损失应依据以下相关证据材料确认：

（一）相关事项合同、协议或说明；

（二）属于债务人破产清算的，应有人民法院的破产、清算公告；

（三）属于诉讼案件的，应出具人民法院的判决书或裁决书或仲裁机构的仲裁书，或者被法院裁定终（中）止执行的法律文书；

（四）属于债务人停止营业的，应有工商部门注销、吊销营业执照证明；

（五）属于债务人死亡、失踪的，应有公安机关等有关部门对债务人个人的死亡、失踪证明；

（六）属于债务重组的，应有债务重组协议及其债务人重组收益纳税情况说明；

（七）属于自然灾害、战争等不可抗力而无法收回的，应有债务人受灾情况说明以及放弃债权申明。

第二十三条　企业逾期三年以上的应收款项在会计上已作为损失处理的，可以作为坏账损失，但应说明情况，并出具专项报告。

第二十四条　企业逾期一年以上，单笔数额不超过五万或者不超过企业年度收入总额万分之一的应收款项，会计上已经作为损失处理的，可以作为坏账损失，但应说明情况，并出具专项报告。

2.2.3　债权的清查

债权的清查，包括应收账款和其他应收款的清查。清查一般采用同对方核对账目的方法。

清查时，小企业将各项应收的往来款项正确完整地登记入账，由财务部向往来单位发函证，如对方单位核对无误，则在函证上盖章后退回发出单位；如对方发现数字不符，则在函证证明不符原因处签章并注明金额后退回发出单位，或者另抄对账单退回，作为进一步核对的依据。小企业收到对方的回单后，对错误的账目应及时查明原因，并按规定方法加以更正，最后根据清查结果编制"往来款项清查报告表"。

债权的清查，采用对方单位核对账目的方法。小企业在检查往来款项账目正确性和完整性的基础上，根据有关明细分类账的记录，按用户编制对账单，送交对方单位进行核对。对账单一般一式两联，其中一联作为回单。

债权清查的程序：

（1）检查本企业账面记录，确保无误。

（2）寄送对账单给对方。

（3）对方核对相符，退回对账单（已签过章）。

对方核对不相符，注明情况并另附送一份对账单，再继续核对。

在核对过程中，如果发现未达账项，那么双方都应采用调节账面余额的方法，来核对往来款项是否相符。尤其应注意查明有无双方发生争议的款项、没有希望收回的款项，以便及时采取措施进行处理，避免或减少坏账损失。

例 2-12　某小企业在财产清查中，查明应收某单位贷款 4 000 元，因单位撤销，确实无法收回，经批准核销。另有 5 000 元的应付账款确实无法支付，经批准作为营业外收入。

```
借：营业外支出                                    4 000
    贷：应收账款——××单位                           4 000
借：应付账款——××单位                             5 000
    贷：营业外收入                                   5 000
```

2.2.4 坏账损失的税务处理

对于应收款项、预付账款和其他应付款（后两者在 2.4 节介绍），如果存在税会差异，那么小企业在纳税申报时需填报二级附表《资产损失税前扣除及纳税调整明细表》（A105090）（见表 2-6），然后将相关数据填列在一级附表《纳税调整项目明细表》（A105000）（见表 2-4），最终将相关汇总数据填列在主表《中华人民共和国企业所得税年度纳税申报表（A 类）》（A100000）（见表 2-5）的第 15 行或第 16 行。

表 2-6　资产损失税前扣除及纳税调整明细表（A105090）

行次	项目	资产损失直接计入本年损益金额	资产损失准备金核销金额	资产处置收入	赔偿收入	资产计税基础	资产损失的税收金额	纳税调整金额
		1	2	3	4	5	6（5–3–4）	7
2	二、应收及预付款项坏账损失							
3	其中：逾期三年以上的应收款项损失							
4	逾期一年以上的小额应收款项损失							

2.3　债务

小企业的债务主要包括短期债务和长期债务。其中，短期债务包括短期借款、应付票据和应付账款等；长期债务包括长期借款和长期应付款等。短期借款、应付票据和应付账款等属于流动负债。

> **小企业会计准则**
>
> 第四十七条　各项流动负债应当按照其实际发生额入账。
> 小企业确实无法偿付的应付款项，应当计入营业外收入。

《小企业会计准则》要求负债以实际发生额入账，利息计算统一采用票面利率或合同利率。

2.3.1 短期借款

> **小企业会计准则**
>
> 第四十八条 短期借款应当按照借款本金和借款合同利率在应付利息日计提利息费用，计入财务费用。

短期借款是指小企业向银行或其他金融机构等借入的期限在一年以下（含一年）的各种借款。

小企业的短期借款主要有经营周转借款、临时借款、结算借款、票据贴现借款、卖方信贷、预购定金借款和专项储备借款等。

（1）经营周转借款。又称生产周转借款或商品周转借款。小企业因流动资金不能满足正常生产经营需要，而向银行或其他金融机构取得的借款。办理该项借款时，小企业应按有关规定向银行提出年度、季度借款计划，经银行核定后，在借款计划中根据借款借据办理借款。

（2）临时借款。小企业因季节性和临时性客观原因，正常周转的资金不能满足需要，超过生产周转或商品周转的款额划入的短期借款。临时借款实行"逐笔核贷"的办法，借款期限一般为3~6个月，按规定用途使用，并按核算期限归还。

（3）结算借款。在采用托收承付结算方式办理销售货款结算的情况下，小企业为解决商品发出后至收到托收货款前所需要的在途资金而借入的款项。小企业在发货后的规定期间（一般为3天，特殊情况最长不超过7天）内向银行托收的，可申请托收承付结算借款。借款金额通常按托收金额和商定的折扣率进行计算，大致相当于发出商品销售成本加代垫运杂费。小企业的货款收回后，银行将自行扣回其借款。

（4）票据贴现借款。持有银行承兑汇票或商业承兑汇票的，发生经营周转困难时，申请票据贴现的借款，期限一般不超过3个月。贴现借款额一般是票据的票面金额扣除贴现息后的金额，贴现借款的利息即票据贴现息，由银行办理贴现时先行扣除。

（5）卖方信贷。产品列入国家计划，质量在全国处于领先地位的小企业，经批准采取分期收款销售引起生产经营资金不足而向银行申请取得的借款。这种借款应按货款收回的进度分次归还，期限一般为1~2年。

（6）预购定金借款。小企业为收购农副产品发放预购定金而向银行借入的款项。这种借款按国家规定的品种和批准的计划标准发放，实行专户管理，借款期限最多不超过1年。

（7）专项储备借款。批发企业国家批准储备商品而向银行借入的款项。这种借款必须实行专款专用，借款期限根据批准的储备期确定。

无论借入款项的来源如何，小企业均需要向债权人按期偿还借款的本金及利息。在会计处理上，小企业要及时如实地反映短期借款的借入、利息的发生和本金及利息的偿还情况。

小企业通过"短期借款"账户来进行短期借款的取得及偿还情况的会计处理。该账户贷方登记取得借款的本金数额，借方登记偿还借款的本金数额，余额在贷方，表示尚未偿还的短期借款。该账户可按借款种类、贷款人和币种进行明细会计处理。

小企业从银行或其他金融机构取得短期借款时，借记"银行存款"账户，贷记"短期借款"账户。

在实际工作中，银行一般于每季度末收取短期借款利息，为此，小企业的短期借款利息一般采用月末计提的方式进行会计处理。短期借款利息属于筹资费用，记入"财务费用"账户。小企业在资产负债表日按照计算确定的短期借款利息费用，借记"财务费用"账户，贷记"应付利息"账户；实际支付利息时，根据已计提的利息，借记"应付利息"账户，根据应计利息，借记"财务费用"账户，根据应付利息总额，贷记"银行存款"账户。

小企业短期借款到期偿还本金时，借记"短期借款"账户，贷记"银行存款"账户。

例2-13 2021年1月1日，华龙公司向银行借款120万元，借款期限为一年，借款利率为5%，借款合同规定按照季度支付利息，该笔借款用于华龙公司的产品生产。假设不考虑2021年12月31日结账的会计处理。

华龙公司的会计处理如下。

（1）2021年1月1日，取得借款时：

借：银行存款　　　　　　　　　　　　　1 200 000
　　贷：短期借款　　　　　　　　　　　　　　　1 200 000

（2）月末计提利息：

借：财务费用　　　　　　　　　　　　　5 000（1 200 000×5%÷12）
　　贷：应付利息　　　　　　　　　　　　　　　5 000

（3）每季度末支付利息：

借：应付利息　　　　　　　　　　　　　10 000
　　财务费用　　　　　　　　　　　　　5 000（1 200 000×5%÷12）
　　贷：银行存款　　　　　　　　　　　　　　　15 000

（4）2022年1月1日，归还本金：

借：短期借款　　　　　　　　　　　　　1 200 000
　　贷：银行存款　　　　　　　　　　　　　　　1 200 000

相关链接 应付利息的会计处理

应付利息，是指小企业按照合同约定应支付的利息，包括分期付息到期还本的长期借款和短期借款等应支付的利息。

小企业按照合同约定应支付的利息，通过"应付利息"账户进行会计处理，该账户期末贷方余额反映企业应付未付的利息。

实际支付的利息，按照合同利率计算出来的利息费用，借记"财务费用""在建工程"等账户，贷记"应付利息"账户。实际支付利息时，借记"应付利息"账户，贷记"银行存款"等账户。

2.3.2 应付票据

应付票据，是指由出票人出票，委托收款人在指定日期无条件支付确定的金额给收款人或持票人的票据。应付票据是小企业根据合同进行延期付款的商品交易，或采用商业汇票结算方式而发生的，由签发人签发、承兑人承兑的票据。

应付票据按票面是否注明利率，分为带息应付票据和不带息应付票据两种。

小企业购买原材料、商品和接受劳务供应等开出、承兑的商业汇票，包括银行承兑汇票和商业承兑汇票，小企业设置"应付票据"账户进行会计处理。"应付票据"账户期末贷方余额，反映小企业尚未到期的商业汇票的票面金额。

小企业开出、承兑商业汇票或以承兑商业汇票抵付货款、应付账款等，借记"材料采购"或"在途物资""库存商品""原材料"等账户，贷记"应付票据"账户。涉及增值税进项税额的，则借记"应交税费——应交增值税（进项税额）"（或"应交税费——待认证进项税额"等）账户。

1. 不带息应付票据

不带息应付票据的面值就是票据的到期值。不带息应付票据有两种处理方法：一是直接按面值记账；二是按一定的利率计算票据面值中所含的利息，应付票据按扣除利息后的金额记账。由于我国应付票据期限较短，会计实务中一般采用第一种方法进行会计处理，按其票面价值列示在资产负债表上。

例 2-14 顺建公司采用商业汇票方式，从东风公司购入一批原材料。根据有关发票账单，购入材料的实际价款为 150 000 元，增值税专用发票上注明的增值税额为 19 500 元。材料尚未运到，顺建公司开出并承兑一张面值 169 500 元、3 个月期的商业承兑汇票。该公司采用实际成本法。

顺建公司开出并承兑商业承兑汇票时所做的会计处理如下：

借：在途物资　　　　　　　　　　　　　　　　　　150 000
　　应交税费——应交增值税（进项税额）等　　　　 19 500
　贷：应付票据　　　　　　　　　　　　　　　　　　　　　169 500

上述开出并承兑的商业承兑汇票到期，顺建公司支付货款时所做的会计处理如下：

借：应付票据　　　　　　　　　　　　　　　　　　169 500
　贷：银行存款　　　　　　　　　　　　　　　　　　　　　169 500

开出并承兑的商业承兑汇票到期，如果小企业无力支付票款，在票据到期且未签发新的票据时，则将"应付票据"的账面余额转入"应付账款"账户，待协商后再做会计处理。银行承兑汇票到期，如果小企业无力支付票款，那么承兑银行除凭票向持票人无条件付款外，对出票人尚未支付的汇票金额转作逾期贷款处理。小企业在接到银行转来的有关凭证时，借记"应付票据"账户，贷记"短期借款"账户。对计收的利息，按处理短期借款利息的方法处理。

例 2-14 中，假定票据到期，顺建公司无力支付票款，则会计处理如下：

借：应付票据　　　　　　　　　　　　　　　　　　169 500
　贷：应付账款——东风公司　　　　　　　　　　　　　　169 500

如果上例的票据为银行承兑汇票，小企业无力支付票款，则会计处理如下：

借：应付票据　　　　　　　　　　　　　　　　　　169 500

　　　　贷：短期借款　　　　　　　　　　　　　　　　　　　　　169 500

2．带息应付票据

应付票据如为带息票据，则票据的面值就是票据的现值。票据中的应付利息在会计处理上有两种方法。

（1）按期预提利息。采用这种方法时，小企业在期末按照票据的票面价值和票据上规定的利率计算应付的票据利息，记入"财务费用"和"应付票据"账户。票据到期支付本息时，再注销应付票据的账面余额。这种处理方法在资产负债表上，按票据面值和利息列入流动负债项目。

（2）一次性计算利息。采用这种方法时，应付票据不按期计提利息，而是在票据到期付款时，一次将全部应付利息记入支付当期的"财务费用"账户。

由于我国商业汇票期限较短，因此，通常在期末对尚未支付的应付票据计提利息，计入当期财务费用；票据到期支付票款时，尚未计提的利息部分，直接计入当期财务费用。

例2-15　2021年12月1日，黄河公司签发一张3个月期的商业承兑汇票，票据面值为113 000元，利率为8%，抵付前欠双安公司货款。

黄河公司的会计处理如下。

① 签发商业承兑汇票：

　　借：应付账款——双安公司　　　　　　　113 000
　　　　贷：应付票据　　　　　　　　　　　　　　　　　　　113 000

② 年末计算并计提应付票据的利息：

提取的应付利息＝113 000×8%×1/12＝753.33（元）

　　借：财务费用　　　　　　　　　　　　　　753.33
　　　　贷：应付票据　　　　　　　　　　　　　　　　　　　　753.33

③ 票据到期，支付票款面值和利息（计算结果保留两位小数，全书同此）：

实际支付的金额＝113 000＋113 000×8%×3/12＝115 260（元）

　　借：应付票据　　　　　　　　　　　　　113 753.33
　　　　财务费用　　　　　　　　　　　　　　1 506.67
　　　　贷：银行存款　　　　　　　　　　　　　　　　　　　115 260

带息商业承兑汇票到期，如果小企业无力支付票款，则将"应付票据"的账面余额转入"应付账款"账户进行会计处理后，期末时不再计提利息。

小企业设置"应付票据备查簿"，详细登记商业汇票的种类、号数和出票日期、到期日、票面金额、交易合同号和收款人姓名或单位名称以及付款日期和金额等资料，商业汇票到期结清票款后，在备查簿中应予注销。

2.3.3　应付账款

应付账款，是指小企业在正常生产经营过程中，因购买原材料、商品或接受劳务供应等经营活动应支付的款项。这种负债主要是由于买卖双方在购销活动中取得货物的时间和支付货款的时间不一致而产生的。

为了反映、监督由于交易而产生的应付账款，小企业设置"应付账款"账户进行会计处理，并按供应单位设置明细账进行会计处理。涉及增值税进项税额的，借记"应交税费——应交增值税（进项税额）"（或"应交税费——待认证进项税额"等）账户。

1. 发生应付账款

小企业购入材料、商品等或接受劳务所产生的应付账款，按发生额入账。购入材料、商品等验收入库，但货款尚未支付，根据有关凭证（发票账单、随货同行发票上记载的实际价款或暂估价值），借记"在途物资"等账户；按可抵扣的增值税额，借记"应交税费——应交增值税（进项税额）"（或"应交税费——待认证进项税额"等）账户；按应付的价款，贷记"应付账款"账户。

小企业接受供应单位提供劳务而发生的应付未付款项，根据供应单位的发票账单，借记"生产成本""管理费用"等账户，贷记"应付账款"账户。

应付账款附有现金折扣的，按照扣除现金折扣前的应付款总额入账。因在折扣期限内付款而获得的现金折扣，在偿付应付账款时冲减财务费用。

例 2-16 鲁威公司从石岛公司购进一批生产用材料，发票价格为 50 000 元，专用发票中注明的增值税为 6 500 元，发票账单等结算凭证已到，材料已验收入库，货款尚未支付。

鲁威公司的会计处理如下。

借：原材料　　　　　　　　　　　　　　　　　　　　　50 000
　　应交税费——应交增值税（进项税额）等　　　　　　6 500
　　贷：应付账款——石岛公司　　　　　　　　　　　　　　56 500

以银行存款支付货款时：

借：应付账款——石岛公司　　　　　　　　　　　　　　56 500
　　贷：银行存款　　　　　　　　　　　　　　　　　　　　56 500

如果在交易过程中发生现金折扣，那么一般采用总价法进行会计处理。

例 2-17 安皇公司向石益公司购入一批材料，价款为 600 000 元，规定的现金折扣条件为 2/10、N/30，适用的增值税税率为 13%，材料已验收入库。

安皇公司的会计处理如下：

借：原材料　　　　　　　　　　　　　　　　　　　　　600 000
　　应交税费——应交增值税（进项税额）等　　　　　　78 000
　　贷：应付账款——石益公司　　　　　　　　　　　　　　678 000

假设安皇公司在 10 日内付款，会计处理如下：

借：应付账款——石益公司　　　　　　　　　　　　　　678 000
　　贷：银行存款　　　　　　　　　　　　　　　　　　　　664 440
　　　　财务费用　　　　　　　　　　　　　　　　　　　　13 560

假设安皇公司在 10 天以后付款，会计处理如下：

借：应付账款——石益公司　　　　　　　　　　　　　　678 000
　　贷：银行存款　　　　　　　　　　　　　　　　　　　　678 000

2. 偿还应付账款

小企业偿还应付账款或开出商业汇票抵付应付账款时,借记"应付账款"账户,贷记"银行存款""应付票据"等账户。

3. 转销应付账款

小企业转销确实无法支付的应付账款(如因债权人撤销等原因而产生无法支付的应付账款),按其账面余额计入营业外收入,借记"应付账款"账户,贷记"营业外收入"账户。

例2-18 2021年12月31日,宏远公司确定一笔应付账款10 000元为无法支付的款项,应予转销。

宏远公司的会计处理如下:

借:应付账款　　　　　　　　　　　　　　10 000
　　贷:营业外收入　　　　　　　　　　　　　　10 000

4. 小企业赊购的得失分析

买方利用延期付款等于向卖方借款购进商品,这是小企业常用的筹资方式。以1 000 000元的赊购业务为例,以所得税税率25%,银行一年期存款利率2.5%,银行一年期贷款利率5.6%计算。因为无论是现购还是赊购,都不会给小企业带来收益,在两者决策时只要选择低者即可。小企业赊购时:

借:材料采购(在途物资)　　　　　　　　1 000 000
　　应交税费——应交增值税(进项税额)等　　130 000
　　贷:应付账款　　　　　　　　　　　　　　1 130 000

对于这笔赊购业务而言,首先小企业应该减少现金但并没有减少现金,这会使小企业净增加现金1 130 000元,同时冲减增值税130 000元,两项加起来相当于净增加现金1 260 000元。由于应付账款的周转和应收账款的周转一样,具有连续性和循环性的特征,在一年中可以看成一个常数,因此小企业赊购是对企业极为有利的无息筹资方式。同时小企业可以将节约的1 260 000元存入银行取得存款利息31 500元(1 260 000×2.5%)。假设小企业筹集这笔资金可以免付银行贷款利息70 560元(1 260 000×5.6%),还应看到在对赊销业务及赊购业务分析时,利息是所有业务中最低的,也是最起码能得到的机会成本或收益。假设小企业用这笔资金购买股票或进行其他投资,其收益远远高于此。

赊购给小企业带来的好处在于:一是能够缓解企业的资金压力,赊购行为的直接后果是引起小企业现金净增加,这种依赖商业信用的筹资行为,筹资成本较低甚至没有成本,而且会成为小企业资金稳定的来源。但这种筹资方式风险较大,小企业必须在年内或几个月内给予支付,如果发生的金额过大,则会加重企业资金周转困难。二是降低小企业的偿债能力,特别是短期偿债能力。

在实际业务中,小企业在采购商品时,可以先和供货商承诺在一定时期内支付货款。在货款到期时,如果资金紧张,则可以通过向供货商开具商业汇票来维护自己的商业信用,同时,供货商也能够看到收到货款的希望。

2.3.4 长期借款

> **小企业会计准则**
>
> 第五十二条 非流动负债应当按照其实际发生额入账。
> 长期借款应当按照借款本金和借款合同利率在应付利息日计提利息费用，计入相关资产成本或财务费用。

长期借款，是指小企业向银行或其他金融机构借入的、偿还期限在一年或一个营业周期以上的借款。长期借款一般用于固定资产的购建、改扩建工程、大修理工程、对外投资以及保持小企业长期的经营能力等方面。

长期借款的会计处理，包括借款本金的会计处理、借款利息的会计处理、外币借款发生的外币折合差额的会计处理等。本节主要介绍前两部分，第三部分的会计处理，读者可以参阅第11章的相关内容。

取得长期借款时，根据实际取得的借款净额，借记"银行存款"账户；根据借款本金，贷记"长期借款"账户。

在应付利息日，按照借款本金和借款合同利率计提利息费用，借记"财务费用""在建工程"等账户，贷记"应付利息"账户。

到期还本付息时，借记"长期借款""应付利息"账户，贷记"银行存款"账户。

✎ **例 2-19** 华夏公司向银行借款，借款合同规定：一次性借款本金6万元；年利率6%；借款期限是自2021年1月1日起至2023年12月31日止，共3年；每年年末付息，到期一次还本。

（1）2021年1月1日：

借：银行存款　　　　　　　　　　　　　　　　　60 000
　　贷：长期借款　　　　　　　　　　　　　　　　　60 000

（2）2021年年末计息、付息：

借：财务费用等　　　　　　　　　　　　　　　　　3 600
　　贷：应付利息　　　　　　　　　　　　　　　　　3 600
借：应付利息　　　　　　　　　　　　　　　　　　3 600
　　贷：银行存款　　　　　　　　　　　　　　　　　3 600

（3）2022年年末计息、付息的会计处理同（2）。

（4）2023年年末还本付息：

借：财务费用等　　　　　　　　　　　　　　　　　3 600
　　贷：应付利息　　　　　　　　　　　　　　　　　3 600
借：长期借款　　　　　　　　　　　　　　　　　　60 000
　　应付利息　　　　　　　　　　　　　　　　　　3 600
　　贷：银行存款　　　　　　　　　　　　　　　　　63 600

✎ **例 2-20** 承例2-19。假设借款合同规定，还款方式为到期一次还本付息。其他资料不变。

（1）2021年1月1日：
　　借：银行存款　　　　　　　　　　　　　　　60 000
　　　　贷：长期借款　　　　　　　　　　　　　　　60 000
（2）2021年年末计息：
　　借：财务费用等　　　　　　　　　　　　　　3 600
　　　　贷：长期借款　　　　　　　　　　　　　　　3 600
（3）2022年年末计息：
　　借：财务费用等　　　　　　　　　　　　　　3 600
　　　　贷：长期借款　　　　　　　　　　　　　　　3 600
（4）2023年年末还本付息：
　　借：财务费用等　　　　　　　　　　　　　　3 600
　　　　贷：长期借款　　　　　　　　　　　　　　　3 600
　　借：长期借款　　　　　　　　　　　　　　　70 800
　　　　贷：银行存款　　　　　　　　　　　　　　　70 800

以上会计处理中，借记"财务费用等"的意思是，借款费用中费用化的部分计入"财务费用"账户，借款费用中资本化的部分计入"在建工程""制造费用"等账户。

相关链接　借款费用的会计处理

《小企业会计准则》第十二条规范了借款费用的定义。借款费用，是指小企业因借款而发生的利息及其他相关成本，包括借款利息、辅助费用以及因外币借款而发生的汇兑差额。其中，因借款而发生的辅助费用包括手续费、佣金、印刷费等。

小企业借款费用的处理方法主要有两种：一种方法是在借款费用发生时直接确认为费用，计入当期损益；另一种方法是予以资本化，即可直接归属于符合资本化条件的资产，予以资本化。符合资本化条件的资产，是指需要经过相当长时间的购建活动才能达到预定可使用或者可销售状态的固定资产等资产。

因此，借款费用的归属方向是：符合资本化条件的，记入"存货""在建工程""固定资产""无形资产""研发支出"等账户；不符合资本化条件而且属于筹建期内发生的部分，记入"管理费用"账户；既不符合资本化条件又未发生在筹建期内的部分，记入"财务费用"账户。

长期借款的利息费用应按借款本金和借款合同利率计提，区别于《企业会计准则》按实际利率和摊余成本计提的规定。由于不需要考虑负债在未来各存续期间现金流量的现值（公允价值），即不需要确定实际利率和各期摊销成本，在一定程度上能够激励小企业采取长期借款的融资方式。由于利息费用是按合同利率进行会计处理的，当经济环境发生变化时，如发生通货膨胀或通货紧缩、银行收紧或放松银根、市场平均收益率提高或降低等，会使合同利率高于或低于实际利率，进而对小企业的税负和融资产生影响。

以合同利率高于实际利率为例，从财务角度看，小企业为了保证长期偿债能力，会对以下方面产生直接影响。

（1）对于小企业盈利能力，由于非流动负债大多用于非流动资产投资，形成小企业的长期资产，而长期资产的收益回报期限较长，在正常生产经营条件下，小企业不可能靠出售资产作为偿债的资金来源，而只能依靠小企业的生产经营所得。同时，小企业为了获得财务杠杆利益，增加企业收益，利息支出自然要从所融通资金创造的收益中予以偿付。所以当合同利率高于实际利率时，小企业所实际承担的应付利息会增加，这就要求小企业有更强的盈利能力以保证债务的清偿。

（2）对于投资效果，由于利息负担加重，就要求小企业单项投资的效果要好或采取多项投资的策略以保证投资收益能够偿还债务负担。

（3）对于权益资金，由于应付利息增加导致债务负担加重，为了保证偿还债务的可靠性，小企业就要减少利润分配而使企业权益资金增加。

（4）对于权益资金的实际价值，由于小企业最终的偿债能力取决于权益资金的实际价值，因此一旦资产不能按其账面价值处理，债务就不能全部清偿。所以当债务增加时，就要求小企业保证其资产能按账面价值处理。

（5）对于经营现金流量，小企业债务主要用现金清偿。因为小企业盈利不等同于现金流量充足，所以小企业只有具备较强的变现能力，充裕的现金才能具有真正偿债能力。

综上所述，当实际利率大于合同利率而造成应付利息增多使债务增加时，小企业为了保证清偿债务，就要提高自身盈利能力，保证投资效果，扩大投资规模，增加投资项目，从而在一定程度上刺激小企业扩大融资规模以增加投资。同时，小企业为了保证权益资金会减少分红，使小企业自留资金相对充裕，造血能力较强，这在一定程度上降低了小企业融资的积极性。小企业为了保证权益资金实际价值，可能会采取少计提折旧等方式以保证各期资产账面价值相对较高而使得账面的偿债能力较强；小企业为了保证现金流量，也会减少投资，在一定程度上抑制了小企业的融资动机。从会计角度看，如果应付利息计入财务费用，就会高估当期费用，从而减少营业利润、利润总额而少缴当期所得税。如果应付利息计入在建工程，就会虚增固定资产账面价值，从而高估后期折旧费用，降低利润总额而少缴所得税，同时会影响银行对小企业偿债能力的判断。

专栏　与《企业会计准则》的比较

利息费用计算不同。《小企业会计准则》下，按照借款本金和借款合同利率计提利息费用。《企业会计准则》下，按摊余成本和实际利率计算确定的长期借款的利息费用。

专栏　与《企业所得税法实施条例》的比较

《小企业会计准则》中的借款利息费用（减利息收入）是小企业为筹集生产经营所需资金发生的筹资费用，除为购置、建造固定资产、无形资产和经过12个月以上的建造才能达到预定可销售状态的存货发生借款的，在有关资产购置、竣工决算前发生的合理的借款费用，作为资本性支出计入有关资产的成本外，在发生时按照其发生额计入当期损益。而根据《企业所得税法实施条例》规定，小企业在生产经营活动中发生的合理的不需要资本化的借款费用，准予扣除。包括非金融企业向金融企业借款的利息支出、金融企业的各项存款利息支出和同业拆借利息支出、企业经批准发行债券的利息支出；非金融企业向非金融企业借款的利息支出，不超过按照金融企业同期同类贷款利率计算数额的部分。

因此，小企业之间的借款利息费用，超过按照金融企业同期同类贷款利率计算数额的部分，在进行企业所得税汇算清缴时，对于计入费用或有关资产成本中的部分要做纳税调整。

2.3.5 长期应付款

长期应付款是小企业除长期借款外的其他各种长期应付款项，包括应付融资租入固定资产的租赁费、以分期付款方式购入固定资产等发生的应付款项等。

小企业设置"长期应付款"账户，来处理融资租入固定资产和以分期付款方式购入固定资产时应付的款项及偿还情况。

1. 应付融资租赁款

小企业融资租入固定资产，在租赁期开始日，按照租赁合同约定的付款总额和在签订租赁合同过程中发生的相关税费等，借记"固定资产"或"在建工程"账户，贷记"长期应付款"等账户。

📝 **例 2-21** 2020 年 12 月 1 日，普惠公司和通租公司签订了一份租赁合同。合同主要条款如下：

（1）租赁标的物：塑钢机。
（2）起租日：2021 年 1 月 1 日。
（3）租赁期：2021 年 1 月 1 日至 2023 年 12 月 31 日，共 36 个月。
（4）租金支付：自 2021 年 1 月 1 日，每半年支付租金 30 000 元。
（5）普惠公司在租赁谈判和签订租赁合同过程中发生可归属于租赁项目的手续费、差旅费 200 元。

2021 年 1 月 1 日，普惠公司的会计处理如下：

借：固定资产——融资租入固定资产　　　　　　180 200
　　贷：长期应付款——应付融资租赁款　　　　　　　180 000
　　　　银行存款　　　　　　　　　　　　　　　　　　 200

2. 以分期付款方式购入固定资产发生的应付款

以分期付款方式购入固定资产，按照实际支付的购买价款和相关税费（不包括按照税法规定可抵扣的增值税进项税额），借记"固定资产"或"在建工程"账户；按照税法规定可抵扣的增值税进项税额，借记"应交税费——应交增值税（进项税额）"等账户，贷记"长期应付款"账户。

📝 **例 2-22** 2021 年 1 月 1 日，天河公司从顺达公司购入一台机器作为固定资产使用，该机器已收到，不需安装。购货合同约定，机器的总价款为 20 万元，分 3 年支付，2021 年 12 月 31 日支付 10 万元，2022 年 12 月 31 日支付 6 万元，2023 年 12 月 31 日支付 4 万元。

2021 年 1 月 1 日，天河公司的会计处理如下：

借：固定资产　　　　　　　　　　　　　　　　　　200 000
　　应交税费——应交增值税（进项税额）等　　　　26 000
　　贷：长期应付款　　　　　　　　　　　　　　　　　　　226 000

2.3.6 利息支出的税务处理

《企业所得税法实施条例》第三十八条规定，企业在生产经营活动中发生的下列利息支出，准予扣除：非金融企业向金融企业借款的利息支出、金融企业的各项存款利息支出和同业拆借利息支出、企业经批准发行债券的利息支出；非金融企业向非金融企业借款的利息支出，不超过按照金融企业同期同类贷款利率计算的数额的部分。

《国家税务总局关于企业所得税若干问题的公告》（国家税务总局公告 2011 年第 34 号）：根据《企业所得税法实施条例》第三十八条规定，非金融企业向非金融企业借款的利息支出，不超过按照金融企业同期同类贷款利率计算的数额的部分，准予税前扣除。鉴于目前我国对金融企业利率要求的具体情况，小企业在按照合同要求首次支付利息并进行税前扣除时，应提供"金融企业的同期同类贷款利率情况说明"，以证明其利息支出的合理性。"金融企业的同期同类贷款利率情况说明"中，应包括在签订该借款合同当时，任何一家金融企业提供同期同类贷款利率情况。该金融企业为经政府有关部门批准成立的可以从事贷款业务的企业，包括银行、财务公司、信托公司等金融机构。"同期同类贷款利率"是指在贷款期限、贷款金额、贷款担保以及企业信誉等条件基本相同下，金融企业提供贷款的利率，既可以是金融企业公布的同期同类平均利率，也可以是金融企业对某些企业提供的实际贷款利率。

《关于企业关联方利息支出税前扣除标准有关税收政策问题的通知》（财税〔2008〕第 121 号）：在计算应纳税所得额时，企业实际支付给关联方的利息支出，不超过以下规定比例和税法及其实施条例有关规定计算的部分，准予扣除，超过的部分不得在发生当期和以后年度扣除。企业如果能够按照税法及其实施条例的有关规定提供相关资料，并证明相关交易活动符合独立交易原则的，或者该企业的实际税负不高于境内关联方的，那么实际支付给境内关联方的利息支出，在计算应纳税所得额时准予扣除。

企业实际支付给关联方的利息支出，除符合上述规定外，其接受关联方债权性投资与其权益性投资比例为：金融企业 5∶1；其他企业 2∶1。

例 2-23 A 公司、B 公司和 C 公司于 2020 年 1 月共投资 100 万元设立 D 公司。A 公司权益性投资 20 万元，占 20% 股份；B 公司权益性投资 20 万元，占 20% 股份；C 公司权益性投资 60 万元，占 60% 的股份。

2020 年 1 月，D 公司以 10% 年利率从 A 公司借款 50 万元，以 9% 年利率从 B 公司借款 60 万元，以 7% 年利率向 C 公司借款 60 万元。

假设 A、B、C、D 公司均为非金融小企业；银行同期贷款利率为 8%；D 公司实际税负高于 A 公司，且 D 公司无法提供资料证明其借款活动符合独立交易原则；B 公司可以提供税法规定的相关资料以证明其符合独立交易原则；D 公司实际税负不高于 C 公司。

1. 对 A 公司支付的利息

由于 D 公司实际税负高于 A 公司,且 D 公司无法提供资料证明其借款活动符合独立交易原则,因此 D 公司实际支付给 A 公司的利息支出,不超过财税〔2008〕第 121 号文件规定的债资比例和税法及其实施条例有关规定计算的部分,准予扣除,超过的部分不得在发生当期和以后年度扣除。

D 公司接受 A 公司的债权性投资和权益性投资分别为 50 万元和 20 万元,其比例为 2.5∶1,高于规定的 2∶1,并且其约定利率 10%高于金融机构同期贷款利率 8%,故 A 公司借款利息不能全额税前扣除。其可税前扣除的借款额为 40 万元(20×2),利息额为 3.2 万元(40×8%)。2020 年共支付 A 公司利息 5 万元(50×10%),可税前扣除 3.2 万元,其余 1.8 万元在 2020 年做纳税调整,且在以后年度也不可扣除。纳税调整时,D 公司填报《纳税调整项目明细表》(A105000)的第 18 行,如表 2-7 所示。

表 2-7　纳税调整项目明细表(A105000)

行次	项目	账载金额 1	税收金额 2	调增金额 3	调减金额 4
18	(六)利息支出	50 000	32 000		18 000

2. 对 B 公司支付的利息

D 公司接受 B 公司的债权性投资可以提供税法规定的相关资料以证明其符合独立交易原则,可以不看债资比例的规定,但其约定利率 9%高于金融机构同期贷款利率 8%,故 B 公司借款利息 5.4 万元(60×9%)不能全额在税前扣除,其超过金融机构同期贷款利率的部分 0.6 万元〔60×(9%–8%)〕要做纳税调整。纳税调整时,D 公司填报《纳税调整项目明细表》(A105000)的第 18 行,如表 2-8 所示。

表 2-8　纳税调整项目明细表(A105000)

行次	项目	账载金额 1	税收金额 2	调增金额 3	调减金额 4
18	(六)利息支出	54 000	48 000		6 000

3. 对 C 公司支付的利息

D 司实际税负不高于 C 公司,也可以不看债资比例的规定,其约定年利率 7%低于金融机构同期贷款利率,故 C 公司借款利息 4.2 万元(60×7%)可以全额在税前扣除。

需要说明的是,年度应付关联方的利息应符合税法对利息支出的一般规定,特别是限制在银行同类贷款利率以内,不一定是应付关联方利息总和。

关于企业由于投资者投资未到位而发生的利息支出扣除问题,根据《企业所得税法实施条例》第二十七条规定,凡企业投资者在规定期限内未缴足其应缴资本额的,该企业对外借款所发生的利息,相当于投资者实缴资本额和在规定期限内应缴资本额的差额应计付的利息,其不属于企业合理的支出,应由企业投资者负担,不得在计算企业应纳税所得额时扣除。

具体计算不得扣除的利息，应以企业一个年度内每一账面实收资本和借款余额保持不变的期间作为一个计算期，每一计算期内不得扣除的借款利息按该期间借款利息发生额乘以该期间企业未缴足的注册资本占借款总额的比例计算。公式为：

$$企业每一计算期不得扣除的借款利息 = 该期间借款利息额 \times 该期间未缴足注册资本额 \div 该期间借款额$$

企业一个年度内不得扣除的借款利息总额为该年度内每一计算期不得扣除的借款利息额之和。

2.4 资金往来

小企业的资金往来主要包括预付账款、预收账款、其他应收款和其他应付款等。

2.4.1 预付账款

预付账款是小企业按照购货合同的规定，预先支付给供货单位的货款而形成的小企业短期债权，如预付商品、材料的采购款，支付的农副产品预购定金等。

为了反映预付账款的支付和结算情况，小企业设置"预付账款"账户进行处理。该账户是资产类账户，借方登记小企业向供货方预付的货款，贷方登记小企业收到所购货物时结转的预付款项，期末余额一般在借方，反映小企业已经预付但尚未结算的款项。如果该账户出现贷方余额，则反映小企业所购货物价款大于预付款项的差额，属于应付账款性质。该账户按供货单位或个人的名称设置明细账。

小企业因购货而预付的款项，借记"预付账款"账户，贷记"银行存款"等账户。

购货时，按计入购入物资成本的金额，借记"材料采购"或"在途物资""原材料""库存商品"等账户；按应支付的金额，贷记"预付账款"账户。补付的款项，借记"预付账款"账户，贷记"银行存款"等账户；退回多付的款项做相反的会计处理。涉及增值税进项税额的，进行相应的会计处理。

例 2-24 2021 年 4 月 8 日，京仪公司根据合同规定向海利公司预付甲商品的货款 20 000 元。5 月 12 日收到甲商品，尚未办理入库手续。其增值税专用发票中注明价款 20 000 元，增值税额 2 600 元。5 月 15 日向海利公司补付货款。

京仪公司的会计处理如下。

4 月 8 日预付货款时：

借：预付账款——海利公司　　　　　　　　　　　　20 000
　　贷：银行存款　　　　　　　　　　　　　　　　　　20 000

5 月 12 日收到商品时：

借：在途物资　　　　　　　　　　　　　　　　　　20 000
　　应交税费——应交增值税（进项税额）等　　　　　2 600
　　贷：预付账款——海利公司　　　　　　　　　　　　22 600

5 月 15 日补付货款时：

借：预付账款——海利公司　　　　　　　　　　　　2 600（22 600-20 000）
　　贷：银行存款　　　　　　　　　　　　　　　　　　　　2 600

如果预付账款实际发生坏账损失，则根据《小企业会计准则》规定，按照可收回的金额，借记"银行存款"等账户；按照其账面余额，贷记"预付账款"账户；按照其差额，借记"营业外支出"账户。具体举例，请读者参照应收账款坏账损失来学习。

值得注意的是，属于超过一年期的预付账款的借方余额在资产负债表的"其他非流动资产"项目列示。

实务中，预付账款融资是供应链金融的重要一环，请扫描二维码学习预付账款融资模式及其案例。

2.4.2 预收账款

预收账款是买卖双方协议商定，由购货方预先支付一部分货款向供应方而发生的一项负债。

预收账款是预收款项的主要组成部分，是小企业按照合同规定，向购货单位或个人预先收取的购货定金或部分货款而形成的一项负债。例如，收到销货订单时收取的保证金、广告公司预收客户的广告费等。这项负债需在收款后一年内用约定的商品、劳务等来抵偿。

预收账款在会计处理上有两种方法。

（1）小企业在收到预收款项时，先列入"预收账款"的贷方，此时该项目表现为一项负债；当小企业发出商品时，按总的价税款列入"预收账款"的借方。预收款小于实际价税款时，在小企业发出商品后"预收账款"的余额为借方，其本质为应收的性质，等同于"应收账款"。在期末列报时，如果截至期末"预收账款"为借方余额，则列入应收账款项；如为贷方余额，则列入预收账款项。期末贷方余额反映尚未结清的预收款项，借方余额反映应收的款项。小企业在预收账款业务不多时，可用"应收账款"来代替，其列报方式等同。

小企业向购货单位预收的款项，借记"银行存款"等账户，贷记"预收账款"账户；销售实现时，按实现的收入，借记"预收账款"账户，贷记"主营业务收入"账户。涉及增值税销项税额的，进行相应的会计处理。该账户期末贷方余额，反映小企业预收的款项；期末如为借方余额，则反映小企业尚未转销的款项。

这种会计处理方法是通过"预收账款"账户完整地反映和购货单位款项的结算情况，但期末编制财务报告时，需要根据"预收账款"账户的明细记录，才能分清真正意义的预收账款和应收账款，并分别填列在资产负债表的负债和资产项内。经常发生预收账款业务的小企业，一般采用这种方法。

例2-25 京纺公司和顺达公司签订购销合同，规定3个月后京纺公司向顺达公司销售货物一批，价款为50 000元，增值税为6 500元；京纺公司预收货款20 000元，余款在商品发出时收取。

京纺公司的会计处理如下。

① 京纺公司收到预收的货款：

借：银行存款　　　　　　　　　　　　　　　　　　　　20 000
　　贷：预收账款——顺达公司　　　　　　　　　　　　　　　20 000
② 京纺公司 3 个月后发出商品：
借：预收账款——顺达公司　　　　　　　　　　　　　　56 500
　　贷：主营业务收入　　　　　　　　　　　　　　　　　　　50 000
　　　　应交税费——应交增值税（销项税额）等　　　　　　　 6 500
此时"预收账款"账户有借方余额 36 500 元，性质上属于应收账款。
③ 收到顺达公司补付货款时：
借：银行存款　　　　　　　　　　　　　　　　　　　　36 500
　　贷：预收账款——顺达公司　　　　　　　　　　　　　　　36 500

（2）将预收的货款直接作为应收账款的减项，反映在"应收账款"账户的贷方。这种会计处理方法是通过"应收账款"账户完整反映和购货单位所有货款的结算，但期末编制财务报告时，需要根据"应收账款"账户的明细记录，才能分清真正意义的预收账款和应收账款，并分别填列在资产负债表的负债和资产项内。预收货款业务不多的小企业，为了简化会计处理，可采取这种方法。

例 2-26 承例 2-25。假设京纺公司不设置"预收账款"账户，通过"应收账款"账户进行有关业务的会计处理。

京纺公司的会计处理如下。
① 收到顺达公司交来预付款 20 000 元：
借：银行存款　　　　　　　　　　　　　　　　　　　　20 000
　　贷：应收账款——顺达公司　　　　　　　　　　　　　　　20 000
② 京纺公司发货后收到顺达公司剩余货款：
借：应收账款——顺达公司　　　　　　　　　　　　　　56 500
　　贷：主营业务收入　　　　　　　　　　　　　　　　　　　50 000
　　　　应交税费——应交增值税（销项税额）等　　　　　　　 6 500
借：银行存款　　　　　　　　　　　　　　　　　　　　36 500
　　贷：应收账款——顺达公司　　　　　　　　　　　　　　　36 500

应当注意的是，属于超过一年期以上的预收账款的贷方余额在资产负债表中的"其他非流动负债"项目列示。

此外，对于房地产小企业而言，预收账款的金额大小具有重要意义。现阶段，我国房地产销售采用预售制。在这种销售机制下，房地产企业不仅可以销售现房给购房者，还可以销售未完工产品给购房者。当房地产企业销售未完工产品时，取得的房款计入预收账款，所以，在预售制下，房地产销售越好，预收账款的金额越大。

房地产小企业预收账款的税务处理：《房地产开发经营业务企业所得税处理办法》（国税发〔2009〕31 号）第九条规定："企业销售未完工开发产品取得的收入，应先按预计计税毛利率分季（或月）计算出预计毛利额，计入当期应纳税所得额。"

预计毛利额=销售未完工产品的收入×当地税务机关规定的计税毛利率
（分开发项目分别计算）

第十二条规定："企业发生的期间费用、已销开发产品计税成本、税金及附加、土地增值税准予当期按规定扣除。"

由此可见，在企业所得税政策中，房地产企业销售未完工开发产品取得的收入是一种应税收入。但由于在未来还要进行清算，因此所产生的差异仅是暂时性差异，要做纳税调整。

房地产小企业如果存在销售未完工产品，那么需要填报《视同销售和房地产开发企业特定业务纳税调整明细表》（A105010），如表2-9所示。

关于表中税金扣除（第25行）问题：在会计处理中未计入当期损益的金额，才填报。（由于会计处理时当年预售收入不符合收入确认条件，按照预售收入计算的税金及附加、土地增值税，也不得确认当年的税金及附加账户，只能暂时保留在"应交税费"账户。）若已计入当期损益，则本行不填报，否则会造成税金的重复扣除。

填报房地产企业销售的未完工产品，此前年度已按预计毛利额征收所得税，本年度结转为完工产品，会计上符合收入确认条件，当年会计处理时确认销售收入。

例2-27 嘉瑞公司是一家房地产小企业，预计利润率15%，开发了两个项目，具体情况如下：

项目A：2019年预售收入700万元，2021年完工结转收入700万元，成本500万元，税费52.5万元（未计入2019年损益）。

项目B：2021年预售收入800万元，税费60万元（计入2021年损益）。

嘉瑞公司填报《视同销售和房地产开发企业特定业务纳税调整明细表》（A105010），如表2-9所示。

表2-9　视同销售和房地产开发企业特定业务纳税调整明细表（A105010）

行次	项目	税收金额 1	纳税调整金额 2
21	三、房地产开发企业特定业务计算的纳税调整额（22-26）	675 000	675 000
22	（一）房地产企业销售未完工开发产品特定业务计算的纳税调整额（24-25）	1 200 000	1 200 000
23	1. 销售未完工产品的收入	8 000 000	—
24	2. 销售未完工产品预计毛利额	1 200 000	1 200 000
25	3. 实际发生的税金及附加、土地增值税		
26	（二）房地产企业销售的未完工产品转完工产品特定业务计算的纳税调整额（28-29）	525 000	525 000
27	1. 销售未完工产品转完工产品确认的销售收入	7 000 000	—
28	2. 转回的销售未完工产品预计毛利额	1 050 000	1 050 000
29	3. 转回实际发生的税金及附加、土地增值税	525 000	525 000

小房地产企业销售未完工开发产品取得的收入,形成的预收账款也是计算业务招待费、广告费、业务宣传费等税前扣除额度时,参考销售收入的主要内容之一(销售收入包括商品销售收入、视同销售和销售未完工开发产品取得的收入)。

2.4.3 其他应收款

其他应收款,是指小企业除应收票据、应收账款、预付账款、应收股利、应收利息等以外的其他各种应收及暂付款项。应收股利和应收利息的会计处理,请读者参阅第4章,本章不做具体介绍。

其他应收款包括的内容主要有:

(1)应收的各种赔款、罚款,如因小企业财产等遭受意外损失而应向有关保险公司收取的赔款等;

(2)应收的出租包装物租金;

(3)应向职工收取的各种垫付款项,如为职工垫付的水电费,应由职工负担的医药费、房租费等;

(4)其他各种应收、暂付款项,如增值税出口退税。

为了反映和监督其他应收款的结算情况,小企业设置"其他应收款"账户,以进行总分类会计处理。其借方登记小企业所发生的应收未收的赔款、罚款等各种应收、暂付款项;贷方登记收回应收、暂付款项或单位、个人报销预支款项;期末余额在借方,表示应收未收的各项其他应收款,并在编制资产负债表时,将其余额列示于其他应收款项目中。

小企业发生的其他各种应收款项,借记"其他应收款"账户,贷记"库存现金""银行存款""固定资产清理"等账户。出口产品或商品按照税法规定应予退回的增值税税款,借记"其他应收款"账户,贷记"应交税费——应交增值税(出口退税)"账户。收回其他各种应收款项,借记"库存现金""银行存款""应付职工薪酬"等账户,贷记"其他应收款"账户。

例 2-28 京丰公司以银行存款替副总经理垫付应由其个人负担的医疗费 5 000 元,拟从其工资中扣回。

(1)垫支时:

借:其他应收款　　　　　　　　　　　　　　5 000
　　贷:银行存款　　　　　　　　　　　　　　　　　5 000

(2)扣款时:

借:应付职工薪酬　　　　　　　　　　　　　5 000
　　贷:其他应收款　　　　　　　　　　　　　　　　5 000

例 2-29 按照税法规定,欣欣公司2021年8月应获得20万元的增值税出口退税。

借:其他应收款　　　　　　　　　　　　　　200 000
　　贷:应交税费——应交增值税(出口退税)　　　　200 000

如果是其他应收款实际发生的坏账损失,则按照可收回的金额,借记"银行存款"等账户;按照其账面余额,贷记"其他应收款"账户;按照其差额,借记"营业外支出"账户。具体举例，请读者参照应收账款坏账损失来学习。

2.4.4 其他应付款

其他应付款，是指小企业除应付账款、预收账款、应付职工薪酬、应交税费、应付利息、应付利润等以外的其他各项应付、暂收的款项，如应付租入固定资产和包装物的租金、存入保证金等。

小企业设置"其他应付款"账户来进行其他应付款的会计处理。小企业发生的其他各种应付、暂收款项，借记"管理费用"等账户，贷记"其他应付款"账户。支付的其他各种应付、暂收款项，借记"其他应付款"账户，贷记"银行存款"等账户。小企业无法支付的其他应付款，借记"其他应付款"账户，贷记"营业外收入"账户。

第 3 章 存 货

> **小企业会计准则**
>
> 第十一条 存货,是指小企业在日常生产经营过程中持有以备出售的产成品或商品、处在生产过程中的在产品、将在生产过程或提供劳务过程中耗用的材料和物料等,以及小企业(农、林、牧、渔业)为出售而持有的或在将来收获为农产品的消耗性生物资产。
>
> 小企业的存货包括原材料、在产品、半成品、产成品、商品、周转材料、委托加工物资、消耗性生物资产等。

由表 1-4 可知,有关存货的定义,《小企业会计准则》的规定和税法的规定是一致的。对消耗性生物资产,本书不做介绍。

一项资产是否属于存货,主要取决于小企业的性质及该项资产的持有目的。如果为生产经营而持有的机器设备,则作为固定资产,而生产、销售该设备的小制造企业却将其视为存货。

3.1 购入存货和发出存货

《小企业会计准则》第十二条规定,小企业取得的存货,按照成本进行计量。

由表 1-4 可知,存货的初始计量依据,《小企业会计准则》的规定和税法的规定是一致的。

3.1.1 发出存货的会计处理

> **小企业会计准则**
>
> 第十三条 小企业应当采用先进先出法、加权平均法或者个别计价法确定发出存货的实际成本。计价方法一经选用,不得随意变更。
>
> 对于性质和用途相似的存货,应当采用相同的成本计算方法确定发出存货的成本。

> 对于不能替代使用的存货、为特定项目专门购入或制造的存货以及提供的劳务，采用个别计价法确定发出存货的成本。

发出存货主要用于生产、销售。在计算存货成本时，通常要通过本期发出的存货来计算，而本期发出的存货又有不同的计算方法。发出存货的计算方法一般包括先进先出法、加权平均法、个别计价法等。由于计算方法不同，本期发出存货的计算结果会产生一定的差异。

计价方法一经选用，不得随意变更。对于性质和用途相似的存货，采用相同的成本计算方法确定发出存货的成本。对于不能替代使用的存货、为特定项目专门购入或制造的存货以及提供的劳务，采用个别计价法确定发出存货的成本。

存货发出的会计处理，主要从贷方转出，例如，生产投料时，贷记"原材料"账户；出售商品结转销售成本时，贷记"库存商品"账户。具体举例，请读者参阅本章的"原材料发出的会计处理"部分和第8章的"商品销售收入"部分。

3.1.2 购入存货的会计处理

《小企业会计准则》第十二条规定，外购存货的成本包括购买价款、相关税费、运输费、装卸费、保险费及在外购存货过程中发生的其他直接费用，但不含按照税法规定可以抵扣的增值税进项税额。

例 3-1 利达公司为增值税一般纳税人，2021年9月发生的商品采购业务及会计处理如下。

（1）9月2日，从本地购入铁制门框一批，价款40 000元，增值税专用发票上注明的增值税进项税额为5 200元，商品已验收入库，发票等结算凭证同时收到，货款已通过银行支付。

借：库存商品　　　　　　　　　　　　　　　　40 000
　　应交税费——应交增值税（进项税额）等　　5 200
　　贷：银行存款　　　　　　　　　　　　　　45 200

（2）9月4日，从天津采购铁制门框一批，价款10 000元，增值税专用发票上注明的进项税额为1 300元，发票等结算凭证已经到达，货款已经通过银行支付，并同时支付运费800元，商品尚未达到。

借：在途物资　　　　　　　　　　　　　　　　10 800
　　应交税费——应交增值税（进项税额）等　　1 372（1 300+800×9%）
　　贷：银行存款　　　　　　　　　　　　　　12 172

（3）9月10日，从天津购进的铁制门框到货并验收入库。

借：库存商品——铁制门框　　　　　　　　　　10 800
　　贷：在途物资　　　　　　　　　　　　　　10 800

（4）9月15日，公司购进铁制门框2 000件，商品已到达并验收入库，结算凭证尚未到达。该笔交易可在明细账中登记数量，总账暂时不记。

假设月末结算凭证仍未到达，商品的暂估价18 000元。

借：库存商品——铁制门框 18 000
　　贷：应付账款 18 000

10月初红字冲回：
借：库存商品——铁制门框 18 000（红字）
　　贷：应付账款 18 000（红字）

10月结算凭证到达时，按正常的会计处理进行记录。增值税专用发票上列明的价款20 000元，增值税进项税额2 600元，另外由对方垫付的运费1 000元，一并支付。
借：库存商品 21 000
　　应交税费——应交增值税（进项税额）等 2 690（2 600+1 000×9%）
　　贷：银行存款 23 690

（5）9月26日，公司需预付15 000元购买铁制门框的货款，商品到达后再补付其余的货款。预付货款时，会计处理如下：
借：预付账款 15 000
　　贷：银行存款 15 000

（6）9月28日，铁制门框和结算凭证到达，增值税专用发票上列明货款30 000元，增值税进项税额为3 900元，会计处理如下：
借：库存商品 30 000
　　应交税费——应交增值税（进项税额）等 3 900
　　贷：预付账款 33 900

（7）9月30日，补付上述交易的余款。
借：预付账款 18 900
　　贷：银行存款 18 900

✎ **例3-2** 2021年7月15日，菜天公司购入商品一批，商品价格为100 000元，增值税额为13 000元，付款条件为"1/10，N/30"，菜天公司7月21日付款，货到入库。

菜天公司的会计处理如下。
（1）2021年7月15日：
借：在途物资 100 000
　　应交税费——应交增值税（进项税额）等 13 000
　　贷：应付账款 113 000

（2）2021年7月21日：
借：应付账款 113 000
　　贷：银行存款 111 870
　　　　财务费用 1 130
借：库存商品 100 000
　　贷：在途物资 100 000

上述会计处理用到了"在途物资"账户，请扫描二维码学习相关内容。
小企业（批发业、零售业）在购买商品过程中发生的费用（包括运输费、装卸费、包装费、保险费、运输途中的合理损耗和入库前的挑选整理费等），记入"销售费用"账户。

✎ **例 3-3** 北京朝批公司是一家小批发企业，为增值税一般纳税人，增值税税率为13%。2021年9月10日采购20 000千克甲商品，进货单价10元，发生运费5 000元，款项均以银行存款支付，商品同时验收入库。9月共出售该商品16 000千克，月末结存4 000千克。

商品购进时的会计处理如下：

借：库存商品——甲商品　　　　　　　　　　　　200 000
　　销售费用　　　　　　　　　　　　　　　　　　5 000
　　应交税费——应交增值税（进项税额）等　　　26 450（26 000+5 000×9%）
　　贷：银行存款　　　　　　　　　　　　　　　231 450

月末库存商品的成本=4 000×10=40 000（元）

此外，《小企业会计准则》第十二条规定，投资者投入存货的成本，按照评估价值确定；盘盈存货的成本，按照同类或类似存货的市场价格或评估价值确定。

由表1-4可知，上述规定和税法的相关规定是一致的。

3.2 原材料

《小企业会计准则》第十一条规范了原材料的定义。原材料，是指小企业在生产过程中经加工改变其形态或性质并构成产品主要实体的各种原料及主要材料、辅助材料、外购半成品（外购件）、修理用备件（备品备件）、包装材料、燃料等。

原材料的会计处理有两种方法：实际成本法和计划成本法。

3.2.1 按实际成本计价的会计处理

原材料按实际成本计价方法进行会计处理时，从收发凭证到明细分类会计处理和总分类会计处理，全部按实际成本计价。

1. 账户设置

原材料按实际成本计价进行会计处理时，使用的会计账户有"原材料""在途物资"等，"原材料"账户的借方、贷方及余额均以实际成本计价。

（1）"原材料"账户。该账户用于核算库存各种材料的收发和结存情况，该账户的借方登记入库材料的实际成本，贷方登记发出材料的实际成本，期末余额在借方，反映小企业库存材料的实际成本。

（2）"在途物资"账户。该账户用于核算小企业采用实际成本（进价）进行材料、商品等物资的日常核算、货款已付尚未验收入库的各种物资（在途物资）的采购成本，该账户按供应单位和物资品种进行明细会计处理。

2. 原材料取得的会计处理

小企业原材料的来源有外购、自制、委托加工完成和盘盈等，不同来源的原材料的会计处理不同。

（1）外购原材料的会计处理。由于支付方式不同，原材料入库的时间和付款的时间可能一致，也可能不一致，在会计处理上也有所不同。

1）货款已经支付或已开出、承兑商业汇票，同时材料已验收入库。

✎ 例3-4　德华公司购入材料一批，增值税专用发票上记载的货款为5 000元，增值税额为650元，另对方代垫包装费1 000元，全部款项已用转账支票付讫，材料已验收入库。

借：原材料　　　　　　　　　　　　　　　　　　6 000
　　应交税费——应交增值税（进项税额）等　　　650
　贷：银行存款　　　　　　　　　　　　　　　　6 650

✎ 例3-5　德华公司采用托收承付结算方式购入材料一批，货款4 000元，增值税额520元，对方代垫包装费500元，款项在承付期内以银行存款支付，材料已验收入库。

借：原材料　　　　　　　　　　　　　　　　　　4 500
　　应交税费——应交增值税（进项税额）等　　　520
　贷：银行存款　　　　　　　　　　　　　　　　5 020

2）货款已经支付或已开出、承兑商业汇票，材料尚未到达或尚未验收入库。

✎ 例3-6　甲公司采用汇兑结算方式购入材料一批，发票及账单已收到，增值税专用发票上记载的货款为2 000元，增值税额为260元。支付保险费100元，材料尚未到达。

借：在途物资　　　　　　　　　　　　　　　　　2 100
　　应交税费——应交增值税（进项税额）等　　　260
　贷：银行存款　　　　　　　　　　　　　　　　2 360

✎ 例3-7　承例3-6。上述购入的材料已收到，并验收入库。

借：原材料　　　　　　　　　　　　　　　　　　2 100
　贷：在途物资　　　　　　　　　　　　　　　　2 100

3）货款尚未支付，材料已经验收入库。

✎ 例3-8　利达公司采用托收承付结算方式购入材料一批，增值税专用发票上记载的货款为10 000元，增值税额为1 300元，对方代垫包装费100元，银行转来的结算凭证已到，款项尚未支付，材料已验收入库。

借：原材料　　　　　　　　　　　　　　　　　　10 100
　　应交税费——应交增值税（进项税额）等　　　1 300
　贷：应付账款　　　　　　　　　　　　　　　　11 400

✎ 例3-9　得亨公司采用委托收款结算方式购入材料一批，材料已验收入库，月末发票账单尚未收到也无法确定其实际成本，暂估价值为5 000元。

借：原材料　　　　　　　　　　　　　　　　　　5 000
　贷：应付账款——暂估应付账款　　　　　　　　5 000

下月初做相反的会计处理予以冲回：

借：应付账款——暂估应付账款　　　　　　　　　5 000
　贷：原材料　　　　　　　　　　　　　　　　　5 000

在这种情况下，发票账单未到也无法确定实际成本，期末按照暂估价值先入账，下期期初做相反的会计处理予以冲回，收到发票账单后再按照实际金额记账，借记"原材料""应交税费——应交增值税（进项税额）"（或"应交税费——待认证进项税额"等）账户，贷记"银行存款"或"应付票据"等账户。

例 3-10 承例 3-9。上述购入的材料于次月收到发票账单，增值税专用发票上记载的货款为 10 000 元，增值税额为 1 300 元，对方代垫保险费 200 元，已用银行存款付讫。

借：原材料　　　　　　　　　　　　　　　　　　　10 200
　　应交税费——应交增值税（进项税额）等　　　　 1 300
　　贷：银行存款　　　　　　　　　　　　　　　　　 11 500

4）货款已经预付，材料尚未验收入库。

例 3-11 根据和烟青钢厂的购销合同，益泓公司为购买材料向该钢厂预付 20 000 元货款的 70%，计 14 000 元，已通过汇兑方式汇出。

借：预付账款　　　　　　　　　　　　　　　　　　14 000
　　贷：银行存款　　　　　　　　　　　　　　　　　 14 000

例 3-12 承例 3-11。益泓公司收到该钢厂发运来的材料，已验收入库。有关发票账单记载，该批货物的货款为 20 000 元，增值税额为 2 600 元，对方代垫包装费 300 元，所欠款项以银行存款付讫。

① 材料入库时：

借：原材料　　　　　　　　　　　　　　　　　　　20 300
　　应交税费——应交增值税（进项税额）等　　　　 2 600
　　贷：预付账款　　　　　　　　　　　　　　　　　 22 900

② 补付货款时：

借：预付账款　　　　　　　　　　　　　　　　　　 8 900
　　贷：银行存款　　　　　　　　　　　　　　　　　　8 900

从供应单位、外部运输机构等收回的材料或商品短缺或其他应冲减材料或商品采购成本的赔偿款项，根据有关的索赔凭证，借记"应付账款"或"其他应收款"账户，贷记"在途物资"账户。因自然灾害等发生的损失和尚待查明原因的途中损耗，先记入"待处理财产损溢"账户，查明原因后再做处理。

（2）自制并已验收入库的原材料，按实际成本，借记"原材料"账户，贷记"生产成本"账户。

（3）委托外单位加工完成并已验收入库的原材料，按实际成本，借记"原材料"账户；按专用发票上注明的增值税，借记"应交税费——应交增值税（进项税额）"（或"应交税费——待认证进项税额"等）账户；按准予抵扣的消费税，借记"应交税费——应交消费税"账户；按实际成本和支付的增值税等流转税，贷记"委托加工物资""应付账款"等账户。

（4）小企业接受其他单位以原材料作价投资时，按评估确认的价值，借记"原材料"

账户;按照专用发票上注明的增值税额,借记"应交税费——应交增值税(进项税额)"(或"应交税费——待认证进项税额"等)账户;按其所拥有的份额,贷记"实收资本"账户;按其差额,贷记"资本公积"账户。

3. 原材料发出的会计处理

小企业材料的日常领发业务频繁,为了简化会计处理,平时一般只登记材料明细分类账,反映各种材料的收发和结存金额,月末根据按实际成本计价的发料凭证,按领用部门和用途汇总编制"发料凭证汇总表",据以登记总分类账,进行材料发出的总分类会计处理。

生产经营领用的原材料,借记"生产成本""制造费用""销售费用""管理费用"等账户,贷记"原材料"账户。

出售原材料,按售价和应收的增值税,借记"银行存款"等账户;按实现的营业收入,贷记"其他业务收入"账户;按专用发票上注明的增值税,贷记"应交税费——应交增值税(销项税额)"(或"应交税费——待转销项税""应交税费——简易计税"等)账户。月份终了,按出售原材料的实际成本,借记"其他业务成本"账户,贷记"原材料"账户。

例3-13 2021年7月,嵩东公司某材料的"发料凭证汇总表"列明:基本生产车间生产产品领用3万元,一般消耗领用0.7万元,辅助生产车间领用1万元,管理部门领用0.2万元,销售部门领用0.3万元。

嵩东公司的会计处理如下:

借:生产成本——基本生产成本	30 000
——辅助生产成本	10 000
制造费用	7 000
管理费用	2 000
销售费用	3 000
贷:原材料	52 000

相关链接 其他业务收入和其他业务成本的会计处理

(1)其他业务收入。小企业确认的除主营业务活动以外的其他日常生产经营活动实现的收入,包括出租固定资产、出租无形资产、销售材料等实现的收入,不包括出租包装物和商品的租金收入。

小企业确认的其他业务收入,借记"银行存款""其他应收款"等账户,贷记"其他业务收入"账户。涉及增值税销项税额的,还应进行相应的会计处理。

月末,可将"其他业务收入"账户余额转入"本年利润"账户,结转后无余额。

(2)其他业务成本。小企业确认的除主营业务活动以外的其他日常生产经营活动所发生的支出,包括销售材料的成本、出租固定资产的折旧费、出租无形资产的摊销额等,不包括出租商品和包装物的成本或摊销额等。

小企业发生的其他业务成本,借记"其他业务成本"账户,贷记"原材料""周转材料""累计折旧""累计摊销""银行存款"等账户。

月末，可将"其他业务成本"账户余额转入"本年利润"账户，结转后无余额。

3.2.2 按计划成本计价的会计处理

原材料按计划成本计价方法进行会计处理时，所有收发凭证按原材料的计划成本计价；总账及明细账，按计划成本登记；材料的实际成本和计划成本的差异，通过"材料成本差异"账户进行会计处理。

1. 账户设置

原材料按计划成本计价，除设置"原材料"账户外，还要设置"材料采购"和"材料成本差异"账户。

（1）"材料采购"账户。采用计划成本的小企业所购入的各种材料的采购成本，向供应单位、运输单位收回的材料短缺或其他应冲减采购成本的索赔款项，需要报经批准或尚待查明原因处理的途中短缺和毁损，由于意外灾害造成的非常损失等，需要通过"材料采购"账户进行会计处理。借方登记支付或承付的材料价款和运杂费等，以及结转实际成本小于计划成本的差异数（节约额）；贷方登记已经付款或已开出、承兑商业汇票，并已验收入库的材料的计划成本，以及结转实际成本大于成本的差异额（超支额）。期末借方余额反映已付款或已开出、承兑商业汇票，但尚未到达或尚未验收入库的在途物资的实际成本。"材料采购"账户按原材料的类别或品种设置明细账户。

（2）"材料成本差异"账户。小企业各种材料的实际成本和计划成本的差异，通过"材料成本差异"账户进行会计处理。借方登记验收入库材料实际成本大于计划成本的差异额（超支额），以及调整库存材料的成本时调整减少计划成本的数额；贷方登记验收入库材料实际成本小于计划成本的差异（节约额），分配计入领用、发出或报废的各种材料的成本差异（节约差异用红字登记），以及调整库存材料的成本时调整增加的计划成本；期末借方余额反映库存各种材料的实际成本大于计划成本的差异（超支差异），贷方余额反映实际成本小于计划成本的差异（节约差异）。

发出原材料负担的成本差异，须按月分摊，不得在季末或年末一次计算。发出材料负担的成本差异，除委托外部加工发出材料可按上月的差异率计算外，都使用当月的实际差异率；如果上月的成本差异率和本月成本差异率相差不大，则按上月的成本差异率计算。计算方法一经确定，不得随意变更。

材料成本差异的计算公式如下：

$$本月材料成本差异率 = \frac{月初结存材料的成本差异 + 本月验收入库材料的成本差异}{月初结存材料的计划成本 + 本月验收到入库材料的计划成本} \times 100\%$$

或者

$$月初材料成本差异率 = \frac{月初结存材料的成本差异}{月初结存材料的计划成本} \times 100\%$$

$$发出材料负担的成本差异 = 发出材料的计划成本 \times 材料成本差异率$$

2. 原材料取得的会计处理

原材料的取得，采用计划成本进行总分类会计处理时，对于不同来源的材料，采用不同的会计处理方法。

(1) 外购材料的会计处理。小企业支付原材料价款和运杂费等，按计入原材料采购成本的金额，借记"材料采购"账户；按实际支付或应支付的金额，贷记"银行存款""库存现金""其他货币资金""应付账款""应付票据""预付账款"等账户。涉及增值税进项税额的，还应进行相应的会计处理。

1) 对于结算凭证等单据和原材料同时到达的采购业务，小企业在支付货款、材料验收入库后，根据有关单证确定的原材料实际成本，借记"材料采购"账户；根据取得的增值税专用发票上注明的税额，借记"应交税费——应交增值税（进项税额）"（或"应交税费——待认证进项税额"等）账户；按实际支付的款项，贷记"银行存款"等账户。

例3-14 大同公司采用计划成本法，2021年3月3日从安苑公司购入甲材料1 000千克，单价110元，取得的增值税专用发票注明价款110 000元，税款14 300元。款项已支付，材料尚未到达。

借：材料采购　　　　　　　　　　　　　　　　110 000
　　应交税费——应交增值税（进项税额）等　　14 300
　贷：银行存款　　　　　　　　　　　　　　　　124 300

几天后，上述所购甲材料运达公司并验收入库，计划单位成本为100元。

借：原材料　　　　　　　　　　　　　　　　100 000（1 000×100）
　　材料成本差异　　　　　　　　　　　　　10 000
　贷：材料采购　　　　　　　　　　　　　　　110 000

2) 小企业采用商业汇票结算方式采购材料，开出、承兑商业汇票时，根据结算凭证、发票账单确定的原材料实际成本，借记"材料采购"；按专用发票上注明的增值税，借记"应交税费——应交增值税（进项税额）"（或"应交税费——待认证进项税额"等）账户，贷记"应付票据"账户。原材料验收入库后，根据收料单，按计划成本计价，借记"原材料"账户，贷记"材料采购"账户。

3) 采用预付货款方式购入原材料，预付原材料款时，借记"预付账款"账户，贷记"银行存款"账户。已经预付货款的原材料验收入库时，根据发票账单所列的价款、税额等，借记"材料采购""应交税费——应交增值税（进项税额）"（或"应交税费——待认证进项税额"等）账户，贷记"预付账款"账户；预付款项不足，补付款项时，借记"预付账款"账户，贷记"银行存款"账户；退回多付款项时，借记"银行存款"账户，贷记"预付账款"账户。

4) 月终，企业根据已经付款或已开出、承兑商业汇票的收料凭证，按计划成本，借记"原材料"账户，贷记"材料采购"账户。当实际成本小于计划成本时，按节约额，借记"材料采购"账户，贷记"材料成本差异"账户；相反，当实际成本大于计划成本时，按超支额，借记"材料成本差异"账户，贷记"材料采购"账户。

5) 对于发票账单已到，但尚未付款或尚未开出、承兑商业汇票的收料凭证，根据结算凭证等，借记"材料采购""应交税费——应交增值税（进项税额）"（或"应交税费——待认证进项税额"等）账户，贷记"应付账款"账户；同时，按计划成本，借记"原材料"账户，贷记"材料采购"账户；按实际成本和计划成本的差额，借记或贷记"材料成本差异"账户。

6)对于尚未收到发票账单等单据而材料已到的业务,在月末按材料的计划成本暂估入账,借记"原材料"账户,贷记"应付账款"账户。下月初用红字做同样的记账凭证,予以冲回。下月,当实际付款或开出、承兑商业汇票时,借记"材料采购""应交税费——应交增值税(进项税额)"(或"应交税费——待认证进项税额"等)账户,贷记"银行存款"或"应付票据"等账户。

向供应单位、运输机构等收回的材料短缺或其他应冲减材料采购成本的赔偿款项,根据有关索赔凭证,借记"应付账款"或"其他应收款"账户,贷记"材料采购"账户。因自然灾害等发生的损失和尚待查明原因的途中损耗,先记入"待处理财产损溢"账户,查明原因后再做处理。

(2)小企业自制并已验收入库的原材料,按计划成本计价,借记"原材料"账户,贷记"生产成本"账户,同时,结转材料成本差异。

(3)小企业接受其他单位投入的原材料,按照原材料的计划成本,借记"原材料""应交税费——应交增值税(进项税额)"(或"应交税费——待认证进项税额"等)账户;按照投资单位在实收资本或股本中所拥有的份额,贷记"实收资本"或"股本"账户;按其差额,贷记"资本公积"账户。同时,按照原材料的实际成本和计划成本的差额,结转材料成本差异,借记或贷记"材料成本差异"账户。

3. 原材料发出的会计处理

生产和管理部门领用的原材料,按其计划成本,借记"生产成本""制造费用""管理费用"等账户,贷记"原材料"账户。生产车间退回剩余材料,按计划成本,借记"原材料"账户,贷记"生产成本"账户。

小企业在建工程领用的原材料,按计划成本借记"在建工程"账户,贷记"原材料"账户。独立销售机构领用的原材料,按计划成本借记"销售费用"账户,贷记"原材料"账户。

月末结转本月耗用原材料应分摊的成本差异,借记"生产成本""制造费用""管理费用""销售费用""在建工程"等账户,贷记"材料成本差异"账户。

结转发出原材料应负担的材料成本差异,按实际成本大于计划成本的差异,借记"生产成本""管理费用""销售费用""委托加工物资""其他业务成本"等账户,贷记"材料成本差异"账户;实际成本小于计划成本的差异,做相反的会计处理。

✏️ **例3-15** 北光厂采用计划成本法,2021年9月甲材料"发料凭证汇总表"列明,基本生产车间领用100 000元,辅助生产车间领用70 000元,车间管理部门领用30 000元,厂部管理部门领用40 000元,销售部门领用20 000元。本月甲材料的成本差异率为2%。

本月领用材料时的会计处理如下:

借:生产成本——基本生产成本	100 000
——辅助生产成本	70 000
制造费用	30 000
管理费用	40 000
销售费用	20 000

贷：原材料　　　　　　　　　　　　　　　　　260 000
　月末，结转材料成本差异的会计处理如下：
　　借：生产成本——基本生产成本　　　　　　　　2 000
　　　　　　　　——辅助生产成本　　　　　　　　1 400
　　　　制造费用　　　　　　　　　　　　　　　　　600
　　　　管理费用　　　　　　　　　　　　　　　　　800
　　　　销售费用　　　　　　　　　　　　　　　　　400
　　　贷：材料成本差异　　　　　　　　　　　　　5 200

3.3 委托加工物资

《小企业会计准则》第十一条规范了委托加工物资的定义。委托加工物资，是指小企业委托外单位加工的各种材料、商品等物资。

委托加工物资，按实际成本计价进行会计处理，其实际成本包括加工中实际耗用材料的实际成本、支付的加工费用、支付的税费（包括委托加工材料应负担的增值税和消费税）、支付加工材料往返运杂费。

1. 主要账户

小企业委托外单位加工的各种材料的实际成本和发出加工物资的运杂费等，通过"委托加工物资"账户进行会计处理，借方登记发出材料的实际成本及支付的加工费、运杂费、税金等，贷方登记加工完成并验收入库的材料的实际成本，期末借方余额反映尚在加工中的各种材料的实际成本。

同时，小企业按加工合同和受托加工单位设置明细账户，进行明细会计处理。委托加工材料的明细会计处理，反映加工单位名称、加工合同号数、发出加工材料的名称、数量、发生的加工费和往返的运杂费，以及加工完成材料的实际成本等内容。

2. 会计处理

小企业发给外单位加工的物资，按其实际成本，借记"委托加工物资"账户，贷记"原材料"等账户；支付加工费和运杂费时，借记"委托加工物资""应交税费——应交增值税（进项税额）"（或"应交税费——待认证进项税额"等）账户，贷记"银行存款"账户。需要缴纳消费税的委托加工物资，收回后用于直接销售的（小企业以不高于受托方的计税价格出售的，为直接出售；小企业以高于受托方的计税价格出售的，不属于直接出售），将受托方代收代缴的消费税计入委托加工物资成本，借记"委托加工物资"账户，贷记"应付账款""银行存款"等账户。小企业以高于受托方的计税价格出售的，需按照规定申报缴纳消费税，在计税时准予扣除受托方已代收代缴的消费税。收回后用于连续生产的物资，按规定准予抵扣的，按受托方代收代缴的消费税，借记"应交税费——应交消费税"账户，贷记"应付账款""银行存款"等账户。

委托加工物资缴纳消费税的会计处理，请读者参阅本书 6.2 节。

加工完成验收入库的物资和剩余的物资，按加工收回物资的实际成本和剩余物资的实际成本，借记"原材料""库存商品"等账户，贷记"委托加工物资"账户。

✎ **例3-16** 因经营需要,威龙公司将一批原材料委托北方厂代为加工,发出材料的实际成本为20 000元,支付的加工费、运杂费等合计2 000元,支付的增值税为2 600元。材料加工完成,验收入库。

威龙公司的会计处理如下。

(1) 发出材料时:

借: 委托加工物资　　　　　　　　　　　　　　　20 000
　　贷: 原材料　　　　　　　　　　　　　　　　　　　20 000

(2) 支付加工费、运杂费时:

借: 委托加工物资　　　　　　　　　　　　　　　2 000
　　贷: 银行存款　　　　　　　　　　　　　　　　　　2 000

(3) 取得增值税专用发票,支付增值税时:

借: 应交税费——应交增值税(进项税额)等　　　　2 600
　　贷: 银行存款　　　　　　　　　　　　　　　　　　2 600

(4) 委托加工材料完工,验收入库时:

借: 原材料　　　　　　　　　　　　　　　　　　22 000
　　贷: 委托加工物资　　　　　　　　　　　　　　　　22 000

采用计划成本或售价核算的,按照计划成本或售价,借记"原材料"或"库存商品"账户;按照实际成本,贷记"委托加工物资"账户;按照实际成本和计划成本或售价之间的差额,借记或贷记"材料成本差异"或贷记"商品进销差价"账户。

采用计划成本或售价核算的,也可以采用上月材料成本差异率或商品进销差价率计算分摊本月应分摊的材料成本差异或商品进销差价。

3.4 库存商品

3.4.1 库存商品的内容

《小企业会计准则》第十一条规范了商品的定义。商品,是指小企业(批发业、零售业)外购或委托加工完成并已验收入库用于销售的各种商品。

库存商品是指小企业已完成全部生产过程并已验收入库、合乎标准规格和技术条件,可以按照合同规定的条件送交订货单位,或可以作为商品对外销售的产品以及外购或委托加工完成验收入库用于销售的各种商品。库存商品具体包括库存产成品、外购商品、存放在门市部准备出售的商品、发出展览的商品、寄存在外的商品、接受来料加工制造的代制品和为外单位加工修理的代修品等。已完成销售手续、但购买单位在月末未提取的产品,不作为小企业的库存商品,而作为代管商品处理,单独设置代管商品备查簿进行登记。

为了反映和监督库存商品的增减变动及其结存情况,小企业设置"库存商品"账户,借方登记验收入库的库存商品成本,贷方登记发出的库存商品成本,期末余额在借方,反映各种库存商品的实际成本。可以降价出售的不合格品,也在"库存商品"账户进行会计处理，但和合格产品分开记账。接受来料加工制造的代制品和为外单位加工修理的代修品，在制造和修理完成验收入库后，视同小企业的产成品，也通过"库存商品"账户进行会计处理。

3.4.2 库存商品的会计处理

1. 商品验收入库

小企业生产的产成品的入库和出库，平时只记数量不记金额，月末计算入库产成品的实际成本。

当库存商品生产完成并验收入库时，按实际成本，借记"库存商品"账户，贷记"生产成本——基本生产成本"账户。

例 3-17 天悦公司"商品入库汇总表"记载，2021年3月已验收入库 Y 产品10台，实际单位成本1 000元，计10 000元；Z 产品20台，实际单位成本2 000元，计40 000元。

天悦公司做如下会计处理：

借：库存商品——Y 产品　　　　　　　　　　　　10 000
　　　　　　——Z 产品　　　　　　　　　　　　40 000
　　贷：生产成本——基本生产成本（Y 产品）　　　10 000
　　　　　　　　——基本生产成本（Z 产品）　　　40 000

2. 销售商品结转成本

小企业销售商品、确认收入时，结转其销售成本，借记"主营业务成本"等账户，贷记"库存商品"账户。

例 3-18 天悦公司月末汇总的发出商品中，当月已实现销售的 Y 产品有100台，Z 产品有50台。该月 Y 产品实际单位成本为1 000元，Z 产品实际单位成本为200元。

在结转其销售成本时，做会计处理如下：

借：主营业务成本　　　　　　　　　　　　　　　110 000
　　贷：库存商品——Y 产品　　　　　　　　　　100 000
　　　　　　　　——Z 产品　　　　　　　　　　 10 000

小企业购入的商品采用进价进行会计处理。购入商品到达验收入库后，按照商品进价，借记"库存商品"账户，贷记"库存现金""银行存款""在途物资"等账户。对外销售商品结转销售成本，借记"主营业务成本"账户，贷记"库存商品"账户。

出租商品的收入，计入营业外收入，不结转成本。例如，沪江公司出租一批商品，租金收入为每年4 000元。沪江公司的会计处理为：

借：银行存款　　　　　　　　　　　　　　　　　　4 000
　　贷：营业外收入　　　　　　　　　　　　　　　4 000

沪江公司在纳税申报时，将4 000元的营业外收入填报在一级附表《一般企业收入明细表》（A101010）的第26行，如表3-1所示。

表 3-1　一般企业收入明细表（A101010）

行　次	项　　　目	金　　额
26	（十）其他	4 000

> **专栏**　与《企业会计准则》的比较
>
> 《企业会计准则》规范了出租商品的会计处理。企业出租商品，记入"其他业务收入"账户，并且结转成本，即，借记"银行存款"账户，贷记"其他业务收入"账户；借记"其他业务成本"账户，贷记"库存商品"账户。

小企业可以通过存货来融通资金，请扫描二维码学习融通仓融资模式。

电商平台逐步融入供应链金融中，为小企业融资提供了新的渠道，请扫描二维码了解相关内容。

3.5　周转材料

《小企业会计准则》第十一条规范了周转材料的定义。周转材料，是指小企业能够多次使用、逐渐转移其价值但仍保持原有形态且不确认为固定资产的材料，包括包装物、低值易耗品，以及小企业（建筑业）的钢模板、木模板、脚手架等。

小企业可以设置"周转材料"账户来核算周转材料的实际成本或计划成本。小企业的包装物、低值易耗品，也可以单独设置"包装物""低值易耗品"账户。本书采用后一种会计处理方法。

周转材料采用计划成本进行日常会计处理的，领用等发出周转材料时，结转应分摊的成本差异。

《小企业会计准则》第十三条规定，对于周转材料，采用一次转销法进行会计处理，在领用时按其成本计入生产成本或当期损益；金额较大的周转材料，也可以采用分次摊销法进行会计处理。出租或出借周转材料，不需要结转其成本，但需要进行备查登记。

3.5.1　包装物的会计处理

包装物是指为了包装小企业商品而储备的各种包装容器，如桶、箱、瓶、坛、袋等。包装物在小企业生产经营活动中发挥着相当重要的作用，既能保护商品不受损害，又便于向购买者传递商品的相关信息，还能吸引消费者购买被包装的产品，同时有利于保护小生产企业的专利权，提高产品的知名度等。包装物的内容包括：

（1）生产过程中用于包装产品作为产品组成部分的包装物；

（2）随同商品出售而不单独计价的包装物；

（3）随同商品出售而单独计价的包装物；

（4）出租或出借给购买单位使用的包装物。

各种包装材料，如纸、绳、铁丝、铁皮等，在"原材料"账户内进行会计处理；用于储存和保管产品、材料而不对外出售的包装物，按照价值大小和使用年限长短，分别在"固定资产"或"低值易耗品"账户进行会计处理，都不在"包装物"账户的会计处理范围内。

1. 包装物发出的会计处理

小企业发出包装物，根据其用途不同，分别进行会计处理。

（1）随商品出售的包装物。随商品出售的包装物，分单独计价和不单独计价两种情况，会计处理方式不同。

随同商品出售而单独计价的包装物，在随同商品出售时要单独计价，单独反映其销售收入，相应地单独反映其销售成本。按照实际收到或应收的金额，借记"银行存款""应收账款"等账户；按照税法规定应缴纳的增值税销项税额，贷记"应交税费——应交增值税（销项税额）"（或"应交税费——待转销项税""应交税费——简易计税"等）账户，按照确认的其他业务收入金额，贷记"其他业务收入"账户。按照税法规定应缴纳的消费税，借记"税金及附加"账户，贷记"应交税费——应交消费税"账户。同时结转包装物成本的会计处理如下：

借：其他业务成本
　　贷：包装物

随同商品出售不单独计价的包装物，在包装物发出时，按其实际成本记入"销售费用"账户。会计处理如下：

借：销售费用
　　贷：包装物

（2）出租的包装物。小企业多余的包装物可以出租，收取出租包装物的租金，不结转包装物的成本。会计处理如下：

借：银行存款
　　贷：营业外收入

（3）出借的包装物。出借的包装物一般都是为了销售的需要，按出借包装物的实际成本记入"销售费用"账户。会计处理如下：

借：销售费用
　　贷：包装物

期满收回残余价值或变价收入冲减"销售费用"账户。会计处理如下：

借：原材料等
　　贷：销售费用

2. 包装物押金的会计处理

收到出租、出借包装物押金时的会计处理如下：

借：库存现金（或银行存款）
　　贷：其他应付款

退回押金做相反的会计处理。

对逾期未退回的包装物没收的押金，会计处理如下：

借：其他应付款
　　贷：应交税费——应交增值税（销项税额）等

营业外收入

应缴纳消费税的会计处理如下：

借：税金及附加
　　贷：应交税费——应交消费税

3. 包装物摊销的会计处理

包装物摊销有一次转销和分次摊销两种方法。生产、施工领用包装物，通常采用一次转销法，按照其成本，借记"生产成本""管理费用""工程施工"等账户，贷记"包装物"账户。金额较大的包装物，也可以采用分次摊销法，领用时按照其成本，借记"包装物——在用"账户，贷记"包装物——在库"账户；按照使用次数摊销时，按照其摊销额，借记"生产成本""管理费用""工程施工"等账户，贷记"包装物——摊销"账户。

例3-19 2021年5月1日，达利公司因业务需要向科健公司出租全新的包装物一批，价值12 000元，租期3个月，租金4 000元/月。7月31日科健公司归还包装物，达利公司报废该包装物，残值变价收入1 000元。包装物采用分次摊销。

达利公司的会计处理如下。

（1）5月1日包装物领用：

借：包装物——出租　　　　　　　　　　　　　　　　12 000
　　贷：包装物——库存　　　　　　　　　　　　　　　　　　12 000

5月收取租金及包装物摊销：

借：银行存款　　　　　　　　　　　　　　　　　　　4 000
　　贷：营业外收入　　　　　　　　　　　　　　　　　　　　4 000
借：管理费用　　　　　　　　　　　　　　　　　　　4 000
　　贷：包装物——摊销　　　　　　　　　　　　　　　　　　4 000

（2）6月、7月收取租金及包装物摊销，会计处理同5月。

达利公司在纳税申报时，将12 000元的租金收入填报在一级附表《一般企业收入明细表》（A101010）的第26行，如表3-2所示。

表3-2　一般企业收入明细表（A101010）

行　　次	项　　目	金　　额
26	（十）其他	4 000

（3）对于变价收入的处理：

借：银行存款　　　　　　　　　　　　　　　　　　　1 000
　　贷：营业外收入　　　　　　　　　　　　　　　　　　　　1 000

专栏　与《企业会计准则》的比较

《企业会计准则》规范了出租包装物的会计处理。企业出租包装物，记入"其他业务收入"账户，并且结转成本，即，借记"银行存款"账户，贷记"其他业务收入"账户；借记"其他业务成本"账户，贷记"库存商品"账户。

3.5.2 低值易耗品的会计处理

低值易耗品是指不作为固定资产进行会计处理的各种用具物品，如一般工具、管理用具、玻璃器皿以及在经营过程中周转使用的包装容器等。

从经营过程看，低值易耗品可以在若干个经营周期中发挥作用而不改变原有实物形态，其价值不是一次或全部转移，而是随着实物损失逐渐转移的，报废时往往有一定残余价值。

低值易耗品是小企业存货的一部分，而且是其比较特殊的一部分。由于低值易耗品价值低、易损耗、更换频繁，这决定了对它的会计处理和原材料的相一致。

包装物摊销有两种方法：一次转销法和分次摊销法。

1. 低值易耗品摊销的会计处理

（1）一次转销法。采用一次转销法摊销低值易耗品，在领用低值易耗品时，将其价值一次、全部计入有关资产成本或当期损益，主要适用于价值较低或极易损坏的低值易耗品的摊销。

例 3-20 建业公司某基本生产车间领用一般工具一批，实际成本为 3 000 元，全部计入当期制造费用。

借：制造费用　　　　　　　　　　　　　　　3 000
　　贷：低值易耗品　　　　　　　　　　　　　　　3 000

（2）分次摊销法。采用分次摊销法摊销低值易耗品，低值易耗品在领用时摊销其账面价值的单次平均摊销额。分次摊销法适用于可供多次反复使用的低值易耗品。在采用分次摊销法的情况下，需要单独设置"低值易耗品——在用、在库、摊销"明细账户。

请读者参照例 3-19 包装物的分次摊销进行学习。

2. 低值易耗品出售的会计处理

例 3-21 2021 年 10 月 8 日，环宇公司出售 2 台风扇，每台实际成本 300 元，已摊销 50%，按扣除摊销之后的价值出售，款已收到，存入银行。

借：银行存款　　　　　　　　　　　　　　　300
　　低值易耗品——摊销　　　　　　　　　　　300
　　贷：低值易耗品——在用　　　　　　　　　　　600

出售吊扇 2 台，每台售价 200 元。吊扇扣除摊销之后的价值为每台 150 元，则根据出售结算凭证和低值易耗品的摊余价值：

借：银行存款　　　　　　　　　　　　　　　400
　　低值易耗品——摊销　　　　　　　　　　　300
　　贷：管理费用　　　　　　　　　　　　　　　100
　　　　低值易耗品——在用　　　　　　　　　　　600

3.6 存货清查

存货清查，是指小企业对库存材料、在产品、产成品、低值易耗品、包装物等的清查。清查主要采用实地盘点法，首先将材料物资账簿上的数量、金额填在存货清查表上，然后根据账存数对材料物资进行实地盘点，账实差额作为存货的盘盈或盘亏。对盘盈、盘亏金额要分析产生的原因，做出单独说明。

3.6.1 存货清查概述

一般而言，存货清查方法有实地盘点法和技术推算法两种，大多采用实地盘点法。清查时，既要从数量上核实，又要对质量进行鉴定。

在清查过程中，小企业首先以各项存货目录规定的名称规格为标准，查明各项存货的名称、规格，然后再盘点数量，检查质量。为明确经济责任和便于查询，各项存货的保管人必须在场，并参加盘点工作。

清查盘点结束时，及时把盘点的数量和质量情况如实填制"盘存单"，并由盘点人和存货保管人签名或盖章，以明确经济责任。盘存单（见表 3-3）既是记录盘点结果的书面证明，也是反映存货实有数的原始凭证。

表 3-3 盘存单

单位名称： 盘点时间： 编号：
财产类别： 存放地点： 金额单位：

编 号	名 称	计量单位	数 量	单 价	金 额	备 注

盘点人签章： 保管人：

为了查明实存数和账存数是否一致，确定盘盈或盘亏情况，根据盘存单和有关账簿的记录，编制实存账存对比表。实存账存对比表（见表 3-4）是用以调整账簿记录的重要原始凭证，也是分析产生差异的原因，明确经济责任的依据。

表 3-4 实存账存对比表

编号	类别及名称	计量单位	单价	对比结果								备注
				实存		账存		盘盈		盘亏		
				数量	金额	数量	金额	数量	金额	数量	金额	

主管人员： 会计： 制表：

对于委托外单位加工、保管的材料、商品、物资以及在途的材料、商品、物资等，可以用询证的方法和有关单位进行核对，以查明账实是否相符。

> **小企业会计准则**
>
> 　　第十五条　存货发生毁损,处置收入、可收回的责任人赔偿和保险赔款,扣除其成本、相关税费后的净额,应当计入营业外支出或营业外收入。
> 　　盘盈存货实现的收益应当计入营业外收入。
> 　　盘亏存货发生的损失应当计入营业外支出。

3.6.2　存货清查的会计处理

1. 盘盈的会计处理

对于盘盈的存货要查明原因,分清责任。造成存货盘盈的原因主要有:在保管过程中可能发生的自然增量;记录时可能发生的错记、漏记或计算上的错误;在收发领退过程中发生的计量、检验不准确等。

一旦发生存货盘盈,小企业在会计处理时分两步进行:

(1)将已查明的存货盘盈数,根据有关原始凭证编制有关记账凭证,并据以登记有关账簿,以保证账实相符。

(2)按盘盈发生的原因和报经批准的结果,根据有关审批意见及书面文件编制记账凭证,并据以登记入账,做会计处理。

例3-22　某小企业在财产清查中,发现甲材料盘盈10吨,每吨1 000元。经查明,盘盈的甲材料是计量仪器不准而产生的溢余。

《小企业会计准则》下的会计处理:

借:原材料——甲材料　　　　　　　　　　　　　　　10 000
　　贷:待处理财产损溢——待处理流动资产损溢　　　　　　10 000
借:待处理财产损溢——待处理流动资产损溢　　　　　10 000
　　贷:营业外收入　　　　　　　　　　　　　　　　　　10 000

《企业会计准则》下的会计处理:

借:原材料——甲材料　　　　　　　　　　　　　　　10 000
　　贷:待处理财产损溢——待处理流动资产损溢　　　　　　10 000
借:待处理财产损溢——待处理流动资产损溢　　　　　10 000
　　贷:管理费用　　　　　　　　　　　　　　　　　　　10 000

存货盘盈的税务处理:小企业的存货盘盈,可以填报《一般企业收入明细表》(A101010)的第21行,如表3-5所示。

表3-5　一般企业收入明细表(A101010)

行　次	项　目	金　额
21	(五)盘盈利得	

2. 盘亏的会计处理

造成财产盘亏、毁损的原因很多,例如,在保管过程中发生的自然损耗;在记录过程中发生的错记、重记、漏记或计算上错误；在收发领退中发生计量或检验不准确；管理不善或工作人员失职而造成的存货损失、变质、霉烂或短缺；不法分子贪污盗窃、营私舞弊；自然灾害等。

一旦发生盘亏、毁损，小企业的会计处理分两步进行。

（1）根据有关凭证编制有关记账凭证，并据以登记有关账簿，以保证账实相符。

（2）按盘亏、毁损产生的原因和报经批准的结果，根据有关批文编制记账凭证，并据以登记入账，做会计处理。

例 3-23 企业盘亏产成品 2 000 元。经查属管理不善，其中 500 元应由责任人赔偿。盘亏在产品 800 元，经查属于非正常损失。假设不考虑增值税。

《小企业会计准则》下的会计处理：

借：待处理财产损溢——待处理流动资产损溢　　2 800
　　贷：库存商品　　　　　　　　　　　　　　2 000
　　　　生产成本　　　　　　　　　　　　　　　800
借：营业外支出　　　　　　　　　　　　　　　2 300
　　其他应收款　　　　　　　　　　　　　　　　500
　　贷：待处理财产损溢——待处理流动资产损溢　2 800

《企业会计准则》下的会计处理：

借：待处理财产损溢——待处理流动资产损溢　　2 800
　　贷：库存商品　　　　　　　　　　　　　　2 000
　　　　生产成本　　　　　　　　　　　　　　　800
借：管理费用　　　　　　　　　　　　　　　　1 500
　　营业外支出　　　　　　　　　　　　　　　　800
　　其他应收款　　　　　　　　　　　　　　　　500
　　贷：待处理财产损溢——待处理流动资产损溢　2 800

存货盘亏的税务处理：小企业的存货盘亏，属于非正常损失的，可以填报《一般企业成本支出明细表》（A102010）的第 20 行，如表 3-6 所示。

表 3-6　一般企业成本支出明细表（A102010）

行　次	项　目	金　额
20	（四）非常损失	

相关链接　《企业资产损失所得税税前扣除管理办法》的相关规定

（1）存货盘亏损失，为其盘亏金额扣除责任人赔偿后的余额，应依据以下证据材料确认：

① 存货计税成本确定依据；

② 企业内部有关责任认定、责任人赔偿说明和内部核批文件；

③ 存货盘点表；

④ 存货保管人对于盘亏的情况说明。

（2）存货报废、毁损或变质损失，为其计税成本扣除残值及责任人赔偿后的余额，应依据以下证据材料确认：

① 存货计税成本的确定依据；

② 企业内部关于存货报废、毁损、变质、残值情况说明及核销资料；

③ 涉及责任人赔偿的，应当有赔偿情况说明；

④ 该项损失数额较大的（占企业该类资产计税成本10%以上，或减少当年应纳税所得、增加亏损10%以上，下同），应有专业技术鉴定意见或法定资质中介机构出具的专项报告等。

（3）存货被盗损失，为其计税成本扣除保险理赔以及责任人赔偿后的余额，应依据以下证据材料确认：

① 存货计税成本的确定依据；

② 向公安机关的报案记录；

③ 涉及责任人和保险公司赔偿的，应有赔偿情况说明等。

3.6.3 存货损失的税务处理

存货损失，如果存在税会差异，那么需要纳税调整，小企业可以填报二级附表《资产损失税前扣除及纳税调整明细表》（A105090），如表3-7所示。

表3-7 资产损失税前扣除及纳税调整明细表（A105090）

行次	项　目	资产损失直接计入本年损益金额	资产损失准备金核销金额	资产处置收入	赔偿收入	资产计税基础	资产损失的税收金额	纳税调整金额
		1	2	3	4	5	6（5-3-4）	7
5	三、存货损失							
6	其中：存货盘亏、报废、损毁、变质或被盗损失							

第4章
投 资

投资是指小企业为通过利益分配来增加财富，或为谋求其他利益而将资产让渡给其他单位所获得的另一项资产。小企业取得一般资产，如购建固定资产、购买存货，是为了对其进行使用或销售，并通过对其使用和销售活动来直接实现价值增值；小企业取得投资资产，主要是让他方使用自己的资产，他方以分配使用该资产所获得的收益的方式向投资方进行回报，投资方因此而实现价值增值。

按照投资的性质，可以将投资分为权益性投资、债权性投资和混合性投资。

（1）权益性投资，是指小企业为了获得另一企业的净资产而进行的投资，也叫股权性投资。这种投资通常是通过购买被投资企业的普通股，或者通过签订合同、协议向被投资企业直接入资来实现的。

（2）债权性投资，是指小企业为了获取债权而进行的投资。小企业购买其他公司的债券、国库券，或者向其他企业提供贷款等，均属于债权性投资。

（3）混合性投资，是指既有权益投资性质，又有债权投资性质的投资。例如，小企业所购买的其他企业的可转换公司债券，即属于混合性投资。

本书主要介绍股权性投资和债权性投资。

按照投资的目的和持有期限，可以将投资分为短期投资和长期投资。

（1）短期投资，是指能够随时变现并且持有时间不准备超过一年（含一年）的投资。短期投资主要是为了避免资金闲置，运用暂时多余资金以获取收益，并作为现金的后备来源。短期投资一般包括短期股票投资、短期债券投资、短期基金投资和其他短期投资等。

（2）长期投资，是指除短期投资以外的投资，包括长期股权投资和长期债券投资。

《企业所得税法实施条例》第七十一条规定，投资资产，是指企业对外进行权益性投资和债权性投资形成的资产。企业在转让或者处置投资资产时，投资资产的成本准予扣除。

4.1 短期投资

> **小企业会计准则**
>
> 第八条 短期投资，是指小企业购入的能随时变现并且持有时间不准备超过一年（含一年）的投资，如小企业以赚取差价为目的从二级市场购入的股票、

债券、基金等。

短期投资的目的是通过短期内购入、销售有关证券来获利，其所使用的资金是小企业暂时闲置的货币资金。因此，短期投资具有持有时间较短、容易变现、不以控制被投资单位为目的等特点。小企业的短期投资大多投资于上市的有价证券，如公司的股票或债券等。投资收益表现为股利收入、利息收入及出售投资时售价超过成本部分的转让收益等。

短期投资的会计处理主要包括短期投资的取得、短期投资的持有期收益、短期投资的出售等内容。小企业设置以下会计账户进行短期投资的会计处理：

"短期投资"账户，核算小企业购入的能随时变现并且持有时间不准备超过一年（含一年，下同）的投资。该账户按照股票、债券、基金等短期投资种类进行明细会计处理。该账户期末借方余额，反映小企业持有的短期投资成本。

"应收股利"账户，核算小企业应收取的现金股利或利润。该账户按照被投资单位进行明细会计处理。该账户期末借方余额，反映小企业尚未收到的现金股利或利润。

"应收利息"账户，核算小企业债券投资应收取的利息。该账户按照被投资单位进行明细会计处理。该账户期末借方余额，反映小企业尚未收到的债券利息。购入的一次还本付息债券投资持有期间的利息收入，在"长期债券投资"账户核算，不在"应收利息"账户核算。

"投资收益"账户，核算小企业确认的投资收益或投资损失。该账户按照投资项目进行明细会计处理。月末，可将"投资收益"账户余额转入"本年利润"账户，"投资收益"账户结转后应无余额。

4.1.1 取得短期投资的会计处理

> **小企业会计准则**
>
> 第八条第一款 以支付现金取得的短期投资，应当按照购买价款和相关税费作为成本进行计量。
>
> 实际支付价款中包含的已宣告但尚未发放的现金股利或已到付息期但尚未领取的债券利息，应当单独确认为应收股利或应收利息，不计入短期投资的成本。

由表 1-4 可知，上述规定和税法规定是一致的。

小企业购入各种股票、债券、基金等作为短期投资的，按照实际支付的全部价款，借记"短期投资"账户，贷记"银行存款"账户。以现金购入的短期投资，其投资成本按实际支付的全部价款，包括税金、手续费等相关费用确认。但下列实际支付的价款中所包含的股利和利息，单独设"应收股利"和"应收利息"账户进行会计处理，不构成短期投资成本：

（1）短期股票投资实际支付的价款中包含的已宣告而尚未领取的股利（购入短期投资时支付的价款中所垫付的、被投资单位已经宣告但尚未发放的现金股利，不包括股票股利）；

（2）短期债券投资实际支付的价款中包含的已到期而尚未领取的债券利息。

第一种情况下，按照实际支付的购买价款和相关税费扣除已宣告但尚未发放的现金股利后的金额，借记"短期投资"账户；按照应收的现金股利，借记"应收股利"账户；按照实际支付的购买价款和相关税费，贷记"其他货币资金"账户。

第二种情况下，按照实际支付的购买价款和相关税费扣除已到付息期但尚未领取的债券利息后的金额，借记"短期投资"账户；按照应收的债券利息，借记"应收利息"账户；按照实际支付的购买价款和相关税费，贷记"其他货币资金"账户。

已存入证券公司但尚未进行短期投资的现金，先作为其他货币资金处理。待实际投资时，按实际支付的价款或实际支付的价款减去已宣告但尚未领取的现金股利或已到付息期但尚未领取的债券利息，作为短期投资的成本。

例 4-1 静安公司购入天达公司债券 1 000 张，每张面值 100 元，买价为 105 元，另支付经纪人佣金 525 元，款项以银行存款支付。

静安公司的会计处理如下：

借：短期投资——天达公司债券　　　　　　　　105 525
　　贷：其他货币资金——存出投资款　　　　　　　　105 525

例 4-2 嘉华公司委托某证券公司购入 M 公司的股票 1 万股，每股买价 17 元，其中包括已宣告而未发放的现金股利 2 元。另外，支付手续费 850 元，全部款项从嘉华公司在该证券公司开设的存款户中支付。

嘉华公司的会计处理如下：

借：短期投资——M 公司股票　　　　　　　　150 850（10 000×15+850）
　　应收股利　　　　　　　　　　　　　　　　 20 000
　　贷：其他货币资金——存出投资款　　　　　　170 850（10 000×17+850）

例 4-3 东方公司以一批库存商品和德顺公司的一批债券相交换，东方公司该批库存商品的账面余额为 500 000 元，增值税税率为 13%。另外，东方公司支付给德顺公司 20 000 元，已办妥交易手续。东方公司准备将该批债券在适当的时候脱手，而不打算将其持有至到期日。

东方公司的会计处理如下：

借：短期投资——××债券　　　　　　　　　585 000
　　贷：库存商品　　　　　　　　　　　　　　 500 000
　　　　银行存款　　　　　　　　　　　　　　　20 000
　　　　应交税费——应交增值税（销项税额）等　65 000

例 4-4 安和公司以一台设备和通力公司交换其所持有的 M 公司的股票。安和公司设备的原值为 18 000 元，累计折旧为 5 000 元，已办妥交换手续。

安和公司的会计处理如下：

借：固定资产清理　　　　　　　　　　　　　13 000
　　累计折旧　　　　　　　　　　　　　　　　5 000
　　贷：固定资产　　　　　　　　　　　　　　　18 000

借：短期投资——××股票　　　　　　　　　　　　　　　　13 000
　　贷：固定资产清理　　　　　　　　　　　　　　　　　　　13 000

4.1.2 持有短期投资的会计处理

> **小企业会计准则**
>
> 　　第八条第二款　在短期投资持有期间，被投资单位宣告分派的现金股利或在债务人应付利息日按照分期付息、一次还本债券投资的票面利率计算的利息收入，应当计入投资收益。

小企业持有的短期投资，可能在出售前获取一定的投资收益。其处理方法根据以下情况分别进行。

（1）取得短期投资时实际支付的价款中包含的已宣告而尚未领取的现金股利，或已到付息期但尚未领取的债券利息，属于购买方暂时垫付的款项，在购买时买方已经作为债权处理。因此，在收到这部分现金股利或利息时，不作为投资收益处理。

例4-5　承例4-2。嘉华公司持有股票期间收到了M公司发放的现金股利20 000元。

佳华公司的会计处理如下：

借：其他货币资金——存出投资款　　　　　　　　　　　　20 000
　　贷：应收股利　　　　　　　　　　　　　　　　　　　　20 000

（2）小企业在短期投资持有期间，被投资单位宣告发放的现金股利，借记"应收股利"账户，贷记"投资收益"账户。

在债务人应付利息日，按照分期付息、一次还本债券投资的票面利率计算的利息收入，借记"应收利息"账户，贷记"投资收益"账户。

实际收到的现金股利或利息，借记"银行存款"账户，贷记"应收股利"或"应收利息"账户。

例4-6　方达公司拥有N公司分期付息、到期还本的债券300张，在计息日和收息日收到该批债券利息收入1 800元。

方达公司的会计处理如下：

借：应收利息　　　　　　　　　　　　　　　　　　　　　1 800
　　贷：投资收益　　　　　　　　　　　　　　　　　　　　1 800
借：其他货币资金——存出投资款　　　　　　　　　　　　1 800
　　贷：应收利息　　　　　　　　　　　　　　　　　　　　1 800

4.1.3 出售短期投资的会计处理

> **小企业会计准则**
>
> 　　第八条第三款　出售短期投资，出售价款扣除其账面余额、相关税费后的净额，应当计入投资收益。

作为短期投资而购入的股票、债券和基金等,其目的是在保证流动性的前提下取得投资收益,而在证券市价上升或小企业需要现金的情况下,小企业会委托经纪人将其抛售出去。因此,短期投资的出售既可能因市价上涨而获得收益,也可能因小企业急需现金或市价下跌不得以出售而发生损失。

小企业出售短期投资时,按照实际收到的价款,借记"银行存款"或"库存现金"账户;按该项短期投资的账面余额,贷记"短期投资"账户;按尚未收到的现金股利或利息,贷记"应收股利"或"应收利息"账户;按其差额,贷记或借记"投资收益"账户。

例 4-7 承例 4-1。静安公司将所持的 1 000 张天达公司债券以每张 110 元的价格出售,共计 110 000 元,手续费为 880 元,从出售价款中扣除。静安公司短期投资成本为 105 525 元。假设不考虑增值税。

静安公司的会计处理如下:

借:其他货币资金——存出投资款　　　　　　　　　109 120
　　贷:短期投资——天达公司债券　　　　　　　　　　105 525
　　　　投资收益　　　　　　　　　　　　　　　　　　　3 595

例 4-8 承例 4-2。假设嘉华公司在未收到现金股利之前,将所持有的 M 公司的 1 万股股票以每股 24 元的价格出售,同时支付印花税和手续费 2 400 元,该项业务的投资收益为 66 750 元(240 000–150 850–2 400–20 000)。假设不考虑增值税。

嘉华公司的会计处理如下:

借:其他货币资金——存出投资款　　　　　　　　　237 600
　　贷:应收股利　　　　　　　　　　　　　　　　　　20 000
　　　　短期投资——M 公司股票　　　　　　　　　　150 850
　　　　投资收益　　　　　　　　　　　　　　　　　　66 750

转让外汇、有价证券、非货物期货和其他金融商品所有权时,可能会涉及缴纳增值税的问题,请扫描二维码学习相关内容。

专栏　与《企业会计准则》的比较

《企业会计准则》中的金融准则(2017)规范的以公允价值计量且变动计入当期损益的金融资产,包括的部分内容与《小企业会计准则》规范的短期投资相同。以公允价值计量且变动计入当期损益的金融资产,初始确认计量时,购买该类金融资产的手续费等费用,不计入资产成本,而计入当期损益(投资收益);持有期间,公允价值发生变化,计入当期损益(公允价值变动损益)。而《小企业会计准则》规范的短期投资采用历史成本计量。

相关链接　投资收益的会计处理

(1)对于短期股票投资、短期基金投资和长期股权投资,小企业按照被投资单位宣告发放的现金股利或利润中属于该小企业的部分,借记"应收股利"账户,贷记"投资收益"账户。

（2）在长期债券投资或短期债券投资持有期间，在债务人应付利息日，按照小企业分期付息、一次还本的长期债券投资或短期债券投资的票面利率计算的利息收入，借记"应收利息"账户，贷记本账户；按照一次还本付息的长期债券投资票面利率计算的利息收入，借记"长期债券投资——应计利息"账户，贷记"投资收益"账户。

在债务人应付利息日，小企业按照应分摊的债券溢折价金额，借记或贷记"投资收益"账户，贷记或借记"长期债券投资——溢折价"账户。

（3）出售短期投资、处置长期股权投资和长期债券投资，小企业按照实际收到的价款或收回的金额，借记"银行存款"或"库存现金"账户；按照其账面余额，贷记"短期投资""长期股权投资""长期债券投资"账户；按照尚未领取的现金股利或利润、债券利息收入，贷记"应收股利""应收利息"账户；按照其差额，贷记或借记"投资收益"账户。

（4）月末，小企业将"投资收益"账户余额转入"本年利润"账户，结转后，无余额。

> **相关链接**　应收股利和应收利息的会计处理
>
> **1．应收股利**
>
> （1）小企业购入股票，如果实际支付的购买价款中包含已宣告但尚未发放的现金股利，则按照实际支付的购买价款和相关税费扣除已宣告但尚未发放的现金股利后的金额，借记"短期投资"或"长期股权投资"账户；按照应收的现金股利，借记"应收股利"账户；按照实际支付的购买价款和相关税费，贷记"银行存款"账户。
>
> （2）在短期投资或长期股权投资持有期间，被投资单位宣告分派现金股利或利润，按照本企业应享有的金额，借记"应收股利"账户，贷记"投资收益"账户。
>
> （3）小企业实际收到现金股利或利润，借记"银行存款"等账户，贷记"应收股利"账户。
>
> **2．应收利息**
>
> （1）小企业购入债券，如果实际支付的购买价款中包含已到付息期但尚未领取的债券利息，则按照实际支付的购买价款和相关税费扣除应收的债券利息后的金额，借记"短期投资"或"长期债券投资"账户；按照应收的债券利息，借记"应收利息"账户；按照实际支付的购买价款和相关税费，贷记"银行存款"账户。
>
> （2）在长期债券投资持有期间，在债务人应付利息日，小企业按照分期付息、一次还本债券投资的票面利率计算的利息收入，借记"应收利息"账户，贷记"投资收益"账户。
>
> （3）小企业实际收到债券利息，借记"银行存款"等账户，贷记"应收利息"账户。

4.2　长期债券投资

> **小企业会计准则**
>
> 第十七条　长期债券投资，是指小企业准备长期（在一年以上）持有的债

券投资。

长期债券投资是小企业购买的各种一年期以上的债券，包括其他企业的债券、金融债券和国债等。长期债券投资自投资之日起即成为债务单位的债权人，并按约定的利率收取利息，到期收回本金。

4.2.1 取得长期债券投资的会计处理

> **小企业会计准则**
>
> 第十八条　长期债券投资应当按照购买价款和相关税费作为成本进行计量。
> 实际支付价款中包含的已到付息期但尚未领取的债券利息，应当单独确认为应收利息，不计入长期债券投资的成本。

由表1-4可知，上述规定和税法的规定是一致的。

小企业在证券市场上购买债券时，会支付和债券购买相关的税金、手续费等相关费用。另外，购买债券实际支付的价款中还可能包含已到期但尚未领取的利息。这涉及如何确定长期债券投资成本的问题。

长期债券投资成本，是指小企业取得长期债券投资时实际支付的全部价款，包括税金、手续费等相关费用。但实际支付的价款中包含的已到期尚未领取的利息作为应收项目单独进行会计处理，不计入投资成本。

小企业设置"长期债券投资"账户来进行长期债券投资的会计处理，并按照债券种类和被投资单位，分别设置"面值""溢折价""应计利息"明细账户进行会计处理。

小企业购入债券作为长期投资，按照债券票面价值，借记"长期债券投资——面值"账户；按照实际支付的购买价款和相关税费，贷记"银行存款"账户；按照其差额，借记或贷记"长期债券投资——溢折价"账户。

如果实际支付的价款中包含已到付息期但尚未领取的债券利息，则按照债券票面价值，借记"长期债券投资——面值"账户；按照应收的利息，借记"应收利息"账户；按照实际支付的价款和相关税费，贷记"其他货币资金——存出投资款"账户；按照其差额，借记或贷记"长期债券投资——溢折价"账户。

✏️ **例4-9**　2021年3月1日，华德公司购买2019年1月1日发行的一次还本付息债券作为长期投资。债券面值每份1 000元，债券利率12%，5年到期，华德公司共购买80份，每份购买价1 400元，另外支付税费1 000元。

（1）债券投资成本的计算：

实际支付的价款＝1 400×80+1 000＝113 000（元）

购买债券总面值＝1 000×80＝80 000（元）

应计利息＝80 000×12%×26÷12＝20 800（元）

（2）购买债券的会计处理：

借：长期债券投资——面值　　　　　　　　　　　80 000
　　　　　　　　　——溢折价　　　　　　　　　　12 200

应收利息		20 800
贷：其他货币资金——存出投资款		113 000

4.2.2 持有长期债券投资的会计处理

> **小企业会计准则**
>
> 第十九条 长期债券投资在持有期间发生的应收利息应当确认为投资收益。
> （1）分期付息、一次还本的长期债券投资，在债务人应付利息日按照票面利率计算的应收未收利息收入应当确认为应收利息，不增加长期债券投资的账面余额。
> （2）一次还本付息的长期债券投资，在债务人应付利息日按照票面利率计算的应收未收利息收入应当增加长期债券投资的账面余额。
> （3）债券的折价或者溢价在债券存续期间内于确认相关债券利息收入时采用直线法进行摊销。

小企业购入溢价或折价发行的债券后，在债务人应付利息日，需要按照应分摊的债券溢折价金额，借记或贷记"投资收益"账户，贷记或借记"长期债券投资——溢折价"账户。

（1）小企业在持有长期债券投资期间，在债务人应付利息日，按照分期付息、一次还本的长期债券投资票面利率计算的利息收入，借记"应收利息"账户，贷记"投资收益"账户；按照分摊的债券溢折价金额，借记或贷记"投资收益"账户，贷记或借记"长期债券投资——溢折价"账户。

例4-10 2021年1月1日，南方公司支付价款10 000元（含交易费用），从活跃市场购入勒天公司5年期债券，面值为12 500元，票面利率为4.72%，按年支付利息，本金最后一次支付。合同约定，该债券的发行方在遇到特定情况时，可以将债券赎回支付额外款项。南方公司在购买该债券时，预计发行方不会提前赎回。

南方公司2021年的会计处理如下。

① 2021年1月1日，购入债券：

借：长期债券投资——面值	12 500	
贷：其他货币资金——存出投资款		10 000
长期债券投资——溢折价		2 500

② 2021年12月31日，计息并收到票面利息：

借：应收利息	590	（12 500×4.72%）
长期债券投资——溢折价	500	（2 500÷5）
贷：投资收益	1 090	
借：其他货币资金——存出投资款	590	
贷：应收利息		590

例4-11 承例4-10。南方公司支付价款15 000元（含交易费用）购买该债券，其

他条件不变。

南方公司 2021 年的会计处理如下。

① 2021 年 1 月 1 日，购入债券：

借：长期债券投资——面值　　　　　　　　　　12 500
　　　　　　　　——溢折价　　　　　　　　　　2 500
　　贷：其他货币资金——存出投资款　　　　　　15 000

② 2021 年 12 月 31 日，计息并收到票面利息：

借：应收利息　　　　　　　　　　　　　　　　590（12 500×4.72%）
　　贷：投资收益　　　　　　　　　　　　　　　90
　　　　长期债券投资——溢折价　　　　　　　　500（2 500÷5）
借：其他货币资金——存出投资款　　　　　　　　590
　　贷：应收利息　　　　　　　　　　　　　　　590

（2）小企业在持有长期债券投资期间，按照一次还本付息的长期债券投资票面利率计算的利息收入，借记"长期债券投资——应计利息"账户，贷记"投资收益"账户；按照分摊的债券溢折价金额，借记或贷记"投资收益"账户，贷记或借记"长期债券投资——溢折价"账户。

例 4-12　承例 4-9。2021 年 12 月 31 日和 2022 年 12 月 31 日，华德公司的会计处理分别如下。

① 2021 年 12 月 31 日：

借：长期债券投资——应计利息　　　　　　　　8 000（80 000×12%×10÷12）
　　贷：投资收益　　　　　　　　　　　　　　　4 411.76（8 000−3 588.24）
　　　　长期债券投资——溢折价　　　　　　　　3 588.24（12 200×10÷34）

② 2022 年 12 月 31 日：

借：长期债券投资——应计利息　　　　　　　　9 600（80 000×12%）
　　贷：投资收益　　　　　　　　　　　　　　　5 294.12（9 600−4 305.88）
　　　　长期债券投资——溢折价　　　　　　　　4 305.88（12 200×12÷34）

例 4-13　承例 4-9。华德公司支付价款 97 400 元（含交易费用）购买该债券，其他条件不变。

① 债券投资成本的计算：

购买债券总面值=1 000×80=80 000（元）

应计利息=80 000×12%×26÷12=20 800（元）

② 购买债券的会计处理：

借：长期债券投资——面值　　　　　　　　　　80 000
　　应收利息　　　　　　　　　　　　　　　　20 800
　　贷：其他货币资金——存出投资款　　　　　　97 400
　　　　长期债券投资——溢折价　　　　　　　　3 400

③ 2021 年 12 月 31 日：

借：长期债券投资——应计利息　　　　　　　　8 000（80 000×12%×10÷12）
　　　　　　　　——溢折价　　　　　　　　　1 000（3 400×10÷34）
　　贷：投资收益　　　　　　　　　　　　　　9 000（8 000+1 000）

④ 2022年12月31日：
借：长期债券投资——应计利息　　　　　　　　9 600（80 000×12%）
　　　　　　　　——溢折价　　　　　　　　　1 200（3 400×12÷34）
　　贷：投资收益　　　　　　　　　　　　　　10 800（9 600+1 200）

> **专栏　长期债券投资溢折价摊销的税会差异**
>
> 《小企业会计准则》规定，长期债券投资的折价或溢价在债券存续期间内于确认相关债券利息收入时采用直线法进行摊销。
>
> 《企业所得税法》第十四条规定，企业对外投资期间，投资资产的成本在计算应纳税所得额时不得扣除。即按照税法规定购买债券支付的溢价属于投资资产成本的一部分，只能在投资资产处置时扣除。而会计对溢价摊销处理时冲减了一部分投资收益。税法对此是不予认可的，调增应纳税所得额。但将来处置时由于投资资产的会计成本必然大于计税成本，因此对处置收益应纳税调减，属于暂时性差异。折价摊销的原理相同，方向相反。
>
> 亦即，债券的折价或者溢价应在其存续期间内，会计上采用直线法在确认利息收入时进行摊销；而这部分摊销，是作为利息收入调整实现的，也就是在长期债券的后续计量中，由于折价或者溢价的关系，会导致各年度的纳税调整。

4.2.3　长期债券投资到期收回和处置

> **小企业会计准则**
>
> 第二十条　长期债券投资到期，小企业收回长期债券投资，应当冲减其账面余额。
>
> 处置长期债券投资，处置价款扣除其账面余额、相关税费后的净额，应当计入投资收益。

1. 长期债券投资的到期收回

长期债券投资到期收回，是指小企业在债券到期时，将其持有的长期债券收回其面值和应收取的债券利息。按照收回的债券本金或本息，借记"银行存款"等账户；按照其账面余额，贷记"长期债券投资——面值、溢折价、应计利息"账户；按照应收未收的利息收入，贷记"应收利息"账户。

例 4-14　假定通力公司如期收回一次还本付息的债券本金 100 000 元和利息 24 000 元，会计处理如下：

借：其他货币资金——存出投资款　　　　　　　124 000
　　贷：长期债券投资——面值　　　　　　　　100 000

——应计利息　　　　　　　　　　　　　　　　　　　　24 000

2. 长期债券投资的处置

长期债券投资处置，是指小企业因各种原因将其持有的长期债券在债券到期以前出售。在小企业处置长期债券时，由于债券回收金额一般和债券投资账面价值并不相同，因而将会发生债券出售损益。

长期债券投资出售损益，是指小企业处置长期债券投资实际取得的价款和长期债券投资账面价值的差额。长期债券投资账面价值一般等于初始入账价值加上应计利息之和。如果小企业部分出售其持有的债券，则按照该项债券投资的总成本确定出售部分的成本。如果处置长期债券投资实际取得的价款大于长期债券投资账面价值，则小企业取得长期债券投资出售收益；如果处置长期债券投资实际取得的价款小于长期债券投资账面价值，则小企业发生长期债券投资出售损失。

处置长期债券投资，按照处置收入，借记"其他货币资金——存出投资款"等账户；按照其账面余额，贷记"长期债券投资——面值、溢折价"账户；按照应收未收的利息收入，贷记"应收利息"账户；按照其差额，贷记或借记"投资收益"账户。

例4-15　2021年1月1日，朗坤公司将一次还本付息的债券卖掉，实际取得价款共264 000元。此时，长期债券投资账面价值190 000元，"长期债券投资——应计利息"账户的借方余额为58 000元，假设不考虑增值税。出售时的会计处理如下：

出售债券收益=264 000-（190 000+58 000）=16 000（元）

借：其他货币资金——存出投资款　　　　　　　264 000
　　贷：长期债券投资——面值　　　　　　　　　　　　　190 000
　　　　　　　　　　——应计利息　　　　　　　　　　　　58 000
　　　　投资收益　　　　　　　　　　　　　　　　　　　　16 000

> **专栏　与《企业会计准则》的比较**
>
> 《企业会计准则》中的金融准则（2017）规范的以摊余成本计量的金融资产，包括的部分内容与《小企业会计准则》规范的长期债券投资相同。以摊余成本计量的金融资产，在债权投资里反映，初始计量时，溢折价计入利息调整；持有期间，采用实际利率法，按照摊余成本和实际利率计算利息收入，计入投资收益；而且债权投资可以计提减值准备。而《小企业会计准则》规范的长期债券投资采用直线法来摊销溢折价。

4.2.4　长期债券投资损失

> **小企业会计准则**
>
> 　　**第二十一条**　小企业长期债券投资符合本准则第十条所列条件之一的，减除可收回的金额后确认的无法收回的长期债券投资，作为长期债券投资损失。
>
> 　　长期债券投资损失应当于实际发生时计入营业外支出，同时冲减长期债券投资账面余额。

由表1-4可知，长期债券投资损失的确认条件和税法规定一致。

《小企业会计准则》规定，确认实际发生的长期债券投资损失，按照可收回的金额，借记"其他货币资金——存出投资款"等账户；按照其账面余额，贷记"长期债券投资——面值"账户，借记或贷记"长期债券投资——溢折价"账户；按照其差额，借记"营业外支出"账户。

例4-16 承例4-10。2022年1月1日，勒天公司依法宣告破产、关闭、解散、被撤销，或者被依法注销、吊销营业执照，用清算财产偿还该债券10 000元。

南方公司的会计处理如下：

借：其他货币资金——存出投资款　　　　　　　　10 000
　　长期债券投资——溢折价　　　　　　　　　　 2 000
　　营业外支出　　　　　　　　　　　　　　　　　 500
　　贷：长期债券投资——面值　　　　　　　　　　　　　12 500

相关链接　《企业资产损失所得税税前扣除管理办法》的相关规定

企业债权投资损失应依据投资的原始凭证、合同或协议、会计核算资料等相关证据材料确认。下列情况债权投资损失的，还应出具相关证据材料：

（1）债务人或担保人依法被宣告破产、关闭、被解散或撤销、被吊销营业执照、失踪或者死亡等，应出具资产清偿证明或者遗产清偿证明。无法出具资产清偿证明或者遗产清偿证明，且上述事项超过三年以上的，或债权投资（包括信用卡透支和助学贷款）余额在三百万元以下的，应出具对应的债务人和担保人破产、关闭、解散证明、撤销文件、工商行政管理部门注销证明或查询证明以及追索记录等（包括司法追索、电话追索、信件追索和上门追索等原始记录）。

（2）债务人遭受重大自然灾害或意外事故，企业对其资产进行清偿和对担保人进行追偿后，未能收回的债权，应出具债务人遭受重大自然灾害或意外事故证明、保险赔偿证明、资产清偿证明等。

（3）债务人因承担法律责任，其资产不足归还所借债务又无其他债务承担者的，应出具法院裁定证明和资产清偿证明。

（4）债务人和担保人不能偿还到期债务，企业提出诉讼或仲裁的，经人民法院对债务人和担保人强制执行，债务人和担保人均无资产可执行，人民法院裁定终结或终止（中止）执行的，应出具人民法院裁定文书。

（5）债务人和担保人不能偿还到期债务，企业提出诉讼后被驳回起诉的、人民法院不予受理或不予支持的，或经仲裁机构裁决免除（或部分免除）债务人责任，经追偿后无法收回的债权，应提交法院驳回起诉的证明，或法院不予受理或不予支持证明，或仲裁机构裁决免除债务人责任的文书。

（6）经国务院专案批准核销的债权，应提供国务院批准文件或经国务院同意后由国务院有关部门批准的文件。

4.3 长期股权投资

> **小企业会计准则**
>
> 第二十二条 长期股权投资,是指小企业准备长期持有的权益性投资。

4.3.1 取得长期股权投资的会计处理

> **小企业会计准则**
>
> 第二十三条 长期股权投资应当按照成本进行计量。
> （一）以支付现金取得的长期股权投资,应当按照购买价款和相关税费作为成本进行计量。
> 实际支付价款中包含的已宣告但尚未发放的现金股利,应当单独确认为应收股利,不计入长期股权投资的成本。
> （二）通过非货币性资产交换取得的长期股权投资,应当按照换出非货币性资产的评估价值和相关税费作为成本进行计量。

由表 1-4 可知,上述规定和税法的相关规定是一致的。

1. 以支付现金取得的长期股权投资

小企业如果实际支付的价款中包含已宣告但尚未发放的现金股利,则按照实际支付的全部价款扣除已宣告但尚未发放的现金股利,借记"长期股权投资"账户；按照应收的现金股利,借记"应收股利"账户；按实际支付的全部价款,贷记"其他货币资金——存出投资款"账户。

例 4-17 2021 年 4 月 1 日,昌运公司从证券市场上购入大华公司发行在外 1 万股股票,作为长期股权投资,每股 8 元（含已宣告但尚未发放的现金股利 0.5 元）,实际支付价款 8 万元,另支付相关税费 400 元。

昌运公司的会计处理如下：

```
借：长期股权投资                        75 400
      应收股利                           5 000
  贷：其他货币资金——存出投资款            80 400
```

2. 通过非货币性资产交换取得的长期股权投资

按照非货币性资产的评估价值与相关税费之和,借记"长期股权投资"账户；按照换出非货币性资产的账面价值,贷记"固定资产清理""无形资产"等账户；按照支付的相关税费,贷记"应交税费"等账户；按照其差额,贷记"营业外收入"或借记"营业外支出"等账户。

例4-18 德通公司以一座建筑物对外投资,该建筑物原价为1 000 000元,已计提折旧600 000元,评估价值为600 000元,按规定适用的增值税税率为9%。

德通公司的会计处理如下。

(1) 将出售固定资产转入清理时：

借：固定资产清理　　　　　　　　　　　　　400 000
　　累计折旧　　　　　　　　　　　　　　　600 000
　　贷：固定资产　　　　　　　　　　　　　　　　1 000 000

(2) 计算销售该固定资产的增值税销项税为54 000元(600 000×9%)。

(3) 对外投资时：

借：长期股权投资　　　　　　　　　　　654 000(600 000+54 000)
　　贷：固定资产清理　　　　　　　　　　　　　　400 000
　　　　应交税费——应交增值税(销项税额)等　　54 000
　　　　营业外收入——非流动资产处置收益　　　200 000

3. 投资者投入的长期股权投资

按长期股权投资的评估价值与相关税费之和,借记"长期股权投资"账户,贷记"实收资本"或"股本"账户。由该项出资构成实收资本(或股本)的部分和确认的长期股权投资成本之间的差额,相应调整所有者权益(资本公积)。

例4-19 2021年8月1日,中投公司接受建峰公司投资,建峰公司将持有的对斯蒂公司的长期股权投资投入到中投公司。建峰公司持有的对斯蒂公司的长期股权投资的账面余额为8万元。该投资的评估价值为12万元,中投公司的注册资本为50万元,建峰公司投资持股比例为20%。

中投公司的会计处理如下：

借：长期股权投资　　　　　　　　　　　　120 000
　　贷：实收资本　　　　　　　　　　　　　　100 000(500 000×20%)
　　　　资本公积　　　　　　　　　　　　　　20 000

> **专栏** 与《企业会计准则》的比较
>
> 在《小企业会计准则》下,采用成本进行初始计量。《企业会计准则第2号——长期股权投资(2014)》规定,长期股权投资,是指投资方对被投资单位实施控制、重大影响的权益性投资,以及对其合营企业的权益性投资。初始计量需要区分企业合并和其他方式,企业合并取得又分为同一控制下的企业合并和非同一控制下的企业合并取得;其他方式包括支付现金、发行权益性证券、非货币性资产交换、债务重组等,没有规范投资者投入这一方式。采用权益法进行会计处理时,如果初始投资成本小于享有被投资单位可辨认净资产公允价值份额,那么两者之间的差额计入取得投资当期的营业外收入,同时调整增加长期股权投资的账面价值等;如果初始投资成本大于或等于享有被投资单位可辨认净资产公允价值份额,则按照初始投资成本计量长期股权投资的账面价值。

4.3.2 持有长期股权投资的会计处理

> **小企业会计准则**
>
> 第二十四条 长期股权投资应当采用成本法进行会计处理。
> 在长期股权投资持有期间,被投资单位宣告分派的现金股利或利润,应当按照应分得的金额确认为投资收益。

长期股权投资持有期间被投资单位宣告发放现金股利或利润时,小企业按应享有的部分确认为投资收益,借记"应收股利"账户,贷记"投资收益"账户。

例4-20 有关昌运公司投资于林源公司的情况如下:

2021年1月1日,昌运公司支付现金80万元给建峰公司,受让建峰公司持有的林源公司15%的股权,假设未发生直接相关费用和税金。

昌运公司的会计处理如下:

借:长期股权投资——林源公司　　　　　　800 000
　　贷:其他货币资金——存出投资款　　　　　　800 000

2021年4月1日,林源公司宣告分配2020年实现的净利润,其中分配现金股利10万元。昌运公司于5月2日收到现金股利1.5万元。

昌运公司的会计处理如下:

借:应收股利　　　　　　　　　　　　　15 000（100 000×15%）
　　贷:投资收益　　　　　　　　　　　　　　15 000

借:其他货币资金——存出投资款　　　　15 000
　　贷:应收股利　　　　　　　　　　　　　　15 000

2021年,林源公司实现净利润30万元,昌运公司不做会计处理。

2022年3月12日,林源公司宣告分配2021年净利润,分配的现金股利为8万元。

昌运公司的会计处理如下:

借:应收股利　　　　　　　　　　　　　12 000（80 000×15%）
　　贷:投资收益　　　　　　　　　　　　　　12 000

2022年3月30日,收到股利:

借:其他货币资金——存出投资款　　　　12 000
　　贷:应收股利　　　　　　　　　　　　　　12 000

专栏　与《企业会计准则》的比较

《小企业会计准则》不要求采用权益法进行会计处理。《企业会计准则》要求,后续计量时,投资方能够对被投资单位实施控制的长期股权投资,采用成本法进行会计处理;投资方对联营企业和合营企业的长期股权投资,采用权益法进行会计处理。在权益法下,需要根据被投资单位实现净损益以及净损益外所有者权益的其他变动的份额,确认"长期股权投资——损益调整"及"长期股权投资——其他权益变动",同时确认"投资收益"及"其他综合收益"。被投资单位宣告发放现金股利或利润时,冲减"长期股权投资——损益调整",而不确认"投资收益"。

4.3.3 处置长期股权投资的会计处理

> **小企业会计准则**
>
> 第二十五条 处置长期股权投资，处置价款扣除其成本、相关税费后的净额，应当计入投资收益。

小企业处置长期股权投资时，按实际收到的价款，借记"银行存款"等账户；按该项长期股权投资的账面余额，贷记"长期股权投资"账户；按尚未领取的现金股利或利润，贷记"应收股利"账户；按其差额，贷记或借记"投资收益"账户。

例 4-21 中海公司将其作为长期股权投资持有的远海股份有限公司 25 000 股股票，以每股 10 元的价格卖出，支付相关税费 1 000 元，取得价款 249 000 元，款项已由银行收妥。该长期股权投资账面价值为 240 000 元。假设不考虑增值税。

中海公司的会计处理如下：

借：其他货币资金——存出投资款　　　　　　　　249 000
　　贷：长期股权投资　　　　　　　　　　　　　　　　240 000
　　　　投资收益　　　　　　　　　　　　　　　　　　　9 000

4.3.4 长期股权投资损失

> **小企业会计准则**
>
> 第二十六条 小企业长期股权投资符合下列条件之一的，减除可收回的金额后确认的无法收回的长期股权投资，作为长期股权投资损失：
> （一）被投资单位依法宣告破产、关闭、解散、被撤销，或者被依法注销、吊销营业执照的。
> （二）被投资单位财务状况严重恶化，累计发生巨额亏损，已连续停止经营 3 年以上，且无重新恢复经营改组计划的。
> （三）对被投资单位不具有控制权，投资期限届满或者投资期限已超过 10 年，且被投资单位因连续 3 年经营亏损导致资不抵债的。
> （四）被投资单位财务状况严重恶化，累计发生巨额亏损，已完成清算或清算期超过 3 年以上的。
> （五）国务院财政、税务主管部门规定的其他条件。
> 长期股权投资损失应当于实际发生时计入营业外支出，同时冲减长期股权投资账面余额。

由表 1-4 可知，《小企业会计准则》中长期股权投资损失的确认条件和税法的规定是一致的。

根据《小企业会计准则》规定，确认实际发生的长期股权投资损失，按照可收回的金额，借记"其他货币资金——存出投资款"等账户；按照其账面余额，贷记"长期股权投资"账户;按照其差额,借记"营业外支出"账户。

例 4-22 宏图公司财务状况严重恶化,累计发生巨额亏损,已连续停止经营 3 年以上,没有重新恢复经营改组的计划。2021 年年末盛德公司对宏图公司的投资的可回收额为 78 万元。长期股权投资的账面价值为 80 万元。

盛德公司的会计处理如下:

借:营业外支出　　　　　　　　　　　　　　　　20 000
　　贷:长期股权投资　　　　　　　　　　　　　　　　20 000

此外,根据《关于企业股权投资损失所得税处理问题的公告》,小企业对外进行股权投资所发生的损失,在经确认的损失发生年度,作为小企业损失在计算企业应纳税所得额时一次性扣除。

小企业取得短期投资、长期债券投资、长期股权投资等转让收入,不论是以货币形式还是非货币形式体现,除另有规定外,均应一次性计入确认收入的年度计算缴纳企业所得税。

> **相关链接**　《企业资产损失所得税税前扣除管理办法》的相关规定
>
> 企业股权投资损失应依据以下相关证据材料确认:
> (1) 股权投资计税基础证明材料;
> (2) 被投资企业破产公告、破产清偿文件;
> (3) 工商行政管理部门注销、吊销被投资单位营业执照文件;
> (4) 政府有关部门对被投资单位的行政处理决定文件;
> (5) 被投资企业终止经营、停止交易的法律或其他证明文件;
> (6) 被投资企业资产处置方案、成交及入账材料;
> (7) 企业法定代表人、主要负责人和财务负责人签章证实有关投资(权益)性损失的书面申明;
> (8) 会计核算资料等其他相关证据材料。

> **专栏**　与《企业会计准则》的比较
>
> 《企业会计准则》规定,长期股权投资可计提资产减值准备;《小企业会计准则》规定长期股权投资在实际发生损失时,确认长期股权投资损失,确认条件和税法规定相同。

4.4 投资收益的纳税调整

4.4.1 投资损失的税务处理

对于投资资产损失,小企业在纳税申报时,如果存在税会差异,那么需要填报二级附表《资产损失税前扣除及纳税调整明细表》(A105090),然后将相关数据填列在一级附表

《纳税调整项目明细表》（A105000），最终将相关数据填列在主表《中华人民共和国企业所得税年度纳税申报表（A类）》（A100000）的第15行或第16行。相关报表如表4-1至表4-3所示。

表4-1 资产损失税前扣除及纳税调整明细表（A105090）

行次	项目	资产损失直接计入本年损益金额	资产损失准备金核销金额	资产处置收入	赔偿收入	资产计税基础	资产损失的税收金额	纳税调整金额
		1	2	3	4	5	6(5-3-4)	7
16	八、债权性投资损失（17+23）							
17	（一）金融企业债权性投资损失（18+22）							
18	1. 贷款损失							
19	其中：符合条件的涉农和中小企业贷款损失							
20	其中：单户贷款余额300万（含）以下的贷款损失							
21	单户贷款余额300万元至1000万元（含）的贷款损失							
22	2. 其他债权性投资损失							
23	（二）非金融企业债权性投资损失							
24	九、股权（权益）性投资损失							
25	其中：股权转让损失							
26	十、通过各种交易场所、市场买卖债券、股票、期货、基金以及金融衍生产品等发生的损失							

表4-2 纳税调整项目明细表（A105000）

行次	项目	账载金额	税收金额	调增金额	调减金额
		1	2	3	4
34	（三）资产损失（填写A105090）				

表4-3 中华人民共和国企业所得税年度纳税申报表（A类）（A100000）

行次	类别	项目	金额
15		加：纳税调整增加额（填写A105000）	
16		减：纳税调整减少额（填写A105000）	

4.4.2 投资收益的税务处理

小企业持有投资资产期间和处置投资资产产生的投资收益，在纳税申报时，如果存在税会差异，那么小企业需填报二级附表《投资收益纳税调整明细表》（A105030），然后将相关数据填列在一级附表《纳税调整项目明细表》（A105000），最终将相关汇总数据填列在主表《中华人民共和国企业所得税年度纳税申报表（A类）》（A100000）的第15行或第16行。相关报表如表4-4至表4-6所示。

表4-4 投资收益纳税调整明细表（A105030）

行次	项目	持有收益			处置收益								纳税调整金额
		账载金额	税收金额	纳税调整金额	会计确认的处置收入	税收计算的处置收入	处置投资的账面价值	处置投资的计税基础	会计确认的处置所得或损失	税收计算的处置所得	纳税调整金额	
		1	2	3 (2−1)	4	5	6	7	8 (4−6)	9 (5−7)	10 (9−8)	11 (3+10)
6	六、长期股权投资											
7	七、短期投资											
8	八、长期债券投资											
9	九、其他											
10	合　计											

表4-5 纳税调整项目明细表（A105000）

行次	项　目	账载金额	税收金额	调增金额	调减金额
		1	2	3	4
4	（三）投资收益（填写A105030）				

表4-6 中华人民共和国企业所得税年度纳税申报表（A类）（A100000）

行次	类别	项　目	金　额
15		加：纳税调整增加额（填写A105000）	
16		减：纳税调整减少额（填写A105000）	

如果投资收益按税法规定为减免税收入的（如国债利息收入等），则《投资收益纳税调整明细表》（A105030）不做调整。小企业需要填报三级附表《符合条件的居民企业之间的股息、红利等权益性投资收益优惠明细表》（A107011），如表4-7所示，此表适用于享受符合条件的居民企业之间的股息、红利等权益性投资收益优惠的小企业填报。小企业根据税法、《财政部　国家税务总局关于企业清算业务企业所得税处理若干问题的通知》（财税〔2009〕60号）、《财政部　国家税务总局关于执行企业所得税优惠政策若干问题的通知》（财税〔2009〕69号）、《国家税务总局关于贯彻落实企业所得税法若干税收问题的通知》

表 4-7 符合条件的居民企业之间的股息、红利等权益性投资收益优惠明细表（107011）

行次	被投资企业				被投资企业利润分配确认金额			被投资企业清算确认金额			撤回或减少投资确认金额				合计
	被投资企业统一社会信用代码（纳税人识别号）	行业性质	投资成本	投资比例	被投资企业做出利润分配或转股决定时间	依决定归属于本公司的股息、红利等权益性投资收益金额	分得的被投资企业清算剩余资产	被清算企业累计未分配利润和累计盈余公积应享有部分	应确认的股息所得	从被投资企业撤回或减少投资取得的资产	减少投资比例	收回初始投资成本	撤回或减少投资中超过收回初始投资成本部分	取得资产中超过收回投资成本部分被投资企业累计未分配利润和累计盈余公积应享有累计应确认的股息所得	
	1	2	3	4	5	6	7	8	9	10（8与9孰小）	11	12	13（4×12）	14（11-13）	15	16（14与15孰小）	17（7+10+16）
1																
...																
8	合计															
9	其中：直接投资或非H股票投资															
10	股票投资——沪港通H股															
11	股票投资——深港通H股															
12	创新企业CDR															
13	永续债															

（国税函〔2010〕79号）、《国家税务总局关于企业所得税若干问题的公告》（国家税务总局公告2011年第34号）、《财政部 税务总局 证监会关于创新企业境内发行存托凭证试点阶段有关税收政策的公告》（财政部 税务总局 证监会公告2019年第52号）、《财政部 税务总局关于永续债企业所得税政策问题的公告》（财政部 税务总局公告2019年第64号）相关税收政策规定，填报本年发生的符合条件的居民企业之间的股息、红利（包括H股）等权益性投资收益优惠情况，不包括连续持有居民企业公开发行并上市流通的股票不足12个月取得的投资收益。然后将相关数据填报在二级附表《免税、减计收入及加计扣除优惠明细表》（A107010）中，如表4-8所示。

表4-8 免税、减计收入及加计扣除优惠明细表（A107010）

行次	项目	金额
3	（二）符合条件的居民企业之间的股息、红利等权益性投资收益（4+5+6+7+8）	
4	1. 一般股息红利等权益性投资收益免征企业所得税（填写A107011）	
5	2. 内地居民企业通过沪港通投资且连续持有H股满12个月取得的股息红利所得免征企业所得税（填写A107011）	
6	3. 内地居民企业通过深港通投资且连续持有H股满12个月取得的股息红利所得免征企业所得税（填写A107011）	
7	4. 居民企业持有创新企业CDR取得的股息红利所得免征企业所得税（填写A107011）	
8	5. 符合条件的永续债利息收入免征企业所得税（填写A107011）	

处置投资项目按税法规定确认为损失的，《投资收益纳税调整明细表》（A105030）不做调整，在《资产损失税前扣除及纳税调整明细表》（A105090）进行纳税调整，如表4-1所示。

第 5 章
固定资产、无形资产和长期待摊费用

5.1 固定资产

> **小企业会计准则**
>
> 第二十七条 固定资产,是指小企业为生产产品、提供劳务、出租或经营管理而持有的,使用寿命超过一年的有形资产。
> 小企业的固定资产包括房屋、建筑物、机器、机械、运输工具、设备、器具、工具等。

由表 1-4 可知,《小企业会计准则》中固定资产的定义和税法规定一致。

小企业的固定资产种类繁多、规格不一,为加强管理、便于组织会计处理,有必要对其进行科学、合理的分类。根据不同的管理需要和会计处理要求以及不同的分类标准,可以对固定资产进行不同的分类。根据本书的需要,只介绍按固定资产的经济用途和使用情况等综合分类。

按固定资产的经济用途和使用情况等综合分类,可把小企业的固定资产划分为七大类:

(1) 生产经营用固定资产。
(2) 非生产经营用固定资产。
(3) 租出固定资产(在经营租赁方式下出租给外单位使用的固定资产)。
(4) 不需用固定资产。
(5) 未使用固定资产。
(6) 土地(过去已经估价单独入账的土地。因征地而支付的补偿费,计入和土地有关的房屋、建筑物的价值内,不单独作为土地价值入账。小企业取得的土地使用权,作为无形资产管理,不作为固定资产管理)。
(7) 融资租入固定资产(小企业以融资租赁方式租入的固定资产,在租赁期内,应视同自有固定资产进行管理)。

小企业根据实际情况设置"固定资产登记簿"和"固定资产卡片"。小企业根据《小企业会计准则》规定的固定资产标准，结合本企业的具体情况，制定固定资产目录，作为会计处理依据，并且设置"固定资产"账户进行会计处理。小企业购置计算机硬件所附带的、未单独计价的软件，通过"固定资产"账户进行会计处理。小企业临时租入的固定资产和经营租赁租入的固定资产，另设备查簿进行登记，不通过"固定资产"账户进行会计处理。

5.1.1 取得固定资产的会计处理

> **小企业会计准则**
>
> 第二十八条 固定资产应当按照成本进行计量。

由表1-4可知，《小企业会计准则》中固定资产的初始计量依据和税法规定一致。

1. 外购固定资产的会计处理

> **小企业会计准则**
>
> 第二十八条
> （一）外购固定资产的成本包括购买价款、相关税费、运输费、装卸费、保险费、安装费等，但不含按照税法规定可以抵扣的增值税进项税额。
> 以一笔款项购入多项没有单独标价的固定资产，应当按照各项固定资产或类似资产的市场价格或评估价值比例对总成本进行分配，分别确定各项固定资产的成本。

由表1-4可知，《小企业会计准则》中外购固定资产的入账成本和税法规定一致。

（1）不需要安装的固定资产。小企业购入（含以分期付款方式购入）不需要安装的固定资产，按照实际支付的购买价款、相关税费（不包括按照税法规定可抵扣的增值税进项税额）、运输费、装卸费、保险费等，借记"固定资产"账户；按照税法规定可抵扣的增值税进项税额，借记"应交税费——应交增值税（进项税额）"（或"应交税费——待认证进项税额"等）账户，贷记"银行存款""长期应付款"等账户。

例5-1 2021年4月15日，华远公司购入一台不需要安装的设备，发票价格为10 000元，进项税额为1 300元，发生的包装费为2 000元，运费的发票价格为1 000元。上述款项通过银行转账支付。

华远公司的会计处理如下：
借：固定资产　　　　　　　　　　　　　　　　13 000
　　应交税费——应交增值税（进项税额）等　　1 390（1300+1000×9%）
　　贷：银行存款　　　　　　　　　　　　　　14 390

以分期付款方式购入固定资产的会计处理举例，请读者参阅第2章的例2-22。

（2）需要安装的固定资产。购入需要安装的固定资产，是指购入的固定资产需要经过安装以后才能交付使用的资产。小企业购入固定资产时，按实际支付的价款（包括买价、税金、包装费、运输费等），借记"在建工程"账户，贷记"银行存款"等账户；发生的安装费用，借记"在建工程"账户，贷记"银行存款""原材料"等账户；安装完成交付验收使用时，按其实际成本（包括买价、税金、包装费、运输费和安装费等）作为固定资产的原价转账，借记"固定资产"账户，贷记"在建工程"账户。

例5-2 红利公司购入一台需要安装的机床，取得的增值税专用发票上注明的机床买价为100 000元，增值税额为13 000元，支付的运输费（含增值税）为2 180元，包装费为1 000元。安装机床时，领用材料、物资的价值为2 000元，购进该批材料时支付的增值税额为260元。

红利公司的会计处理如下。

（1）支付机床价款、税金、运输费、包装费合计116 180元。

借：在建工程　　　　　　　　　　　　　　　　103 000
　　应交税费——应交增值税（进项税额）等　　 13 180
　贷：银行存款　　　　　　　　　　　　　　　 116 180

（2）领用安装材料时：

借：在建工程　　　　　　　　　　　　　　　　 2 260
　贷：原材料　　　　　　　　　　　　　　　　　2 000
　　　应交税费——应交增值税（进项税额转出）等　260

（3）机床安装完毕交付使用时，确定固定资产的价值为105 260元（103 000+2 260）。

借：固定资产　　　　　　　　　　　　　　　　105 260
　贷：在建工程　　　　　　　　　　　　　　　 105 260

（3）一笔款项购进多项没有单独标价的固定资产。小企业基于产品价格等因素的考虑，可能以一笔款项购入多项没有单独标价的固定资产。如果这些资产均符合资产定义，并满足固定资产的确认条件，则将各项资产单独确认为固定资产，并按各项固定资产市场价格或类似资产的市场价格或评估价值的比例对总成本进行分配，分别确定各项固定资产的成本。

例5-3 2021年4月20日，大华公司一次性采购不同类型、不同使用寿命、不同生产能力的甲、乙、丙三台生产设备，共支付价款和运杂费等9万元，甲、乙、丙三台生产设备的市场价格分别为2万元、3万元、5万元。假设不考虑增值税等税费。

甲、乙、丙三台生产设备的入账成本计算如下：

甲设备=9×2÷（2+3+5）=1.8（万元）

乙设备=9×3÷（2+3+5）=2.7（万元）

丙设备=9×5÷（2+3+5）=4.5（万元）

需要注意的是，根据《关于企业手续费及佣金支出税前扣除政策的通知》（财税〔2009〕29号）的规定，小企业已计入固定资产等相关资产的手续费及佣金支出，通过折旧方式分期扣除，不在发生当期直接扣除。

2. 自行建造固定资产的会计处理

> **小企业会计准则**
>
> 第二十八条
> （二）自行建造固定资产的成本，由建造该项资产在竣工决算前发生的支出（含相关的借款费用）构成。
> 小企业在建工程在试运转过程中形成的产品、副产品或试车收入冲减在建工程成本。

由表1-4可知，《小企业会计准则》中自行建造固定资产的入账成本和税法规定一致。

小企业自行建造固定资产先通过"在建工程"账户进行会计处理，工程达到预定可使用状态时，再从"在建工程"账户转入"固定资产"账户。小企业自建固定资产主要有自营和出包两种方式，由于采用的建设方式不同，其会计处理也不同。

（1）自营工程。自营工程是指小企业自行组织工程物资采购，自行组织施工人员施工的建筑工程和安装工程。购入工程物资时，小企业按照实际支付的购买价款和相关税费，借记"工程物资"账户，贷记"银行存款"等账户；领用工程物资时，借记"在建工程"账户，贷记"工程物资"账户；工程完工后将领出的剩余物资退库时做相反的会计处理。工程完工后剩余的工程物资转作本企业存货的，借记"原材料"等账户，贷记"工程物资"账户。

在建工程领用本企业原材料时，借记"在建工程"账户，贷记"原材料""应交税费——应交增值税（进项税额转出）"（或"应交税费——待认证进项税额"等）等账户。在建工程领用本企业生产的商品时，借记"在建工程"账户，贷记"库存商品""应交税费——应交增值税（销项税额）"（或"应交税费——待转销项税额""应交税费——简易计税"等）等账户。

小企业进行工程在竣工决算前发生的借款利息，根据借款合同利率计算确定的利息费用，借记"在建工程"账户，贷记"应付利息"账户。办理竣工决算后发生的利息费用，借记"财务费用"账户，贷记"应付利息"等账户。小企业为构建固定资产增加的借款费用在竣工决算前资本化处理，不仅减少了小企业会计人员进行相关会计处理时的职业判断，降低了会计信息失真的可能性，而且不再强调专门借款的借款费用资本化，扩大了借款费用资本化的范围，增加了固定资产的账面价值，减少了小企业的财务费用，增加了会计利润，使小企业的盈利能力提高，进一步降低了融资难度，促进了小企业持续健康发展。

自营工程发生的其他费用（如分配工程人员工资等），借记"在建工程"账户，贷记"银行存款""应付职工薪酬"等账户。自营工程达到预定可使用状态时，按其成本，借记"固定资产"账户，贷记"在建工程"账户。

在建工程在试运转过程中形成的产品或者副产品对外销售或转为库存商品的，借记"银行存款""库存商品"等账户，贷记"在建工程"账户。

【例5-4】 2021年1月，国际货代物流公司自营建造仓库一座，主要业务如下：

(1）从银行取得长期借款 50 000 元存入银行，该借款期限为 5 年，每年付息 1 500 元；购进工程用材料 22 600 元，运费 200 元（不考虑增值税抵扣问题），上述款项已通过银行转账支付；

(2）购入需要安装的设备一台，价值 40 000 元，增值税 5 200 元，款项以支票付讫；

(3）领用工程用材料 14 160 元；

(4）领用需安装设备 40 000 元；

(5）该工程应负担职工薪酬 3 000 元、水电费 2 000 元；

(6）应负担工程借款利息 1 500 元（工程尚未完工交付使用）；

(7）在施工过程中发生意外损失 3 000 元，其中保险公司应赔偿 2 000 元，残料价值 500 元；

(8）自建仓库完工并交付使用。

国际货代物流公司的会计处理如下。

(1）取得借款：

借：银行存款	50 000
贷：长期借款	50 000

购入工程用材料：

借：工程物资	22 800
贷：银行存款	22 800

(2）购买设备：

借：工程物资	40 000
应交税费——应交增值税（进项税额）等	5 200
贷：银行存款	45 200

(3）领用工程用材料：

借：在建工程	14 160
贷：工程物资	14 160

(4）领用工程用设备：

借：在建工程	40 000
贷：工程物资	40 000

(5）负担职工工资和水电费：

借：在建工程	5 000
贷：应付职工薪酬	3 000
其他应付款（或银行存款）	2 000

(6）工程应负担借款利息：

借：在建工程	1 500
贷：应付利息	1 500

(7）发生意外损失。发生意外损失时，净损失计入继续施工的工程成本，会计处理如下：

借：其他应收款——保险公司	2 000

　　　　在建工程　　　　　　　　　　　　　　　　　500
　　　　工程物资　　　　　　　　　　　　　　　　　500
　　　贷：在建工程　　　　　　　　　　　　　　　　　　3 000
　（8）工程完工交付使用。固定资产的建造成本为 58 160 元（14 160+40 000+ 5 000+ 1 500+500–3 000），会计处理如下：
　　　借：固定资产　　　　　　　　　　　　　　　58 160
　　　贷：在建工程　　　　　　　　　　　　　　　　　　58 160

　　在建工程在试运转过程中形成的收入，可能会产生税会差异，请扫描二维码了解相关内容。

> **专栏　　与《企业会计准则》的比较**
>
> 　　对于自行建造的固定资产成本，包括竣工验收前应负担的借款利息。
> 　　在借款利息资本化条件上，《小企业会计准则》把在建工程竣工决算前发生的借款利息，全部予以资本化。
> 　　《企业会计准则》对此设定了资产支出已经发生、借款费用已经发生和为使资产达到预定可使用状态所必要的购建活动已经开始的三个借款利息资本化条件。和《企业会计准则》相比较，会计处理大大简化。而且和《企业会计准则》存在不同：停止资本化的时点不同。《企业会计准则》以"达到预定使用状态"为时点停止资本化，而《小企业会计准则》是以"竣工结算"为时点停止资本化，《小企业会计准则》的规定减少了会计人员的职业判断，和税法规定一致。

　（2）出包工程。出包工程，是指小企业向外发包，由其他单位组织经营，正在施工和虽然已完工但尚未交付使用的建筑工程和安装工程。出包工程建造的固定资产以实际支付给承包单位的工程价款，作为该项固定资产的成本。一般情况下，出包单位预先支付给承包单位一定的工程款，然后按期根据工程进度进行结算，工程完工后进行清算，多退少补。

　　小企业出包工程涉及的会计处理如下：

　　1）按合同规定向承包单位预付工程款、备料款时，按实际支付的价款，借记"预付账款"账户，贷记"银行存款"账户。

　　2）以拨付给承包企业的材料抵作预付备料款的，按工程物资的实际成本，借记"在建工程"账户，贷记"工程物资"账户。

　　3）将需要安装的设备交付承包企业进行安装时，按设备的成本，借记"在建工程"账户，贷记"工程物资"账户。

　　4）和承包单位办理工程价款结算时，需补付的工程款，借记"在建工程"账户，贷记"银行存款"等账户。收到退回的工程款时，借记"银行存款"账户，贷记"预付账款"账户。

　　5）工程完工交付使用时，借记"固定资产"账户，贷记"在建工程"账户。

　　例 5-5　建宏公司以出包方式建造一座仓库，预付工程款 90 000 元；工程完工决算，需补付价款 4 000 元。

建宏公司的会计处理如下。

（1）预付工程款时：

借：预付账款　　　　　　　　　　　　　　　90 000
　　贷：银行存款　　　　　　　　　　　　　　　　　90 000

（2）补付工程价款时：

借：在建工程　　　　　　　　　　　　　　　94 000
　　贷：银行存款　　　　　　　　　　　　　　　　　 4 000
　　　　预付账款　　　　　　　　　　　　　　　　　90 000

（3）工程竣工，结转成本时：

借：固定资产　　　　　　　　　　　　　　　94 000
　　贷：在建工程　　　　　　　　　　　　　　　　　94 000

探讨　固定资产是否暂估入账

根据《小企业会计准则》第二十八条第二款，自行建造的固定资产，其确认时点为竣工决算完成之时，在此之前，即使资产已交付使用，也不应暂估入账。

在实务中，房屋建筑物或者需安装调试的生产线、生产设备往往是交付使用后很长时间仍不能完成竣工决算，而这些房屋建筑物或生产线、生产设备正是影响小企业生产经营的关键资产。如果这些关键资产不能及时、正确地予以确认和列报，则资产负债表信息和小企业真实的财务状况之间必然产生相当大的差距。同时，如果重大资产因没有确认也未能及时进行后续的计量和折旧/摊销，则相关的成本、费用也不够完整，利润表信息也不能公允地反映小企业的经营成果。

《小企业会计准则》针对自行建造的固定资产做了"竣工决算"的规定，准则之所以使用了"竣工决算前"，可能是为了贯彻减少小企业会计人员职业判断这一意图，而并非表明应于竣工决算完成时再确认固定资产。至于何时确认固定资产，仍应视是否符合资产的定义、是否符合资产确认的条件。凡是符合固定资产的定义及其确认条件的，相关支出能够合理估计、可靠计量，即使尚未实际发生，也应暂估入账并进行后续的计量、折旧，以避免小企业会计报表信息和财务状况、经营成果存在重大偏离。

3．其他方式取得的固定资产的会计处理

根据《小企业会计准则》第二十八条第三款，取得投资者投入的固定资产，按照评估价值和相关税费，借记"固定资产"账户或"在建工程"账户，贷记"实收资本""资本公积"账户。

根据《小企业会计准则》第二十八条第四款，融资租入的固定资产，按照租赁合同约定的付款总额和在签订租赁合同过程中发生的相关税费等，借记"固定资产"账户或"在建工程"账户，贷记"长期应付款"等账户。具体举例，请读者参阅第2章的例2-21。

根据《小企业会计准则》第二十八条第五款，盘盈的固定资产，按照同类或类似固定资产的市场价格或评估价值扣除按照新旧程度估计的折旧后的余额，借记"固定资产"账户，贷记"待处理财产损溢——待处理非流动资产损溢"账户。通过"待处理财产损溢"

账户过渡，盘盈净收益记入"营业外收入"账户。

由表1-4可知，《小企业会计准则》中接受投资者投入、融资租入、盘盈等方式取得的固定的入账成本和税法的规定是一致的。

5.1.2 固定资产折旧

> **小企业会计准则**
>
> 第二十九条 小企业应当对所有固定资产计提折旧，但已提足折旧仍继续使用的固定资产和单独计价入账的土地不得计提折旧。
>
> 固定资产的折旧费应当根据固定资产的受益对象计入相关资产成本或者当期损益。
>
> 前款所称折旧，是指在固定资产使用寿命内，按照确定的方法对应计折旧额进行系统分摊。

《企业所得税法》第十一条规定，在计算应纳税所得额时，企业按照规定计算的固定资产折旧，准予扣除。

下列固定资产不得计算折旧扣除：
（1）房屋、建筑物以外未投入使用的固定资产；
（2）以经营租赁方式租入的固定资产；
（3）以融资租赁方式租出的固定资产；
（4）已足额提取折旧仍继续使用的固定资产；
（5）与经营活动无关的固定资产；
（6）单独估价作为固定资产入账的土地；
（7）其他不得计算折旧扣除的固定资产。

小企业在确定计提折旧的范围时，应注意以下几点：
（1）固定资产按月计提折旧，当月增加的固定资产，当月不计提折旧，从下月起计提折旧；当月减少的固定资产，当月仍计提折旧，从下月起不计提折旧。
（2）固定资产提足折旧后，不论能否继续使用，均不再计提折旧；提前报废的固定资产，也不再补提折旧。所谓提足折旧，是指已经提足该项固定资产的应计折旧额。
（3）已达到预定可使用状态但尚未办理竣工决算的固定资产，按照估计价值确定其成本，并计提折旧；待办理竣工决算后，再按实际成本调整原来的暂估价值，但不需要调整原已计提的折旧额。

> **小企业会计准则**
>
> 第三十一条 小企业应当按月计提折旧，当月增加的固定资产，当月不计提折旧，从下月起计提折旧；当月减少的固定资产，当月仍计提折旧，从下月起不计提折旧。

由表1-4可知，《小企业会计准则》中固定资产折旧的时间规定和税法一致。

1. 影响固定资产折旧的因素

为了保证合理、正确地计提固定资产折旧，首先要了解影响折旧的因素。影响小企业计提固定资产折旧的因素主要有以下三个方面。

（1）固定资产原价。因为折旧是固定资产原价的损耗和转移，所以固定资产原价是计提折旧的基数，小企业对任意固定资产计提的折旧总额，一般不超过该固定资产原价。

（2）固定资产使用寿命。固定资产使用寿命，是指小企业使用固定资产的预计期间。小企业在确定固定资产预计使用年限时，考虑下列因素：

1）该项资产预计生产能力或产量。

2）该项资产预计有形损耗，如设备使用中发生磨损，房屋建筑物受到自然侵蚀等。

3）该项资产预计无形损耗，如因新技术的出现而使现有的资产技术水平相对陈旧，市场需求变化使产品过时等。

4）法律或者类似规定对该项资产使用的限制。除国务院财政、税务主管部门另有规定外，一般固定资产计算折旧的最低年限如表 5-1 所示。

表 5-1 一般固定资产计算折旧的最低年限

固定资产名称	折旧的最低年限
房屋、建筑物	20 年
飞机、火车、轮船、机器、机械和其他生产设备	10 年
与生产经营活动有关的器具、工具、家具等	5 年
火车、轮船以外的运输工具	4 年
电子设备	3 年

> **专栏** 与《企业会计准则》的比较
>
> 《企业会计准则》规定，固定资产计提折旧的年限考虑的因素较多，不仅考虑税法规定的固定资产计提折旧的最低年限；《小企业会计准则》规定主要依据规定的固定资产计提折旧的最低年限。
>
> 《企业会计准则》规定，影响固定资产折旧的因素包括固定资产减值准备，《小企业会计准则》规定的固定资产折旧影响因素不包括固定资产减值准备，因为《小企业会计准则》不要求资产计提减值准备。

（3）固定资产预计净残值。固定资产预计净残值，是指固定资产预计使用寿命已满，小企业从该项固定资产处置中获得的扣除预计处置费用后的净额。预计净残值估计的准确与否，直接影响每期折旧额的高低，从而进一步影响各期利润计算的准确性。《企业所得税法实施条例》规定，小企业根据固定资产的性质和使用情况，合理确定固定资产的预计净残值。

2. 固定资产折旧的方法

> **小企业会计准则**
>
> 第三十条 小企业应当按照年限平均法（直线法）计提折旧。小企业的固定资产由于技术进步等原因，确需加速折旧的，可以采用双倍余额递减法和年数总和法。
>
> 小企业应当根据固定资产的性质和使用情况，并考虑税法的规定，合理确定固定资产的使用寿命和预计净残值。
>
> 固定资产的折旧方法、使用寿命、预计净残值一经确定，不得随意变更。

小企业根据和固定资产有关的经济利益的预期实现方式，合理选择固定资产折旧方法。

（1）年限平均法。年限平均法，又称直线法，是指将固定资产的应计折旧总额均衡地分摊到固定资产预计使用寿命中的一种折旧方法。采用这种方法计算的每期折旧额相等，适用于那些在预计使用年限内提供的效用、损耗的速度都较为均衡的固定资产的折旧计算。

具体计算公式如下：

$$年折旧率 = \frac{1 - 预计净残值率}{预计使用年限} \times 100\%$$

$$月折旧率 = 年折旧率 \div 12$$

$$月折旧额 = 固定资产原价 \times 月折旧率$$

《企业所得税法实施条例》第五十九条规定，固定资产按照直线法计算的折旧，准予扣除。

（2）双倍余额递减法。双倍余额递减法，是在不考虑固定资产净残值的情况下，根据每期期初固定资产账面净值乘以两倍的直线法折旧率计算固定资产折旧的一种方法。

具体计算公式为：

$$年折旧率 = \frac{2}{预计使用年限} \times 100\%$$

$$年折旧额 = 当年年初固定资产账面净值 \times 年折旧率$$

$$当年年初固定资产账面净值 = 固定资产原价 - 累计折旧额$$

在采用双倍余额递减法时，为了避免固定资产的账面净值降低到其预计净残值以下，通常在固定资产折旧年限到期前两年内，将固定资产净值扣除预计净残值后的余额平均摊销，即最后两年改用直线法。

例5-6 2021年7月，中科公司进口一条生产线，安装完毕后，设备原值为100 000元，预计净残值为4 000元，预计使用年限为5年。采用双倍余额递减法计算各年的折旧额如表5-2所示。

表 5-2 双倍余额递减法计算的折旧额　　　　　　　　　　单位：元

时间（年）	期初账面净值	年折旧率	年折旧额	累计折旧额	期末账面净值
1	100 000	40%	40 000	40 000	60 000
2	60 000	40%	24 000	64 000	36 000
3	36 000	40%	14 400	78 400	21 600
4	21 600		8 800	87 200	12 800
5	12 800		8 800	96 000	4 000

$$双倍直线折旧率 = \frac{2}{5} \times 100\% = 40\%$$

（3）年数总和法。年数总和法，是将固定资产的应计折旧总额，即原值减去净残值后的净额，乘以逐年递减的折旧率计算每年折旧额的一种方法。

其中，折旧率的计算公式如下：

$$年折旧率 = \frac{尚可使用年限}{预计使用年限的年数总和}$$

年折旧额 =（固定资产原价－预计净残值）× 年折旧率

例 5-7　中科公司的一台设备的原值为 50 000 元，预计使用年限为 5 年，预计净残值为 2 000 元。采用年数总和法计算的各年折旧额如表 5-3 所示。

表 5-3 年数总和法计算的折旧额　　　　　　　　　　金额单位：元

时间（年）	各期期初尚可使用年限	应计折旧总额（原值－净残值）	年折旧率	年折旧额	累计折旧额
1	5	48 000	5/15	16 000	16 000
2	4	48 000	4/15	12 800	28 800
3	3	48 000	3/15	9 600	38 400
4	2	48 000	2/15	6 400	44 800
5	1	48 000	1/15	3 200	48 000

上述第二种和第三种折旧方法属于加速折旧法。采用加速折旧法在固定资产使用的早期会多提折旧，而后期少提折旧，从而达到固定资产成本在预计使用年限内加快得到补偿的目的。

对于同一项固定资产，采用不同的折旧方法，产生的节税效应是不同的，请扫描二维码了解相关内容。

《企业所得税法》第三十二条规定，企业的固定资产由于技术进步等原因，确需加速折旧的，可以缩短折旧年限或者采取加速折旧的方法。

《企业所得税法实施条例》第九十八条规定，企业所得税法第三十二条所称可以采取缩短折旧年限或者采取加速折旧的方法的固定资产，包括：由于技术进步，产品更新换代较快的固定资产；常年处于强震动、高腐蚀状态的固定资产。

采取缩短折旧年限方法的，最低折旧年限不得低于《企业所得税法实施条例》第六十条规定折旧年限的 60%；采取加速折旧方法的，可以采取双倍余额递减法或者年数总和法。关于固定资产加速折旧的所得税政策，请扫描二维码了解相关内容。

小企业在计提折旧时，可以根据自己的实际情况，选择折旧方法。折旧方法一经确定，不得随意变更，以保证会计处理方法的前后一致性，保证会计信息的可比性。如需变更，那么一般在每个会计年度的期初，并在当期的会计报表附注中予以披露。

3. 固定资产折旧的会计处理

会计实务中的每月计提折旧，一般是通过编制"固定资产折旧计算表"来完成的。小企业按月计提固定资产折旧时，借记"制造费用""销售费用""管理费用""其他业务成本"等账户，贷记"累计折旧"账户。"累计折旧"账户是固定资产的备抵账户，当计提固定资产折旧额时，记入该账户的贷方；处置固定资产的同时，结转累计折旧，因出售、报废清理、盘亏、转出等原因减少固定资产，相应转销其所提折旧额时，记入该账户的借方；该账户的余额在贷方，反映小企业现有固定资产的累计折旧额。

要查明某项固定资产的已计提折旧，可以根据"固定资产卡片"上所记载的该项固定资产原价、折旧率和实际使用年数等资料进行计算。

计算固定资产折旧时，按照固定资产的原价减去预计净残值来计算固定资产的应计折旧额。

例 5-8　大华公司 2021 年 3 月的固定资产折旧计算表如表 5-4 所示。

表 5-4　固定资产折旧计算表

（2021 年 3 月）　　　　　　　　　　　　　　　　单位：元

使用部门	固定资产项目	上月折旧额	上月增加原价	上月增加折旧额	上月减少原价	上月减少折旧额	本月折旧额	分配费用
A 车间	厂房	3 000					3 000	制造费用
	机器设备	15 000					15 000	
	其他设备	900					900	
	小计	18 900					18 900	
B 车间	厂房	2 000					2 000	
	机器设备	12 000	40 000	200			12 200	
	小计	14 000					14 200	
C 车间	厂房	2 100					2 100	
	机器设备	14 000			30 000	900	13 100	
	小计	16 100					15 200	
行政管理部门	房屋建筑	1 200					1 200	管理费用
	运输工具	1 500					1 500	
	小计	2 700					2 700	
合计		51 700	40 000	200	30 000	900	51 000	

根据表 5-4，大华公司的会计处理如下：
借：制造费用——A 车间　　　　　　　　　　　18 900
　　　　　　——B 车间　　　　　　　　　　　14 200
　　　　　　——C 车间　　　　　　　　　　　15 200
　　管理费用——行政管理部门　　　　　　　　 2 700
　　贷：累计折旧　　　　　　　　　　　　　　51 000

4．固定资产折旧的税务处理

根据税法、《国家税务总局关于企业固定资产加速折旧所得税处理有关问题的通知》（国税发〔2009〕81 号）、《国家税务总局关于融资性售后回租业务中承租方出售资产行为有关税收问题的公告》（国家税务总局公告 2010 年第 13 号）、《国家税务总局关于企业所得税若干问题的公告》（国家税务总局公告 2011 年第 34 号）、《国家税务总局关于发布〈企业所得税政策性搬迁所得税管理办法〉的公告》（国家税务总局公告 2012 年第 40 号）、《国家税务总局关于企业所得税应纳税所得额若干问题的公告》（国家税务总局公告 2014 年第 29 号）、财税〔2014〕75 号、财税〔2015〕106 号、《国家税务总局关于全民所有制企业公司制改制企业所得税处理问题的公告》（国家税务总局公告 2017 年第 34 号）、财税〔2018〕54 号、《国家税务总局关于设备器具扣除有关企业所得税政策执行问题的公告》（国家税务总局公告 2018 年第 46 号）、财政部 税务总局公告 2019 年第 66 号、《财政部 税务总局关于支持新型冠状病毒感染的肺炎疫情防控有关税收政策的公告》（2020 年第 8 号）、《财政部税务总局关于海南自由贸易港企业所得税优惠政策的通知》（财税〔2020〕31 号）等相关规定，固定资产折旧的纳税调整，小企业可以填报《资产折旧、摊销情况及纳税调整明细表》（A105080），如表 5-5 所示。

5.1.3　固定资产的后续支出

小企业的固定资产投入使用后，由于各个组成部分耐用程度不同或者使用条件不同，往往发生固定资产的局部损坏。为了保持固定资产的正常运转和使用，充分发挥其使用效能，需要对其进行必要的修理或改建。

固定资产的修理费用，计入当期损益或资产成本；固定资产的改建支出，计入固定资产成本。

1．固定资产的修理费

> **小企业会计准则**
>
> 　　第三十二条　固定资产的日常修理费，应当在发生时根据固定资产的受益对象计入相关资产成本或者当期损益。

表 5-5　资产折旧、摊销情况及纳税调整明细表（A105080）（部分）

行次	项目	账载金额				税收金额				纳税调整金额
		资产原值	本年折旧、摊销额	累计折旧、摊销额	资产计税基础	税收折旧、摊销额	享受加速折旧政策的资产按税收一般规定计算的折旧、摊销额	加速折旧、摊销统计额	累计折旧、摊销额	
		1	2	3	4	5	6	7 (5-6)	8	9 (2-5)
1	一、固定资产 (2+3+4+5+6+7)						*	*		
2	（一）房屋、建筑物						*	*		
3	（二）飞机、火车、轮船、机器、机械和其他生产设备						*	*		
4	（三）与生产经营活动有关的器具、工具、家具等						*	*		
5	（四）飞机、火车、轮船以外的运输工具						*	*		
6	（五）电子设备						*	*		
7	（六）其他						*	*		
8	其中：享受加速折旧政策的资产加速折旧及一次性扣除	（一）重要行业固定资产加速折旧（不含一次性扣除）						*		*
9		（二）其他行业研发设备加速折旧						*		*
10		（三）海南自由贸易港企业固定资产加速折旧						*		*
11		（四）500万元以下设备器具一次性扣除						*		*
12		（五）疫情防控重点保障物资生产企业固定资产单价500万元以上设备一次性扣除						*		*
13		（六）海南自由贸易港企业固定资产加速折旧一次性扣除						*		*
14		（七）技术进步、更新换代固定资产						*		*
15		（八）常年强震动、高腐蚀固定资产						*		*
16	一般折旧额的部分	（九）外购软件固定资产						*		*
17		（十）集成电路生产企业生产设备						*		*

（1）计入当期损益。在固定资产使用过程中发生的修理费，按照固定资产的受益对象，借记"销售费用""管理费用"等账户，贷记"银行存款"等账户。

例 5-9　2021 年 6 月 1 日，东通公司对现有的一台管理用设备进行日常修理，修理过程中发生的材料费为 2 000 元，应支付的维修人员工资为 200 元。

东通公司的会计处理如下：

借：管理费用　　　　　　　　　　　　　　　　　　2 200
　　贷：原材料　　　　　　　　　　　　　　　　　　　　2 000
　　　　应付职工薪酬　　　　　　　　　　　　　　　　　 200

（2）计入资产成本。在固定资产使用过程中发生的修理费，如果符合固定资产大修支出的条件，则计入资产成本（如长期待摊费用）。固定资产的大修理支出，是指同时符合下列条件的支出：修理支出达到取得固定资产时的计税基础 50%以上；修理后固定资产的使用寿命延长 2 年以上。

2. 固定资产的改建支出

> **小企业会计准则**
>
> 　　第三十三条　固定资产的改建支出，应当计入固定资产的成本，但已提足折旧的固定资产和经营租入的固定资产发生的改建支出应当计入长期待摊费用。
> 　　前款所称固定资产的改建支出，是指改变房屋或者建筑物结构、延长使用年限等发生的支出。

固定资产发生改建支出时，小企业将该固定资产的原价、已计提的累计折旧转销，将固定资产的账面价值转入在建工程，并在此基础上重新确定固定资产价值。因已转入在建工程，因此停止计提折旧。在固定资产发生的后续支出完工并达到预定可使用状态时，再从在建工程转为固定资产，并按重新确定的固定资产原价、使用寿命、预计净残值和折旧方法计提折旧。

对固定资产进行改扩建时，按照该项固定资产账面价值，借记"在建工程"账户；按照其已计提的累计折旧，借记"累计折旧"账户；按照其原价，贷记"固定资产"账户。

在改扩建过程中发生的相关支出，借记"在建工程"账户，贷记相关账户。

改扩建完成办理竣工决算，借记"固定资产"账户，贷记"在建工程"账户。

（1）固定资产改建扩建。固定资产改建扩建一般数额较大，受益期较长（超过一年），而且通常会延长固定资产的预计使用年限，或使产品的质量实质性提高，或使产品成本实质性降低。为此，固定资产的改良支出计入固定资产的账面价值，同时将被替换部分的账面价值扣除。

例 5-10　城建公司的一台设备，原值 40 万元，已提折旧 5 万元。2021 年 1 月 1 日，对该设备的某一部件进行更换（账面价值为 12 万元），经过 5 个月，2021 年 6 月 1 日完成了该设备的改建工程，共发生支出 15 万元。改建后的设备功能提高，生产能力大增，使用寿命延长了5年，假设改建过程中没有发生其他相关税费。

城建公司的会计处理如下。

（1）2021年1月1日：

借：在建工程	350 000	
累计折旧	50 000	
贷：固定资产		400 000

（2）改建过程中发生的支出：

借：在建工程	150 000	
贷：银行存款		150 000

（3）2021年6月1日，该设备达到预定使用状态：

设备改建后的原价=35+15−12=38（万元）

借：固定资产	380 000	
贷：在建工程		380 000

小企业对房屋、建筑物固定资产在未足额提取折旧前进行改扩建，如属于推倒重置的，那么该资产原值减除提取折旧后的净值，并入重置后的固定资产计税成本，并在该固定资产投入使用后的次月起，按照税法规定的折旧年限，一并计提折旧；如属于提升功能、增加面积的，那么该固定资产的改扩建支出，计入该固定资产计税基础，并从改扩建完工投入使用后的次月起，重新按税法规定的该固定资产折旧年限计提折旧，如该改扩建后的固定资产尚可使用的年限低于税法规定的最低年限，那么可以按尚可使用的年限计提折旧。

（2）固定资产更新改造。固定资产更新改造，一般分两种情况：改造自有未提足折旧的固定资产；改造经营租入固定资产和已提足折旧资产。前者的会计处理和固定资产改建扩建基本相同；后者发生的支出，计入长期待摊费用，合理进行摊销。

✎ 例5-11　2021年4月1日，三通公司对其以经营租赁方式新租入的办公楼进行装修，发生以下有关支出：领用生产材料为100 000元，购进该批原材料时支付的增值税进项税额为13 000元；辅助生产车间为该装修工程提供的劳务支出为7 000元；有关人员工资等职工薪酬为120 000元。2021年12月1日，该办公楼装修完工，达到预定可使用状态并交付使用，并按租赁期10年开始进行摊销。

假定不考虑其他因素，三通公司的会计处理如下。

（1）装修领用原材料：

借：长期待摊费用	113 000	
贷：原材料		100 000
应交税费——应交增值税（进项税额转出）等		13 000

（2）辅助生产车间为装修工程提供劳务时：

借：长期待摊费用	7 000	
贷：生产成本——辅助生产成本		7 000

（3）确认工程人员职工薪酬时：

借：长期待摊费用	120 000	

    贷：应付职工薪酬   120 000
（4）2021年摊销装修支出时：
    借：管理费用   2 000 [（113 000+7 000+120 000）÷120]
    贷：长期待摊费用   2 000

5.1.4 固定资产的清查

固定资产的清查，是指小企业采用实地盘点的方法，将固定资产明细账的记录情况和固定资产实物一一核对，包括明细账上所列固定资产的类别、名称、编号等，在清查中发现固定资产盘盈或毁损，要查明该项固定资产的原值、已提折旧额等；如发现固定资产盘盈，要对其估价，以确定盘盈固定资产的评估价值、估计折旧等，据以编制固定资产盘亏、盘盈报告单。

1. 固定资产盘盈的会计处理

> **小企业会计准则**
>
> 　　第二十八条第五款　盘盈固定资产的成本，应当按照同类或者类似固定资产的市场价格扣除按照该项固定资产新旧程度估计的折旧后的余额确定。

小企业固定资产盘盈的会计处理按以下两个步骤进行：

（1）发现盘盈时，按盘盈固定资产的同类或类似固定资产的市场价值减去按该项资产新旧程度估计的价值损耗后的余额，借记"固定资产"账户，贷记"待处理财产损溢——待处理非流动资产损溢"账户。

（2）按规定批准后，将盘盈净值从"待处理财产损溢——待处理非流动资产损溢"账户转入"营业外收入"账户。

例 5-12 某小企业在财产清查中，盘盈账外机器一台，估计重置价值10 000元，已提折旧4 000元。账外固定资产经批准后转销。该企业所得税税率为25%，计提盈余公积的比例为10%。

《小企业会计准则》下的会计处理：
① 借：固定资产   10 000
      贷：累计折旧   4 000
          待处理财产损溢——待处理非流动资产损溢   6 000
② 借：待处理财产损溢——待处理非流动资产损溢   6 000
      贷：营业外收入   6 000
《企业会计准则》下的会计处理：
借：固定资产   10 000
    贷：累计折旧   4 000
        以前年度损益调整   6 000
借：以前年度损益调整   1 500
    贷：应交税费——应交所得税   1 500

借：以前年度损益调整	4 500	
贷：利润分配——未分配利润		4 050
盈余公积		450

> **专栏　与《企业会计准则》的比较**
>
> 对于盘盈的固定资产，《小企业会计准则》的规定和《企业会计准则》的规定有所不同，《企业会计准则》对盘盈的固定资产作为重大会计差错处理，进行追溯调整，按其净值计入"以前年度损益调整"，计算缴纳所得税后，转作留存收益。

2. 固定资产盘亏的会计处理

《小企业会计准则》第二十八条第三款规定，盘亏固定资产发生的损失应当计入营业外支出。

小企业固定资产盘亏的会计处理按以下两个步骤进行：

（1）发现盘亏时，按盘亏固定资产的净值，借记"待处理财产损溢——待处理非流动资产损溢"账户；按已计提折旧额，借记"累计折旧"账户；按原值，贷记"固定资产"账户。

（2）按规定程序批准后，按盘亏固定资产的原值扣除累计折旧后的净值，借记"营业外支出"账户，如果收到过失人及保险公司赔偿款，则将净值扣除赔偿款后的差额借记"营业外支出"账户；按过失人及保险公司应赔偿款，借记"其他应收款"等账户；按盘亏固定资产的净值，贷记"待处理财产损溢——待处理非流动资产损溢"账户。

例 5-13 某小企业在财产清查中盘亏设备一台，账面原值 10 000 元，已提折旧 8 000 元，经批准后转销。

《小企业会计准则》下的会计处理：

① 借：待处理财产损溢——待处理非流动资产损溢	2 000	
累计折旧	8 000	
贷：固定资产		10 000
② 借：营业外支出	2 000	
贷：待处理财产损溢——待处理非流动资产损溢		2 000

《企业会计准则》下的会计处理和《小企业会计准则》下的会计处理相同。

> **相关链接　《企业资产损失所得税税前扣除管理办法》的相关规定**
>
> （1）固定资产盘亏、丢失损失，为其账面净值扣除责任人赔偿后的余额，应依据以下证据材料确认：
> ① 企业内部有关责任认定和核销资料；
> ② 固定资产盘点表；
> ③ 固定资产的计税基础相关资料；
> ④ 固定资产盘亏、丢失情况说明；
> ⑤ 损失金额较大的，应有专业技术鉴定报告或法定资质中介机构出具的专项报告等。

（2）固定资产报废、毁损损失，为其账面净值扣除残值和责任人赔偿后的余额，应依据以下证据材料确认：

① 固定资产的计税基础相关资料；
② 企业内部有关责任认定和核销资料；
③ 企业内部有关部门出具的鉴定材料；
④ 涉及责任赔偿的，应当有赔偿情况的说明；
⑤ 损失金额较大的或自然灾害等不可抗力原因造成固定资产毁损、报废的，应有专业技术鉴定意见或法定资质中介机构出具的专项报告等。

（3）固定资产被盗损失，为其账面净值扣除责任人赔偿后的余额，应依据以下证据材料确认：

① 固定资产计税基础相关资料；
② 公安机关的报案记录，公安机关立案、破案和结案的证明材料；
③ 涉及责任赔偿的，应有赔偿责任的认定及赔偿情况的说明等。

5.1.5 处置固定资产的会计处理

固定资产处置是小企业资产处置的一个很重要的组成部分。资产处置，是指小企业转移、变更和核销其占有、使用的资产部分或全部所有权、使用权，以及改变资产性质或用途的行为。资产处置的主要方式有调拨、变卖、报损、报废以及将非经营性资产转为经营性资产等。

小企业资产处置主要包括应收票据贴现、原材料投入生产、库存商品出售、包装物领用与出租、低值易耗品领用、无形资产出租，以及固定资产出售、报废和毁损等。第 2 章已经介绍了应收票据贴现，第 3 章介绍了原材料投入生产，包装物领用与出租，库存商品出售，低值易耗品领用。本节主要介绍固定资产出售、报废和毁损。下一节将介绍无形资产出租的会计处理。

> **小企业会计准则**
>
> 　　第三十四条　处置固定资产，处置收入扣除其账面价值、相关税费和清理费用后的净额，应当计入营业外收入或营业外支出。
> 　　前款所称固定资产的账面价值，是指固定资产原价（成本）扣减累计折旧后的金额。

1. 固定资产清理

小企业因出售、报废、毁损等原因减少的固定资产，要通过"固定资产清理"账户进行会计处理。其借方反映转入清理固定资产的净值和发生的清理费用，贷方反映清理固定资产的变价收入和应由保险公司或过失人承担的损失等。小企业销售不动产，按销售额计算缴纳增值税。

（1）固定资产清理的会计处理步骤。

1）按清理固定资产的净值，借记"固定资产清理"账户；按已提的折旧，借记"累计折旧"账户；按固定资产原价，贷记"固定资产"账户。同时，按照税法规定不得从增值税销项税额中抵扣的进项税额，借记"固定资产清理"账户，贷记"应交税费——应交增值税（进项税额转出）"（或"应交税费——待抵扣进项税额"等）账户。

2）实际发生的清理费用，借记"固定资产清理"账户，贷记"银行存款"等账户。

3）按照计算的增值税销项税，贷记"应交税费——应交增值税（销项税额）"（或"应交税费——待转销项税""应交税费——简易计税"等）账户。

4）出售收入和残料等按实际收到的出售价款及残料变价收入等，借记"银行存款""原材料"等账户，贷记"固定资产清理"账户。计算或收到由保险公司或过失人赔偿的损失款，借记"银行存款"或"其他应收款"账户，贷记"固定资产清理"账户。

5）固定资产清理后的净收益，借记"固定资产清理"账户，贷记"营业外收入"账户；发生的净损失，借记"营业外支出"账户，贷记"固定资产清理"账户。

例 5-14 某小企业出售一座建筑物，原值 2 800 000 元，已使用 6 年，计提折旧 400 000 元，支付清理费用 10 000 元，出售价格为 3 000 000 元，适用的增值税税率为 9%（不考虑城建税和教育费）。

① 固定资产转入清理：

借：固定资产清理　　　　　　　　　　　　　　　2 400 000
　　累计折旧　　　　　　　　　　　　　　　　　　 400 000
　　贷：固定资产　　　　　　　　　　　　　　　　　　　　2 800 000

② 支付清理费用：

借：固定资产清理　　　　　　　　　　　　　　　　 10 000
　　贷：银行存款　　　　　　　　　　　　　　　　　　　　　 10 000

③ 收到价款时：

借：银行存款　　　　　　　　　　　　　　　　　 3 270 000
　　贷：固定资产清理　　　　　　　　　　　　　　　　　　3 000 000
　　　　应交税费——应交增值税（销项税额）等　　　　　 270 000

④ 结转固定资产清理后的净损益：

借：固定资产清理　　　　　　　　　　　　　　　　590 000
　　贷：营业外收入　　　　　　　　　　　　　　　　　　　 590 000

（2）销售本企业已使用过的固定资产。《财政部 国家税务总局关于全国实施增值税转型改革若干问题的通知》（财税〔2008〕170 号）规定，自 2009 年 1 月 1 日开始，纳税人销售自己使用过的固定资产，应区分不同情形征收增值税：

1）销售自己使用过的 2009 年 1 月 1 日以后购进或自制的固定资产，按照适用税率征收增值税；

2）2008 年 12 月 31 日前未纳入扩大增值税抵扣范围试点的纳税人，销售自己使用过的 2008 年 12 月 31 日以前购进或自制的固定资产，按照简易办法依照 3%征收率减按 2%征收增值税（从 2014 年 7 月 1 日开始执行）；

3）2008 年 12 月 31 日前已纳入扩大增值税抵扣范围试点的纳税人，销售自己使用过的在本地区扩大增值税抵扣范围试点以前购进或自制的固定资产，按照简易办法依照 3%征收率减按 2%征收增值税（从 2014 年 7 月 1 日开始执行）；销售自己使用过的在本地区扩大增值税抵扣范围试点以后购进或自制的固定资产，按照适用税率征收增值税。

例 5-15　朝批公司出售一台使用过的设备，原价为 20 000 元（不含增值税），购入时间为 2018 年 2 月，2021 年 2 月出售，售价为 20 340 元（含增值税）。假设该设备折旧年限为 10 年，采用直线法折旧，不考虑残值，适用的增值税税率为 13%。

朝批公司的会计处理如下。

借：固定资产清理　　　　　　　　　　　　　　14 000
　　累计折旧　　　　　　　　　　　　　　　　　6 000（20 000÷10×3）
　　贷：固定资产　　　　　　　　　　　　　　　　　　20 000

收到款项时：

借：银行存款　　　　　　　　　　　　20 340
　　贷：固定资产清理　　　　　　　　　　　　　18 000［20 340÷（1+13%）］
　　　　应交税费——应交增值税（销项税额）等　　2 340［20 340÷（1+13%）×13%］

借：固定资产清理　　　　　　　　　　　　　　　4 000
　　贷：营业外收入　　　　　　　　　　　　　　　　4 000

2．固定资产的报废和毁损

固定资产报废有两种情况：一种是使用期满报废；另一种是由于技术进步而发生的提前报废。在实际工作中，固定资产报废清理必须有严格的审批手续，由固定资产管理部门或使用部门按报废清理的对象填制清理凭证，说明固定资产的技术状况和清理原因，经审查鉴定并按批准程序批准后，组织清理工作。

例 5-16　中焦公司有一幢旧厂房，原值 150 000 元，已提折旧 135 000 元，因使用期满，经批准报废。在清理过程中，以银行存款支付清理费用 12 700 元，拆除的残料一部分作价 15 000 元，由仓库收作维修材料，另一部分变卖，取得收入 6 800 元存入银行。

中焦公司的会计处理如下。

（1）固定资产转入清理：

借：固定资产清理　　　　　　　　　　　　　　15 000
　　累计折旧　　　　　　　　　　　　　　　　135 000
　　贷：固定资产　　　　　　　　　　　　　　　　　150 000

（2）支付清理费用：

借：固定资产清理　　　　　　　　　　　　　　12 700
　　贷：银行存款　　　　　　　　　　　　　　　　　12 700

（3）材料入库并收到变价收入：

借：原材料　　　　　　　　　　　　　　　　　15 000
　　银行存款　　　　　　　　　　　　　　　　　6 800
　　贷：固定资产清理　　　　　　　　　　　　　　　21 800

（4）结转固定资产清理后的净损益：

借：营业外支出　　　　　　　　　　　　　　　　　　　　　5 900
　　贷：固定资产清理　　　　　　　　　　　　　　　　　　　5 900

3. 固定资产损失的税务处理

固定资产损失属于固定资产达到或超过使用年限而正常报废清理的损失，小企业可以填报二级附表《资产损失税前扣除及纳税调整明细表》（A105090），如表5-6所示。

表5-6　资产损失税前扣除及纳税调整明细表（A105090）

行次	项目	资产损失直接计入本年损益金额	资产损失准备金核销金额	资产处置收入	赔偿收入	资产计税基础	资产损失的税收金额	纳税调整金额
		1	2	3	4	5	6（5-3-4）	7
7	四、固定资产损失		*					
8	其中：固定资产盘亏、丢失、报废、损毁或被盗损失							

5.2　无形资产

> **小企业会计准则**
>
> 第三十八条　无形资产，是指小企业为生产产品、提供劳务、出租或经营管理而持有的、没有实物形态的可辨认非货币性资产。
> 小企业的无形资产包括土地使用权、专利权、商标权、著作权、非专利技术等。
> 自行开发建造厂房等建筑物，相关的土地使用权和建筑物应当分别进行处理。外购土地及建筑物支付的价款应当在建筑物和土地使用权之间按照合理的方法进行分配；难以合理分配的，应当全部作为固定资产。

小企业的无形资产包括专利权、商标权、著作权、非专利技术、土地使用权等。

专利权是指国家专利主管机关依法授予发明创造专利申请人对其发明创造在法定期限内所享有的专利权利，包括发明专利权、实用新型专利权和外观设计专利权。

商标权是指专门在某类指定的商品或产品上使用特定的名称或图案的权利，包括独占使用权和禁止权两个方面。独占使用权指商标权享有人在商标的注册范围内独家使用其商标的权利；禁止权指商标权享有人排除和禁止他人对商标独占使用权进行侵犯的权利。

著作权又称版权，指作者对其创作的文学、科学和艺术作品依法享有的某些特殊权利，包括精神权利（人身权利）和经济权利（财产权利）两个方面。前者指作品署名、发表作品、确认作者身份、保护作品的完整性、修改已经发表的作品等项权利，包括发表权、署名权、修改权和保护作品完整权；后者指以出版、表演、广播、展览、录制唱片、摄制影片等方式使用作品以及因授权他人使用作品而获得经济利益的权利。

非专利技术也称专有技术。它是指不为外界所知、在生产经营活动中已采用了的、不享有法律保护的各种技术和经验，一般包括工业专有技术、商业贸易专有技术、管理专有技术等。非专利技术可以用蓝图、配方、技术记录、操作方法的说明等具体资料表现出来，也可以通过卖方派出技术人员进行指导，或接受买方人员进行技术实习等手段实现。非专利技术具有经济性、机密性和动态性等特点。

土地使用权是指国家准许某企业在一定期间内对国有土地享有开发、利用、经营的权利。根据我国土地管理法的规定，我国土地实行公有制，任何单位和个人不得侵占、买卖或者以其他形式非法转让。小企业取得土地使用权的方式大致有行政划拨取得、外购取得、投资者投入取得等。

无形资产具有以下特征：
（1）由小企业拥有或者控制并能为其带来未来经济利益的资源；
（2）无形资产不具有实物形态；
（3）无形资产具有可辨认性。

5.2.1 取得无形资产的会计处理

> **小企业会计准则**
>
> 　　第三十九条　无形资产应当按照成本进行计量。
> 　　（一）外购无形资产的成本包括购买价款、相关税费和相关的其他支出（含相关的借款费用）。
> 　　（二）投资者投入的无形资产的成本，应当按照评估价值和相关税费确定。
> 　　（三）自行开发的无形资产的成本，由符合资本化条件后至达到预定用途前发生的支出（含相关的借款费用）构成。

由表 1-4 可知，《小企业会计准则》中无形资产的初始计量依据和税法规定一致。

1. 外购的无形资产

小企业外购的无形资产，按照实际支付的购买价款、相关税费和相关的其他支出（含相关的利息费用），借记"无形资产"账户，贷记"银行存款""应付利息"等账户。

例 5-17　2021 年 1 月 4 日，永方公司购入一项专利技术，发票价值为 90 000 元，款项已通过银行转账支付。

永方公司的会计处理如下：
借：无形资产　　　　　　　　　　　　　　　　　90 000
　　贷：银行存款　　　　　　　　　　　　　　　　　90 000

自行开发建造厂房等建筑物，外购土地及建筑物支付的价款应当在建筑物和土地使用权之间按照合理的方法进行分配，其中，属于土地使用权的部分，借记"无形资产"账户，贷记"银行存款"等账户。有关的土地使用权和地上建筑物分别按照其应摊销或应折旧年限进行摊销或提取折旧。如果很难分配，则将土地使用权记入"固定资产"账户。

✍ **例 5-18**　2021 年 1 月 1 日，中雄公司购入一块土地的使用权，以银行存款支付 50 万元，并在该土地上自行建造厂房等工程，发生材料支出 30 万元，工资费用 20 万元，其他相关费用 10 万元。该工程已经完工并达到预定可使用状态。假设土地的使用年限为 40 年，该厂房的使用年限为 20 年，两者都没有净残值，采用直线法进行摊销和计提折旧。不考虑其他税费。

中雄公司的会计处理如下。

（1）支付土地使用权款：

借：无形资产——土地使用权	500 000	
贷：银行存款		500 000

（2）在土地上自行建造厂房：

借：在建工程	600 000	
贷：工程物资		300 000
应付职工薪酬		200 000
银行存款		100 000

（3）厂房达到预定可使用状态：

借：固定资产	600 000	
贷：在建工程		600 000

（4）每年分期摊销土地使用权和对厂房计提折旧：

借：管理费用	12 500	
制造费用	30 000	
贷：累计摊销		12 500
累计折旧		30 000

需要注意的是，根据《关于企业手续费及佣金支出税前扣除政策的通知》（财税〔2009〕29 号）的规定，小企业已计入无形资产等相关资产的手续费及佣金支出，通过摊销方式分期扣除，不在发生当期直接扣除。

2．投资者投入的无形资产

收到投资者投入的无形资产，按照评估价值和相关税费，借记"无形资产"账户，贷记"实收资本""资本公积"账户。

✍ **例 5-19**　2021 年，力托公司接受润利公司以其所拥有的专利权作为出资，双方协议约定的价值为 20 万元，按照市场情况其评估价值为 15 万元，已办妥相关手续。

借：无形资产	150 000	
资本公积	50 000	
贷：实收资本		200 000

🏠 **小结**　资产评估价值的计量范围

《小企业会计准则》对资产评估价值的计量范围有明确的规定：一是小企业接受投资的非货币性资产；二是盘盈的非货币性资产；三是非货币性资产交换取得的长期股权投资。

1. 小企业接受投资的非货币性资产

《小企业会计准则》规定，小企业接受投资的存货、固定资产和无形资产都应当按照评估价值确定其成本。如果涉及增值税进项税和其他有关税费，那么还需要按照税法规定进行相应会计处理。

2. 盘盈的非货币性资产

（1）盘盈的存货。盘盈存货的成本，按照同类或类似存货的市场价格或评估值确定。《小企业会计准则》规定的市场价格通常指的是存货在小企业所在地的、不含增值税的买价。当小企业发生盘盈的存货不存在市场价格，同类或类似存货的市场价格也不存在时，采用评估价值确定。

（2）盘盈的固定资产。《小企业会计准则》规定盘盈的固定资产成本，按照同类或类似存货的市场价格或评估值，扣除按照该固定资产新旧程度估计的折旧后的余额确定。当小企业发生盘盈的固定资产不存在市场价格，同类或类似固定资产的市场价格也不存在时，采用评估价值确定。

3. 非货币性资产交换取得的长期股权投资

《小企业会计准则》规定，通过非货币性资产交换取得的长期股权投资，按照换出非货币性资产的评估价值和相关税费作为成本进行计量。换出非货币性资产为存货的，视同销售处理，按照存货的评估价值确认销售收入并计算销项税额。换出非货币性资产为固定资产或无形资产的，视同固定资产或无形资产的处置，按照换出固定资产或无形资产的评估价值计算应缴纳的增值税等。换出非货币性资产为投资资产的，视同投资资产处置，换出的投资资产按照评估价值计价。

3. 自行开发的无形资产

> **小企业会计准则**
>
> 第四十条 小企业自行开发无形资产发生的支出，同时满足下列条件的，才能确认为无形资产：
> （一）完成该无形资产以使其能够使用或出售在技术上具有可行性；
> （二）具有完成该无形资产并使用或出售的意图；
> （三）能够证明运用该无形资产生产的产品存在市场或无形资产自身存在市场，无形资产将在内部使用的，应当证明其有用性；
> （四）有足够的技术、财务资源和其他资源支持，以完成该无形资产的开发，并有能力使用或出售该无形资产；
> （五）归属于该无形资产开发阶段的支出能够可靠地计量。

上述规定和《企业会计准则》的规定相同。

小企业在开发无形资产过程中发生的各项支出，通过"研发支出"账户进行会计处理。可按开发支出，区分"费用化支出""资本化支出"进行明细会计处理。

具体来说，自行开发的无形资产，其成本满足确认条件的，借记"研发支出——资本化支出"账户,贷记"原材料""银行存款""应付职工薪酬"等账户;不满足确认条件的,借记"研发支出——费用化支出"等账户,贷记"银行存款"等账户。

开发项目达到预定用途形成无形资产的,按"研发支出——资本化支出"账户的余额,借记"无形资产"账户,贷记"研发支出——资本化支出"账户。

期(月)末,将"研发支出"账户归集的费用化支出金额转入"管理费用"账户,借记"管理费用"账户,贷记"研发支出——费用化支出"账户。

例 5-20 通立公司自行研发一项新产品专利技术,在研发过程中发生材料费 20 万元、职工薪酬 5 万元,以及用银行存款支付的其他费用 15 万元,总计 40 万元,其中,符合资本化条件的支出为 25 万元,期末,该专利技术已经达到预定用途。

借:研发支出——费用化支出	150 000
——资本化支出	250 000
贷:原材料	200 000
应付职工薪酬	50 000
银行存款	150 000
期末:	
借:管理费用	150 000
无形资产	250 000
贷:研发支出——费用化支出	150 000
——资本化支出	250 000

研发费用资产化与否,对企业的利润影响很大,请扫描二维码学习相关案例。

5.2.2 摊销无形资产的会计处理

> **小企业会计准则**
>
>   **第四十一条** 无形资产应当在其使用寿命内采用年限平均法进行摊销,根据其受益对象计入相关资产成本或者当期损益。
>
>   无形资产的摊销期自其可供使用时开始至停止使用或出售时止。有关法律规定或合同约定了使用年限的,可以按照规定或约定的使用年限分期摊销。
>
>   小企业不能可靠估计无形资产使用寿命的,摊销期不得低于 10 年。

由表 1-4 可知,《小企业会计准则》中无形资产的摊销规定和税法规定基本一致。

小企业摊销无形资产,自无形资产可供使用时起,到不再作为无形资产确认时止。无形资产的成本,自取得当月起在预计使用年限内分期平均摊销,处置无形资产的当月不再摊销,即无形资产摊销的起始和停止日期为:当月增加的无形资产,当月开始摊销;当月减少的无形资产,当月不再摊销。

无形资产摊销时,按计算的摊销额,借记"管理费用""制造费用""其他业务支出"等账户,贷记"累计摊销"账户。

✎ 例 5-21 2021 年 1 月 1 日,利顺公司外购一项专利技术,支付价款 10 万元,款项已支付。估计使用寿命为 10 年,该专利技术用于产品生产,假定这项无形资产的净残值为零,按直线法摊销。

利顺公司的会计处理如下。

(1)取得无形资产时:

借:无形资产——专利技术　　　　　　　　　　100 000
　　贷:银行存款　　　　　　　　　　　　　　　　　　100 000

(2)按年摊销时:

借:制造费用　　　　　　　　　　　　　　　　10 000
　　贷:累计摊销　　　　　　　　　　　　　　　　　　10 000

5.2.3　无形资产摊销的税务处理

如果存在无形资产摊销的纳税调整,那么小企业可以填报《资产折旧、摊销情况及纳税调整明细表》(A105080),如表 5-7 所示。

下面主要介绍研究开发费用的加计扣除。

研究开发费用的加计扣除,是指小企业为开发新技术、新产品、新工艺发生的研究开发费用,未形成无形资产计入当期损益的,在按照规定据实扣除的基础上,按照研究开发费用的 50%加计扣除;形成无形资产的,按照无形资产成本的 150%摊销。

小企业根据税法、《财政部　国家税务总局　科技部关于完善研究开发费用税前加计扣除政策的通知》(财税〔2015〕119 号)、《国家税务总局关于企业研究开发费用税前加计扣除政策有关问题的公告》(国家税务总局公告 2015 年第 97 号)、《财政部　税务总局　科技部关于提高科技型中小企业研究开发费用税前加计扣除比例的通知》(财税〔2017〕34 号)、《国家税务总局关于提高科技型中小企业研究开发费用税前加计扣除比例有关问题的公告》(国家税务总局公告 2017 年第 18 号)、《国家税务总局关于研发费用税前加计扣除归集范围有关问题的公告》(国家税务总局公告 2017 年第 40 号)、《财政部　税务总局关于企业委托境外研究开发费用税前加计扣除有关政策问题的通知》(财税〔2018〕64 号)、《财政部　税务总局科技部关于提高研究开发费税前加计扣除比例的通知》(财税〔2018〕99 号)等相关税收政策规定,先填报三级附表《研发费用加计扣除优惠明细表》(A107012),如表 5-8 所示,然后填报二级附表《免税、减计收入及加计扣除优惠明细表》(A107010),如表 5-9 所示。

表 5-7 资产折旧、摊销情况及纳税调整明细表（A105080）（部分）

行次	项目	账载金额			税收金额				累计折旧、摊销额	纳税调整金额
		资产原值	本年折旧、摊销额	累计折旧、摊销额	资产计税基础	税收折旧、摊销额	享受加速折旧政策的资产按税收一般规定计算的折旧、摊销额	加速折旧、摊销统计额		
		1	2	3	4	5	6	7 (5-6)	8	9 (2-5)
21	三、无形资产（22+23+24+25+26+27+28+29）						*	*		
22	（一）专利权						*	*		
23	（二）商标权						*	*		
24	（三）著作权						*	*		
25	（四）土地使用权						*	*		
26	（五）非专利技术						*	*		
27	（六）特许权使用费						*	*		
28	（七）软件						*	*		
29	（八）其他						*	*		
30	其中：享受无形资产加速摊销政策及一次性摊销的资产（一）企业外购软件加速摊销							*		*
31	（二）海南自由贸易港企业无形资产加速摊销							*		*
32	（三）海南自由贸易港企业无形资产一次性摊销							*		*
	所有无形资产加速摊销额大于一般摊销额的部分									

表 5-8　研发费用加计扣除优惠明细表（A107012）

行次	项　　目	金额（数量）
1	本年可享受研发费用加计扣除项目数量	
2	一、自主研发、合作研发、集中研发（3+7+16+19+23+34）	
3	（一）人员人工费用（4+5+6）	
4	1. 直接从事研发活动人员工资薪金	
5	2. 直接从事研发活动人员五险一金	
6	3. 外聘研发人员的劳务费用	
7	（二）直接投入费用（8+9+10+11+12+13+14+15）	
8	1. 研发活动直接消耗材料费用	
9	2. 研发活动直接消耗燃料费用	
10	3. 研发活动直接消耗动力费用	
11	4. 用于中间试验和产品试制的模具、工艺装备开发及制造费	
12	5. 用于不构成固定资产的样品、样机及一般测试手段购置费	
13	6. 用于试制产品的检验费	
14	7. 用于研发活动的仪器、设备的运行维护、调整、检验、维修等费用	
15	8. 通过经营租赁方式租入的用于研发活动的仪器、设备租赁费	
16	（三）折旧费用（17+18）	
17	1. 用于研发活动的仪器的折旧费	
18	2. 用于研发活动的设备的折旧费	
19	（四）无形资产摊销（20+21+22）	
20	1. 用于研发活动的软件的摊销费用	
21	2. 用于研发活动的专利权的摊销费用	
22	3. 用于研发活动的非专利技术（包括许可证、专有技术、设计和计算方法等）的摊销费用	
23	（五）新产品设计费等（24+25+26+27）	
24	1. 新产品设计费	
25	2. 新工艺规程制定费	
26	3. 新药研制的临床试验费	
27	4. 勘探开发技术的现场试验费	
28	（六）其他相关费用（29+30+31+32+33）	
29	1. 技术图书资料费、资料翻译费、专家咨询费、高新科技研发保险费	
30	2. 研发成果的检索、分析、评议、论证、鉴定、评审、评估、验收费用	
31	3. 知识产权的申请费、注册费、代理费	
32	4. 职工福利费、补充养老保险费、补充医疗保险费	
33	5. 差旅费、会议费	

续表

行次	项目	金额（数量）
34	（七）经限额调整后的其他相关费用	
35	二、委托研发（36+37+39）	
36	（一）委托境内机构或个人进行研发活动所发生的费用	
37	（二）委托境外机构进行研发活动发生的费用	
38	其中：允许加计扣除的委托境外机构进行研发活动发生的费用	
39	（三）委托境外个人进行研发活动发生的费用	
40	三、年度研发费用小计（2+36×80%+38）	
41	（一）本年费用化金额	
42	（二）本年资本化金额	
43	四、本年形成无形资产摊销额	
44	五、以前年度形成无形资产本年摊销额	
45	六、允许扣除的研发费用合计（41+43+44）	
46	减：特殊收入部分	
47	七、允许扣除的研发费用抵减特殊收入后的金额（45-46）	
48	减：当年销售研发活动直接形成产品（包括组成部分）对应的材料部分	
49	减：以前年度销售研发活动直接形成产品（包括组成部分）对应材料部分结转金额	
50	八、加计扣除比例（%）	
51	九、本年研发费用加计扣除总额（47-48-49）×50	
52	十、销售研发活动直接形成产品（包括组成部分）对应材料部分结转以后年度扣减金额（当 47-48-49≥0，本行＝0；当 47-48-49＜0，本行＝47-48-49 的绝对值）	

表 5-9　免税、减计收入及加计扣除优惠明细表（A107010）

行次	项目	金额
26	（一）开发新技术、新产品、新工艺发生的研究开发费用加计扣除（填写 A107012）	
27	（二）科技型中小企业开发新技术、新产品、新工艺发生的研究开发费用加计扣除（填写 A107012）	
28	（三）企业为获得创新性、创意性、突破性的产品进行创意设计活动而发生的相关费用加计扣除	

5.2.4　处置无形资产的会计处理

小企业会计准则

第四十二条　处置无形资产，处置收入扣除其账面价值、相关税费等后的

> 净额，应当计入营业外收入或营业外支出。
> 前款所称无形资产的账面价值，是指无形资产的成本扣减累计摊销后的金额。

小企业处置无形资产，按实际收到的金额等，借记"银行存款"等账户；按已计提的累计摊销，借记"累计摊销"账户；按应支付的相关税费及其他费用，贷记"应交税费""银行存款"等账户；按其账面余额，贷记"无形资产"账户；按其差额，贷记"营业外收入"账户或借记"营业外支出"账户。

1. 无形资产的报废

如果无形资产预期不能为小企业带来经济利益，那么小企业将转销该无形资产。小企业转销无形资产时，按无形资产的账面价值，借记"管理费用"账户；按已摊销的无形资产账面价值，借记"累计摊销"账户；按无形资产的初始入账价值，贷记"无形资产"账户。

例 5-22 利顺公司拥有某项专利技术，根据市场调查，因其生产的产品已没有市场，决定予以转销。转销时，该项专利技术的账面余额为 50 万元，摊销期限为 10 年，采用直线法进行摊销，已摊销了 5 年。假定该项专利权的残值为零，不考虑其他相关因素。

利顺公司的会计处理如下：

借：累计摊销　　　　　　　　　　　　　　250 000
　　营业外支出　　　　　　　　　　　　　250 000
　　贷：无形资产——专利权　　　　　　　　　　　500 000

2. 无形资产的出售

无形资产所有权的转让即为无形资产的出售，小企业按实际取得的转让收入，借记"银行存款"等账户；按已摊销的无形资产账面价值，借记"累计摊销"账户；按无形资产的初始入账价值，贷记"无形资产"账户；按支付的相关税费，贷记"银行存款""应交税费"等账户；按其差额，贷记"营业外收入"账户或借记"营业外支出"账户。

例 5-23 2021 年 5 月 3 日，新丰公司将拥有的一项专利权出售，取得收入 150 000 元，适用的增值税税率为 6%。该专利权的入账价值为 128 000 元，累计摊销 4 000 元。

新丰公司的会计处理如下：

借：银行存款　　　　　　　　　　　　　　159 000
　　累计摊销　　　　　　　　　　　　　　　4 000
　　贷：无形资产——专利权　　　　　　　　　　　128 000
　　　　应交税费——应交增值税（销项税额）等　　 9 000
　　　　营业外收入　　　　　　　　　　　　　　　26 000

3. 无形资产的出租

小企业出租无形资产所取得的租金收入，借记"银行存款"等账户，贷记"其他业务收入"等账户；摊销无形资产成本并发生和转让有关的各种费用支出，借记"其他业务成本"账户，贷记"银行存款""累计摊销"等账户。

例 5-24　2021 年 1 月 1 日，新彩公司将某专利权出租给乙股份有限公司，每年获取租金收入 5 000 元，适用的增值税税率为 6%。该专利权的账面余额为 12 000 元，摊销年限为 5 年。

新彩公司的会计处理如下。

（1）收取租金：

借：银行存款　　　　　　　　　　　　　　　　　　　5 300
　　贷：其他业务收入　　　　　　　　　　　　　　　　　　5 000
　　　　应交税费——应交增值税（销项税额）等　　　　　　300

（2）摊销无形资产成本：

借：其他业务成本　　　　　　　　　　　　　　　　　2 400
　　贷：累计摊销——专利权　　　　　　　　　　　　　　　2 400

专栏　与《企业会计准则》的比较

对于无形资产的后续计量，《小企业会计准则》和《企业会计准则》的处理的差异如下：

（1）减值处理不同。《企业会计准则》规定无形资产发生减值时要计提无形资产减值准备；《小企业会计准则》不考虑减值。

（2）摊销方法不同。《小企业会计准则》下，只能采用年限平均法计提摊销；《企业会计准则》下，可采用年限平均法、产量法、年数总和法等。

（3）摊销年限不同。《企业会计准则》规定，使用寿命有限的无形资产，其应摊销金额应当在使用寿命内系统合理摊销；企业摊销无形资产，应当自无形资产可供使用时起，至不再作为无形资产确认时止；对于不能可靠估计使用寿命的无形资产，不予摊销，但需每期进行减值测试。《小企业会计准则》规定，无形资产的摊销期自其可供使用时开始至停止使用或出售时止；有关法律规定或合同约定了使用年限的，可以按照规定或约定的使用年限分期摊销；小企业不能可靠估计无形资产使用寿命的，摊销期不得低于 10 年。

相关链接　《企业资产损失所得税税前扣除管理办法》的相关规定

被其他新技术所代替或已经超过法律保护期限，已经丧失使用价值和转让价值，尚未摊销的无形资产损失，应提交以下证据备案：

（1）会计核算资料；

（2）企业内部核批文件及有关情况说明；

（3）技术鉴定意见和企业法定代表人、主要负责人和财务负责人签章证实无形资产已无使用价值或转让价值的书面申明；

（4）无形资产的法律保护期限文件。

5.2.5 无形资产损失的税务处理

无形资产损失，如果存在税会差异，那么需要纳税调整，小企业可以填报二级附表《资产损失税前扣除及纳税调整明细表》（A105090），如表 5-10 所示。

表 5-10 资产损失税前扣除及纳税调整明细表（A105090）

行次	项目	资产损失直接计入本年损益金额	资产损失准备金核销金额	资产处置收入	赔偿收入	资产计税基础	资产损失的税收金额	纳税调整金额
		1	2	3	4	5	6（5–3–4）	7
9	五、无形资产损失							
10	其中：无形资产转让损失							
11	无形资产被替代或超过法律保护期限形成的损失							

5.3 长期待摊费用

5.3.1 长期待摊费用的会计处理

> **小企业会计准则**
>
> 第四十三条 小企业的长期待摊费用包括已提足折旧的固定资产的改建支出、经营租入固定资产的改建支出、固定资产的大修理支出和其他长期待摊费用等。
>
> 前款所称固定资产的大修理支出，是指同时符合下列条件的支出：
> （一）修理支出达到取得固定资产时的计税基础 50% 以上；
> （二）修理后固定资产的使用寿命延长 2 年以上。

由表 1-4 可知，《小企业会计准则》中长期待摊费用的内容和税法规定一致。

> **小企业会计准则**
>
> 第四十四条 长期待摊费用应当在其摊销期限内采用年限平均法进行摊销，根据其受益对象计入相关资产的成本或者管理费用，并冲减长期待摊费用。
> （一）已提足折旧的固定资产的改建支出，按照固定资产预计尚可使用年限分期摊销。
> （二）经营租入固定资产的改建支出，按照合同约定的剩余租赁期限分期摊销。
> （三）固定资产的大修理支出，按照固定资产尚可使用年限分期摊销。

> （四）其他长期待摊费用，自支出发生月份的下月起分期摊销，摊销期不得低于 3 年。

由表 1-4 可知，《小企业会计准则》中长期待摊费用的会计处理和税法处理一致。

小企业发生的长期待摊费用，借记"长期待摊费用"账户，贷记"银行存款""原材料"等账户。

小企业按月摊销长期待摊费用的，借记"制造费用""管理费用"等账户，贷记"长期待摊费用"账户。

🖉 例 5-25　2021 年 7 月 3 日，华荣公司对经营租入的一台设备进行改造，发生的支出如下：领用原材料 10 万元，购进该批原材料的增值税进项税额 1.3 万元，辅助生产为设备改良提供的劳务支出 0.5 万元，计提职工工资 2 万元，福利费 0.2 万元。

2021 年 12 月 31 日，工程完工，达到预定可使用状态，交付使用。假设该设备预计可使用年限为 10 年，剩余租赁期为 8 年，从 2022 年开始采用直线折旧法，无残值，不考虑其他因素。

华荣公司的会计处理如下。

（1）领用原材料：

借：长期待摊费用　　　　　　　　　　　　　113 000
　　贷：原材料　　　　　　　　　　　　　　　　　　100 000
　　　　应交税费——应交增值税（进项税额转出）等　13 000

（2）辅助车间提供劳务：

借：长期待摊费用　　　　　　　　　　　　　5 000
　　贷：生产成本　　　　　　　　　　　　　　　　　5 000

（3）计提工资和福利费：

借：长期待摊费用　　　　　　　　　　　　　22 000
　　贷：应付职工薪酬——工资　　　　　　　　　　20 000
　　　　　　　　　　——职工福利　　　　　　　　　2 000

2021 年 12 月 31 日：

长期待摊费用=11.3+0.5+2.2=14（万元）

2022 年 1 月，摊销长期待摊费用。

该设备预计可使用年限 10 年，长于剩余租赁期 8 年，所以按照剩余租赁期 8 年来摊销长期待摊费用。

月摊销额=140 000÷8÷12=1 458.33（元）

借：制造费用　　　　　　　　　　　　　　　1 458.33
　　贷：长期待摊费用　　　　　　　　　　　　　　　1 458.33

🌐 **专栏**　与《企业会计准则》的比较

股份有限公司委托其他单位发行股票支付的手续费或佣金等相关费用，减去股票发行冻结期间的利息收入后的余额，从发行股票的溢价中不够抵消的，或者无溢价的，若金额较小，则直接计入当期损益；若金额较大，则作为长期待摊费用，在不超过 2 年的期限内平均摊销，计入损益。

此外，除购建固定资产以外，所有筹建期间发生的费用，先在长期待摊费用中归集，待企业开始生产经营当月起一次计入开始生产经营当月的损益。

5.3.2 长期待摊费用的税务处理

如果存在长期待摊费用的纳税调整，那么小企业可以填报《资产折旧、摊销情况及纳税调整明细表》（A105080），如表 5-11 所示。

表 5-11 资产折旧、摊销情况及纳税调整明细表（A105080）（部分）

行次	项目	账载金额			税收金额				纳税调整金额
		资产原值	本年折旧、摊销额	累计折旧、摊销额	资产计税基础	税收折旧、摊销额	享受加速折旧政策的资产按税收一般规定计算的折旧、摊销额	加速折旧、摊销统计额	累计折旧、摊销额	
		1	2	3	4	5	6	7(5-6)	8	9(2-5)
33	四、长期待摊费用（34+35+36+37+38）						*	*		
34	（一）已足额提取折旧的固定资产的改建支出						*	*		
35	（二）租入固定资产的改建支出						*	*		
36	（三）固定资产的大修理支出						*	*		
37	（四）开办费						*	*		
38	（五）其他						*	*		

第 6 章

应交税费

> **小企业会计准则**
>
> 第四十五条 负债,是指小企业过去的交易或者事项形成的,预期会导致经济利益流出小企业的现时义务。
>
> 小企业的负债按照其流动性,可分为流动负债和非流动负债。

本章主要介绍小企业流动负债中的应交税费。目前,小企业依法缴纳的各种税费主要有增值税、消费税、所得税、资源税、土地增值税、城市维护建设税、教育费附加、房产税、城镇土地使用税、车船税、代缴的个人所得税、印花税等。

上述的各项税费中,印花税在纳税义务产生的同时直接缴纳,不包括在应交税费内。印花税是对经济活动和经济交往中书立、领受的凭证征收的一种税。在实际缴纳时,借记"税金及附加"账户,贷记"银行存款"账户。除此之外,上述其他税费均通过"应交税费"账户进行会计处理。

小企业按规定计算应缴的消费税、资源税、土地增值税、城市维护建设税、教育费附加、房产税、城镇土地使用税、车船税等,借记"税金及附加"账户,贷记"应交税费"账户。实际缴纳时,借记"应交税费"账户,贷记"银行存款"等账户。

6.1 应交增值税

增值税是对销售货物、进口货物、提供加工及修理、修配劳务的增值部分征收的一种税。纳税人分为一般纳税人和小规模纳税人。小规模纳税人是指年应税销售额小于规定额度,且会计处理不健全的纳税人;年应税销售额超过规定额度的个人、非企业性单位、不经常发生应税行为的企业,视同小规模纳税人。除此之外,为一般纳税人。

年销售额低于 500 万元的企业,归为小规模纳税人;年销售额超过 500 万元的企业,为一般纳税人。年销售额 500 万元是以企业连续经营 12 个月(4 个季度)的累计应税销售额来判定的:在连续 12 个月(按月申报)或 4 个季度(按季申报)里的累计应税销售额低于 500 万元,以小规模纳税人的身份经营;如果在连续 12 个月(按月申报)或 4 个季度(按季申报)里的累计应税销售额超过 500 万元,就需要转登记为一般纳税人。

按照规定，一般纳税人购入货物或接受应税劳务支付的增值税（进项税额），可以从销售货物或提供劳务按规定收取的增值税（销项税额）中抵扣。一般纳税人当期应缴纳的增值税可按下列公式计算：

$$应交增值税=当期销项税额-当期进项税额$$

$$当期销项税额=当期销售应税商品或劳务的收入\times 适应税率$$

相关链接　增值税起征点修订

从 2011 年 11 月 1 日起，《中华人民共和国增值税暂行条例实施细则》（简称《增值税暂行条例实施细则》）第三十七条第二款修改为："增值税起征点的幅度规定如下：销售货物的，为月销售额 5 000～20 000 元；销售应税劳务的，为月销售额 5 000～20 000 元；按次纳税的，为每次（日）销售额 300～500 元。"

6.1.1　被认定为一般纳税人的小企业的会计实务

被认定为一般纳税人的小企业，业务不同，涉及增值税的会计处理也不同。在会计实务中，需要设置若干账户和专栏，请扫描二维码了解具体内容。

1. 一般购销业务的会计处理

在购进阶段，会计处理实行价税分离，其依据为增值税专用发票上注明的增值税和价款，属于价款部分，计入所购货物或劳务的成本，属于增值税额部分，作为进项税额。在销售阶段，税和价款也是分离的，如果定价时是价税合一的，那么将含税销售额按公式"不含税销售额=含税销售收入÷（1+税率）"还原为不含税销售额，并以此作为销售收入，而向购买方收取的增值税作为销项税额。

一般纳税人购进货物、加工修理修配劳务、服务、无形资产或不动产，按应计入相关成本费用或资产的金额，借记"在途物资"或"原材料""库存商品""生产成本""无形资产""固定资产""管理费用"等账户，按当月已认证的可抵扣增值税额，借记"应交税费——应交增值税（进项税额）"账户，按当月未认证的可抵扣增值税额，借记"应交税费——待认证进项税额"账户，按应付或实际支付的金额，贷记"应付账款""应付票据""银行存款"等账户。发生退货的，如果原增值税专用发票已做认证，那么根据税务机关开具的红字增值税专用发票做相反的会计处理；如果原增值税专用发票未做认证，那么将发票退回并做相反的会计处理。

一般纳税人购进货物、加工修理修配劳务、服务、无形资产或不动产，用于简易计税方法计税项目、免征增值税项目、集体福利或个人消费等，其进项税额按照现行增值税制度规定不得从销项税额中抵扣的，取得增值税专用发票时，借记相关成本费用或资产账户，借记"应交税费——待认证进项税额"账户，贷记"银行存款""应付账款"等账户，经税务机关认证后，借记相关成本费用或资产账户，贷记"应交税费——应交增值税（进项税额转出）"账户。

一般纳税人购进的货物等已到达并验收入库，但尚未收到增值税扣税凭证并未付款的，在月末按货物清单或相关合同协议上的价格暂估入账，不需要将增值税的进项税额暂估入账。下月初，用红字冲销原暂估入账金额，待取得相关增值税扣税凭证并经认证后，按应计入相关成本费用或资产的金额，借记"原材料""库存商品""固定资产""无形资产"等账户，按可抵扣的增值税额，借记"应交税费——应交增值税（进项税额）"账户，按应付金额，贷记"应付账款"等账户。

按照现行增值税制度规定，境外单位或个人在境内发生应税行为，在境内未设有经营机构的，以购买方为增值税扣缴义务人。境内一般纳税人购进服务、无形资产或不动产，按应计入相关成本费用或资产的金额，借记"生产成本""无形资产""固定资产""管理费用"等账户，按可抵扣的增值税额，借记"应交税费——应交增值税（进项税额）"账户，按应付或实际支付的金额，贷记"应付账款"等账户，按应代扣代缴的增值税额，贷记"应交税费——代扣代交增值税"账户。实际缴纳代扣代缴增值税时，按代扣代缴的增值税额，借记"应交税费——代扣代交增值税"账户，贷记"银行存款"账户。

小企业销售货物、加工修理修配劳务、服务、无形资产或不动产，按应收或已收的金额，借记"应收账款""应收票据""银行存款"等账户，按取得的收入金额，贷记"主营业务收入""其他业务收入""固定资产清理""工程结算"等账户，按现行增值税制度规定计算的销项税额（或采用简易计税方法计算的应纳增值税额），贷记"应交税费——应交增值税（销项税额）"或"应交税费——简易计税"账户。发生销售退回的，根据按规定开具的红字增值税专用发票做相反的会计处理。

按照国家统一的会计制度确认收入或利得的时点早于按照增值税制度确认增值税纳税义务发生时点的，将相关销项税额计入"应交税费——待转销项税额"账户，待实际发生纳税义务时再转入"应交税费——应交增值税（销项税额）"或"应交税费——简易计税"账户。

按照增值税制度确认增值税纳税义务发生时点早于按照国家统一的会计制度确认收入或利得的时点的，将应纳增值税额，借记"应收账款"账户，贷记"应交税费——应交增值税（销项税额）"或"应交税费——简易计税"账户，按照国家统一的会计制度确认收入或利得时，按扣除增值税销项税额后的金额确认收入。

✎ **例6-1** 2021年12月1日，海兰公司购入一批原材料，增值税专用发票上注明的原材料价款为60 000元，增值税额为7 800元，货款已经支付。12月10日，材料到达并验收入库。12月5日，该公司销售产品收入为120 000元（不含税），货款尚未收到。假设该产品的增值税税率为13%，无须缴纳消费税。假设不结转产品成本。

海兰公司的会计处理如下。

（1）支付货款时：

借：在途物资　　　　　　　　　　　　　　　　　60 000
　　　应交税费——应交增值税（进项税额）等　　　7 800
　　贷：银行存款　　　　　　　　　　　　　　　　　　67 800

货物验收入库时：

借：原材料　　　　　　　　　　　　　　　　　　60 000
　　贷：在途物资　　　　　　　　　　　　　　　　　　60 000

（2）销售产品时：

借：应收账款　　　　　　　　　　　　　　　135 600
　　贷：主营业务收入　　　　　　　　　　　　　　　　120 000
　　　　应交税费——应交增值税（销项税额）等　　　　15 600（120 000×13%）

2. 购入免税产品的会计处理

依据规定，对农业生产者销售的自产农业产品、古旧图书等部分项目免征增值税。小企业销售免征增值税项目的货物，不能开具增值税专用发票，只能开具普通发票。小企业购进免税产品，一般情况下不能抵扣。

对于购入的免税农业产品等可以按买价或收购金额的一定比例计算进项税额，并准予从销项税额中抵扣。这里购入免税农业产品的买价是指小企业购进免税农业产品支付给农业生产者的价款，收购免税农产品的按收购凭证的10%扣税。

在会计处理时，一方面要按购进免税农业产品有关凭证上确定的金额或收购金额，扣除一定比例的进项税额，作为购进农业产品的成本；另一方面要将扣除的部分作为进项税额，待以后用销项税额抵扣。按照购入农业产品的买价和税法规定的税率计算的增值税进项税额，借记"应交税费——应交增值税（进项税额）"（或"应交税费——待认证进项税额"等）账户；按照买价减去按照税法规定计算的增值税进项税额后的金额，借记"材料采购"或"在途物资"等账户；按照应付或实际支付的价款，贷记"应付账款""库存现金""银行存款"等账户。

例 6-2　中农公司收购农业产品，实际支付的价款为20 000元，收购的农业产品已验收入库。

中农公司的会计处理如下：

进项税额=20 000×10%=2 000（元）

借：在途物资　　　　　　　　　　　　　　　18 000
　　应交税费——应交增值税（进项税额）等　　2 000
　　贷：银行存款　　　　　　　　　　　　　　　　　20 000
借：库存商品　　　　　　　　　　　　　　　18 000
　　贷：在途物资　　　　　　　　　　　　　　　　　18 000

3. 视同销售的会计处理

对于视同销售货物的行为，一般纳税人需要计算销项税额，小规模纳税人需要计算应纳税额。一般纳税人按规定计算缴纳增值税，计入"应交税费——应交增值税"账户中的"销项税额"专栏或"应交税费——简易计税"账户。

小企业销售物资或提供应税劳务，按营业收入和应收取的增值税额，借记"应收账款""应收票据""银行存款"等账户；按专用发票上注明的增值税额，贷记"应交税费——应交增值税（销项税额）"或"应交税费——简易计税"；按确认的营业收入，贷记"主营业务收入""其他业务收入"等账户。发生销售退回时，做相反的会计处理。

具体来讲，在增值税的八种视同销售行为中，将货物交付他人代销、销售代销货物、非同一县（市）将货物移送其他机构用于销售、将自产或委托加工的货物用于个人消费（会计上的支付非货币性职工薪酬)、将自产或委托加工或购买的货物作为投资并提供给其他单位或个人、将自产或委托加工或购买的货物分配给股东或投资者，都按市场价格或评估价值确认收入，同时计算销项税额。其他视同销售行为不确认收入，货物按成本结转，同时按市场价格计算销项税额。

（1）将货物交付他人代销。这种视同销售行为，货物的所有权并未转移，经济利益也未流入小企业，小企业不能确认为收入。在收到代销清单时，小企业按协议价确认为收入。会计处理如下：

借：应收账款
　　贷：主营业务收入
　　　　应交税费——应交增值税（销项税额）等

（2）销售代销货物。销售代销货物视同买断方式和收取手续费方式会计处理不同。视同买断方式下，和委托方约定的协议价是小企业取得此收入的成本，小企业在销售完成后按实际销售价格确认收入。会计处理如下：

借：银行存款（或应收账款）
　　贷：主营业务收入
　　　　应交税费——应交增值税（销项税额）等

收取手续费方式下，小企业不确认收入，在计算手续费时确认劳务收入。会计处理如下。

售出受托代销商品时：

借：银行存款
　　贷：受托代销商品
　　　　应交税费——应交增值税（销项税额）等

计算代销手续费时：

借：受托代销商品款
　　贷：其他业务收入

（3）非同一县（市）将货物移送其他机构用于销售。设有两个以上机构并实行统一会计处理的纳税人，将货物从一个机构移送至不在同一县（市）的其他机构销售，会计上属小企业内部货物转移，不确认收入。由于两个机构分别向其机构所在地主管税务机关申报纳税，属两个纳税主体，因此货物调出方确认收入并计算销项税额。会计处理如下：

借：应收账款
　　贷：主营业务收入
　　　　应交税费——应交增值税（销项税额）等

（4）将自产或委托加工的货物用于非应税项目。这种行为货物在小企业内部转移使用，小企业不能确认收入，而是按成本结转。会计处理如下：

借：在建工程（其他业务成本）
　　贷：库存商品
　　　　应交税费——应交增值税（销项税额）

（5）将自产或委托加工的货物用于集体福利或个人消费。将自产或委托加工的货物用于集体福利同用于非应税项目一样，小企业不能确认收入，而是按成本结转。会计处理如下：

借：应付职工薪酬
　　贷：库存商品
　　　　应交税费——应交增值税（销项税额）

将自产或委托加工的货物用于个人消费，就是会计上的用于支付非货币性职工薪酬，这种行为符合收入的定义和销售商品收入确认条件。会计处理如下：

借：应付职工薪酬
　　贷：主营业务收入
　　　　应交税费——应交增值税（销项税额）等

（6）将自产或委托加工或购买的货物作为投资并提供给其他单位或个人。会计处理如下：

借：长期股权投资
　　贷：主营业务收入
　　　　应交税费——应交增值税（销项税额）等

（7）将自产或委托加工或购买的货物分配给股东或投资者。小企业将货物分配给股东或投资者，按其市场价格或评估价值确认收入。会计处理如下：

借：应付利润
　　贷：主营业务收入
　　　　应交税费——应交增值税（销项税额）等

（8）将自产或委托加工或购买的货物无偿赠送他人。将货物无偿赠送他人不是小企业的日常活动，不能确认收入，而是按成本结转。会计处理如下：

借：营业外支出
　　贷：库存商品
　　　　应交税费——应交增值税（销项税额）等

例 6-3　光大公司用原材料投资峰云公司，双方协议按市场价值作价。该批原材料的实际成本为 20 000 元，计税价格为 22 000 元。假如该原材料的增值税税率为 13%。

根据上述经济业务，光大的会计处理如下：

投资转出原材料的销项税额=22 000×13%=2 860（元）

借：长期股权投资	24 860
贷：主营业务收入	22 000
应交税费——应交增值税（销项税额）等	2 860

例 6-4　飞越公司将生产的产品用于在建工程。该产品成本为 25 000 元，计税价格为 30 000 元，适用的增值税税率为 13%。

飞越公司的会计处理如下：

借：在建工程	28 900
贷：库存商品	25 000
应交税费——应交增值税（销项税额）等	3 900

值得注意的是，企业所得税法界定的视同销售与增值税界定的视同销售存在差异，请扫描二维码了解相关内容。

4. 不予抵扣项目的会计处理

按照规定，下列项目的进项税额不得从销项税额中抵扣：

（1）用于非增值税应税项目、免征增值税项目、集体福利或者个人消费的购进货物或者应税劳务；

（2）非正常损失的购进货物及相关的应税劳务；

（3）非正常损失的在产品、产成品所耗用的购进货物或者应税劳务；

（4）国务院财政、税务主管部门规定的纳税人自用消费品；

（5）本条第（1）项至第（4）项规定的货物的运输费用和销售免税货物的运输费用。

对于上述按规定不予抵扣的进项税额，采用不同的会计处理方法。

对于购入货物时能直接认定其进项税额不能抵扣的，如购入的货物直接用于免税项目，或者直接用于非应税项目，或者直接用于集体福利和个人消费的，那么增值税专用发票上注明的增值税额，直接计入购入货物及接受劳务的成本。

因发生非正常损失或改变用途等，原已计入进项税额、待抵扣进项税额或待认证进项税额，但按现行增值税制度规定不得从销项税额中抵扣的，借记"待处理财产损溢""应付职工薪酬""固定资产""无形资产"等账户，贷记"应交税费——应交增值税（进项税额转出）""应交税费——待抵扣进项税额"或"应交税费——待认证进项税额"账户；原不得抵扣且未抵扣进项税额的固定资产、无形资产等，因改变用途等用于允许抵扣进项税额的应税项目的，按允许抵扣的进项税额，借记"应交税费——应交增值税（进项税额）"账户，贷记"固定资产""无形资产"等账户。固定资产、无形资产等经上述调整后，按调整后的账面价值在剩余尚可使用寿命内计提折旧或摊销。

📝 **例 6-5** 光大公司购入一批材料，材料价款为 12 000 元，增值税专用发票上注明的增值税额为 1 560 元。材料已验收入库，货款尚未支付。

① 材料入库时：

借：原材料　　　　　　　　　　　　　　　　　　　12 000
　　应交税费——应交增值税（进项税额）等　　　　1 560
　　贷：应付账款　　　　　　　　　　　　　　　　　　　　13 560

② 假设材料入库后，光大公司又将该批材料全部用于工程项目：

借：在建工程　　　　　　　　　　　　　　　　　　　13 560
　　贷：原材料　　　　　　　　　　　　　　　　　　　　　12 000
　　　　应交税费——应交增值税（进项税额转出）等　　　　1 560

购进的物资、在产品及产成品因盘亏、毁损、报废、被盗，以及购进物资改变用途等原因按照税法规定不得从增值税销项税额中抵扣的进项税额，其进项税额转入有关账户，借记"待处理财产损溢"等账户，贷记"应交税费——应交增值税（进项税额转出）"（或"应交税费——待认证进项税额"等）账户。

📝 **例 6-6** 2021 年 12 月 31 日，华建公司盘点库存商品，盘亏甲商品 10 件，其进价总计为 2 000 元，该项商品增值税税率为 13%。盘亏原因待查。

  借：待处理财产损溢——待处理流动资产损溢 2 260
   贷：库存商品   2 000
     应交税费——应交增值税（进项税额转出）等 260

  可见，上述进项税额转出，是指小企业购进的货物、加工的在产品和产成品等发生非正常损失以及货物改变用途等原因而不应从销项税额中抵扣的进项税额。上述情况下，货物的进项税额在发生时已记入"应交税费——应交增值税（进项税额）"（或"应交税费——待认证进项税额"等）账户的借方，既然这些货物没有销项税额，其进项税额按规定又不能用其他货物的销项税额抵扣，这时将原入账的进项税额从应交增值税账户中转出。但这种情况不能用红字冲减借方的"进项税额"，因而在贷方设"进项税额转出"专栏反映或贷记"应交税费——待认证进项税额"账户。

  5. 出口退税的会计处理

  出口退税是指已报关离境的产品，由税务机关将其出口前在生产和流通环节中已征收的中间税款返还给出口企业从而使出口商品以不含税价格进入国际市场参与国际竞争的一种政策制度。作为一般纳税人的小企业，出口退税情况主要有两种：一种是生产型工业企业；另一种是外贸型商业企业。我国《出口货物退（免）税管理办法》分别针对生产型企业和外贸型企业采取两种退税计算办法：一种是自营和委托出口自产货物的生产企业采取"免、抵、退"办法；另一种是外（工）贸企业采取"免、退"管理办法。此外还有免征消费税的出口货物退税的会计处理，下一节介绍消费税退税的会计处理。

  (1) 生产型工业小企业出口退税的会计处理。按照《财政部 国家税务总局关于进一步推进出口货物实行免抵退税办法的通知》（财税〔2002〕7号）规定，自2002年1月1日起，生产企业自营或委托外贸企业代理出口自产货物，除另有规定外，增值税一律实行免抵退税管理办法。上述自营或委托外贸企业系作为一般纳税人的小企业，其所谓"实行免抵退管理办法"中的"免"，是指小企业出口货物时免征本企业的生产销售环节增值税；"抵"，是指小企业自产货物耗用的原材料、燃料、动力等所含应予退还的进项税额，抵顶内销货物的应纳税额部分；"退"，是指应抵顶的进项税额大于应纳税额时对未抵顶完的部分予以退还的税额。小企业在期末，将出口货物不得免征和抵扣的税额，计入主营业务成本退还部分，通过"应交税费——应交增值税（出口退税）"账户和"应交税费——应交增值税（出口抵减内销产品应纳税额）"账户进行会计处理。"应交税费——应交增值税（出口退税）"和"应交税费——应交增值税（出口抵减内销产品应纳税额）"这两个三级账户适用于小企业（一般纳税人）出口贸易业务。三级账户"出口退税"记录小企业出口适用零税率的货物，向海关办理报关出口手续后凭出口报关单等有关凭证，向税务机关申报办理出口退税而收到退回的税款。出口货物退回的增值税额用蓝字登记；出口货物办理退税后发生退货或者退关而补缴已退的税款，用红字登记；三级账户"出口抵减内销产品应纳税额"反映出口小企业销售出口货物后，向税务机关办理免抵退税申报，按规定计算的应免抵税额。

  小企业按照税法规定计算的当期出口产品不予免征、抵扣和退税的增值税额，借记"主营业务成本"账户，贷记"应交税费——应交增值税（进项税额转出）"账户；按照税法规定计算的当期应予抵扣的增值税额,借记"应交税费——应交增值税(出口抵减内销产品应纳税额)"账户,贷记"应交税费——应交增值税(出口退税)"账户。

出口产品按照税法规定应予退回的增值税税款,借记"其他应收款"账户,贷记"应交税费——应交增值税(出口退税)"账户。

(2)外贸型小企业出口退税的会计处理。外贸小企业以及部分工贸企业收购货物出口,免征其出口环节的增值税;进货成本支出部分,既包括货物成本支出,也包括支付的增值税。而这部分增值税按照退税率计算并退还给小企业。因而,外贸型小企业有"免、退"增值税业务活动,其"免、退"增值税的会计处理如下:出口产品实现销售收入时,按照应收的金额,借记"应收账款"等账户;按照税法规定应收的出口退税,借记"其他应收款"账户;按照税法规定不予退回的增值税额,借记"主营业务成本"账户;按照确认的销售商品收入,贷记"主营业务收入"账户;按照税法规定应缴纳的增值税额,贷记"应交税费——应交增值税(销项税额)"账户。

例6-7 京汉进出口公司为小企业,2×21年3月1日购入服装1 000件,单价2 000元,增值税专用发票上注明金额为200 000元,增值税26 000元,验收入库。根据合同规定,该公司将服装出口至美国,离岸价为40 000美元(汇率为1美元=6.25元人民币),服装退税率为11%。

京汉进出口公司当月出口退税的会计处理如下。

应退增值税额=200 000×11%=22 000(元)

转出增值税额=26 000-22 000=4 000(元)

① 购进货物时:

借:库存商品	200 000	
应交税费——应交增值税(进项税额)	26 000	
贷:银行存款		226 000

② 出口报关销售时:

借:应收账款	250 000	
贷:主营业务收入		250 000

③ 结转商品销售成本:

借:主营业务成本	200 000	
贷:库存商品		200 000

④ 进项税额转出:

借:主营业务成本	4 000	
贷:应交税费——应交增值税(进项税额转出)		4 000

⑤ 计算出应收增值税退税款:

借:其他应收款——出口退税款	22 000	
贷:应交税费——应交增值税(出口退税)		22 000

⑥ 收到增值税退税款时:

借:银行存款	22 000	
贷:其他应收款——出口退税款		22 000

6.1.2 被认定为小规模纳税人的小企业的会计实务

小规模纳税人具有如下特点:

(1) 小规模纳税人销售货物或提供应税劳务,一般只能开具普通发票,不能开具增值税专用发票。

(2) 小规模纳税人销售货物或提供应税劳务,实行简易办法计算应纳税额,按照销售额的一定比例计算缴纳增值税。

(3) 小规模纳税人的销售额不包括其应纳税额。采用销售额和应纳税额合并定价方法的,将含税销售额还原为不含税销售额后,再计算应纳税额。

计算公式为:

$$不含税销售额=含税销售额÷(1+征收率)$$

$$应交增值税=不含税销售额×征收率$$

小规模纳税人的征收率一般为3%。

小企业(小规模纳税人)以及购入材料不能抵扣增值税的,发生的增值税计入材料成本,借记"原材料""在途物资"等账户,贷记"应付账款""银行存款"账户。

例6-8 光大公司被核定为增值税小规模纳税人,本期购入原材料,增值税专用发票上记载的原材料价款为10 000元,支付的增值税额为1 300元,货款未付,材料尚未到达。该公司本期销售产品,含税价格为9 000元,货款尚未收到。

光大公司的会计处理如下。

① 购进货物时:

借:在途物资　　　　　　　　　　　　　　　　11 300
　　贷:应付账款　　　　　　　　　　　　　　　　　　11 300

② 销售货物时:

不含税价格=9 000÷(1+3%)=8 737.86(元)

应交增值税=8 737.86×3%=262.14(元)

借:应收账款　　　　　　　　　　　　　　　　9 000
　　贷:主营业务收入　　　　　　　　　　　　　　　8 737.86
　　　　应交税费——应交增值税　　　　　　　　　　262.14

③ 按规定上缴增值税时:

借:应交税费——应交增值税　　　　　　　　　262.14
　　贷:银行存款　　　　　　　　　　　　　　　　　262.14

6.1.3 缴纳增值税的会计处理

月度终了,小企业将当月应交未交或多交的增值税自"应交增值税"明细账户转入"未交增值税"明细账户。对于当月应交未交的增值税,借记"应交税费——应交增值税(转出未交增值税)"账户,贷记"应交税费——未交增值税"账户;对于当月多交的增值税,借记"应交税费——未交增值税"账户,贷记"应交税费——应交增值税(转出多交增值税)"账户。

1. 缴纳当月应交增值税的会计处理

小企业缴纳当月应交的增值税,借记"应交税费——应交增值税(已交税金)"账户(小规模纳税人应借记"应交税费——应交增值税"账户),贷记"银行存款"账户。

2. 缴纳以前期间未交增值税的会计处理

小企业缴纳以前期间未交的增值税,借记"应交税费——未交增值税"账户,贷记"银行存款"账户。

3. 预缴增值税的会计处理

小企业预缴增值税时,借记"应交税费——预交增值税"账户,贷记"银行存款"账户。月末,小企业将"预交增值税"明细账户余额转入"未交增值税"明细账户,借记"应交税费——未交增值税"账户,贷记"应交税费——预交增值税"账户。房地产开发小企业等在预缴增值税后,直至纳税义务发生时方可从"应交税费——预交增值税"账户结转至"应交税费——未交增值税"账户。

4. 减免增值税的会计处理

对于当期直接减免的增值税,借记"应交税费——应交增值税(减免税款)"账户,贷记损益类相关账户。

> **相关链接** 小微企业增值税税收优惠政策
>
> 根据《关于明确增值税小规模纳税人免征增值税政策的公告》(财政部 税务总局公告2021年第11号),自2021年4月1日至2022年12月31日,对月销售额15万元以下(含本数)的增值税小规模纳税人,免征增值税。

6.2 应交消费税

消费税是对生产、委托加工及进口应税消费品(主要指烟、酒、饮料、高档次及高能耗的消费品)征收的一种税。消费税有从价定率和从量定额两种征收方法。采取从价定率方法征收的消费税,以不含增值税的销售额为税基,按照税法规定的税率计算。小企业的销售收入包含增值税的,将其换算为不含增值税的销售额。采取从量定额计征的消费税,根据按税法确定的小企业应税消费品的销售数量和单位税额来计算确定。

6.2.1 账户设置

消费税实行价内征收,小企业缴纳的消费税计入销售税金抵减产品销售收入。小企业按规定应缴纳的消费税,在"应交税费"总账下设置"应交消费税"明细账户进行会计处理。借方反映小企业实际缴纳的消费税和待扣的消费税;贷方反映按规定应缴纳的消费税;期末贷方余额,反映尚未缴纳的消费税;期末借方余额,反映多缴或待扣的消费税。

6.2.2 消费税的会计处理

1. 产品销售应缴纳消费税的会计处理

生产应税消费品的小企业，销售产品时按规定计算应缴纳的消费税，分别按以下情况进行处理。

（1）小企业将生产的产品直接对外销售，其应缴纳的消费税，通过"税金及附加"账户进行会计处理。小企业按规定计算出应缴纳的消费税，借记"税金及附加"账户，贷记"应交税费——应交消费税"账户。

例6-9 2021年5月，大运公司销售10辆摩托车，每辆销售价格为15 000元（不含应向购买方收取的增值税额），货款尚未收到，摩托车每辆成本为8 000元。摩托车的增值税税率为13%，消费税税率为10%。

大运公司的会计处理如下：

应向购买方收取的增值税额=15 000×10×13%=19 500（元）

应交消费税=15 000×10×10%=15 000（元）

借：应收账款　　　　　　　　　　　　　　　184 500
　　贷：主营业务收入　　　　　　　　　　　　　　150 000
　　　　应交税费——应交增值税（销项税额）等　　19 500
　　　　　　　　——应交消费税　　　　　　　　　15 000
借：主营业务成本　　　　　　　　　　　　　　80 000
　　贷：库存商品　　　　　　　　　　　　　　　　80 000

（2）小企业用应税消费品对外投资，或者用于在建工程、非生产机构等其他方面，按规定应缴纳的消费税计入有关的成本。此业务的实质是增值税部分所介绍的视同销售行为。销售额应按照同类消费品的销售价格计算；没有同类消费品销售价格的，按照组成计税价格计算，其公式为：

$$组成计税价格 = \frac{成本 + 利润}{1 - 消费税税率}$$

① 应税消费品用于对外投资和其他非生产机构方面：
借：长期股权投资
　　贷：主营业务收入（或其他业务收入）
　　　　应交税费——应交增值税（销项税额）等
同时结转成本：
借：主营业务成本（或其他业务成本）
　　贷：库存商品（或原材料）
计算应交消费税：
借：税金及附加
　　贷：应交税费——应交消费税
② 应税消费品用于在建工程时：

借：在建工程
　　贷：库存商品
　　　　应交税费——应交增值税（销项税额）等
　　　　　　　　——应交消费税

✍ **例 6-10**　2021 年 12 月 1 日，京药公司将应税消费品用于对外投资，产品成本为 75 000 元，计税价格为 80 000 元。该产品适用的增值税税率为 13%，消费税税率为 10%。

京药公司的会计处理如下：

增值税额=80 000×13%=10 400（元）

应交消费税=80 000×10%=8 000（元）

借：长期股权投资　　　　　　　　　　　　　　98 400
　　贷：主营业务收入　　　　　　　　　　　　　　80 000
　　　　应交税费——应交增值税（销项税额）等　　10 400
　　　　　　　　——应交消费税　　　　　　　　　 8 000
借：主营业务成本　　　　　　　　　　　　　　75 000
　　贷：库存商品　　　　　　　　　　　　　　　　75 000

✍ **例 6-11**　多萌公司将自产的一批应税消费品向投资者分配利润，该消费品的实际成本为 5 万元，没有同类产品的销售价格，正常的成本利润率为 40%，增值税税率为 13%，消费税税率为 30%。

组成计税价格=（5+5×40%）÷（1–30%）=10（万元）

应交消费税=10×30%=3（万元）

增值税销项税额=10×13%=1.3（万元）

多萌公司的会计处理为：

借：应付利润　　　　　　　　　　　　　　　　93 000
　　贷：库存商品　　　　　　　　　　　　　　　　50 000
　　　　应交税费——应交增值税（销项税额）等　　13 000
　　　　　　　　——应交消费税　　　　　　　　　30 000

2. 委托加工缴纳消费税的会计处理

小企业委托加工的应税消费品，分别以下情况处理。

（1）委托加工的应税消费品收回后直接出售的，不再征收消费税。也就是说，小企业将收回的应税消费品，以不高于受托方的计税价格出售的，为直接出售，不再缴纳消费税；小企业以高于受托方的计税价格出售的，不属于直接出售，需按照规定申报缴纳消费税，在计税时准予扣除受托方已代收代缴的消费税。小企业将代收代缴的消费税计入委托加工的应税消费品成本，借记"委托加工物资"等账户，贷记"应付账款""银行存款"等账户。此时的消费税已包含在应税消费品的成本中。

（2）委托加工的应税消费品收回后，小企业用于连续生产应税消费品的，所纳税款准予按规定抵扣。小企业按代收代缴的消费税款，借记"应交税费——应交消费税"账户，贷记"应付账款"或"银行存款"等账户，待用委托加工的应税消费品生产出应纳消费税的产品销售时，再缴纳消费税。

例6-12 景顺公司委托外单位加工材料（非金银首饰），原材料价款为20 000元，加工费用为5 000元，由受托方代收代缴的消费税为500元，材料已经加工完毕验收入库，加工费用尚未支付。

景顺公司的会计处理如下。

① 假设景顺公司收回加工后的材料用于继续生产。

发出委托加工材料：

借：委托加工物资　　　　　　　　　　　　　20 000
　　贷：原材料　　　　　　　　　　　　　　　　　20 000

和受托方办理结算：

借：委托加工物资　　　　　　　　　　　　　 5 000
　　应交税费——应交消费税　　　　　　　　　　 500
　　贷：应付账款　　　　　　　　　　　　　　　　5 500

收回加工完毕的材料：

借：原材料　　　　　　　　　　　　　　　　25 000
　　贷：委托加工物资　　　　　　　　　　　　　　25 000

② 假设景顺公司收回加工后的材料直接用于销售：

借：委托加工物资　　　　　　　　　　　　　20 000
　　贷：原材料　　　　　　　　　　　　　　　　　20 000

借：委托加工物资　　　　　　　　　　　　　 5 500
　　贷：应付账款　　　　　　　　　　　　　　　　5 500

借：原材料　　　　　　　　　　　　　　　　25 500
　　贷：委托加工物资　　　　　　　　　　　　　　25 500

3. 进口应税消费品的会计处理

对于需要缴纳消费税的进口物资，小企业缴纳的消费税计入该项物资的成本，借记"材料采购"或"在途物资""库存商品""固定资产"等账户，贷记"银行存款"等账户。

例6-13 某小企业从国外进口一批需要缴纳消费税的商品，商品价值为20 000元，进口环节需要缴纳的消费税为4 000元（不考虑增值税），采购的商品已经验收入库，货款尚未支付，税款已经用银行存款支付。

借：库存商品　　　　　　　　　　　　　　　24 000
　　贷：应付账款　　　　　　　　　　　　　　　　20 000
　　　　银行存款　　　　　　　　　　　　　　　　 4 000

该小企业进口应税物资在进口环节应缴纳的消费税为4 000元，计入该项物资的成本。

4. 其他消费税的会计处理

（1）销售金银首饰消费税的会计处理。金银首饰在零售环节消费税实行从价定率办法计算应纳税额。应纳税额计算公式：应纳税额=销售额×比例税率（5%）。销售额为纳税人销售应税消费品向购买方收取的全部价款和价外费用，但不包括应向购货方收取的增值税税款。

有金银首饰零售业务的以及采用以旧换新方式销售金银首饰的小企业，在营业收入实现时，按照应缴纳的消费税，借记"税金及附加"账户，贷记"应交税费——应交消费税"账户。有金银首饰零售业务的小企业因受托代销金银首饰按照税法规定应缴纳的消费税，借记"税金及附加"账户，贷记"应交税费——应交消费税"账户；以其他方式代销金银首饰的，其缴纳的消费税，借记"税金及附加"账户，贷记"应交税费——应交消费税"账户。

有金银首饰批发、零售业务的小企业将金银首饰用于馈赠、赞助、广告、职工福利、奖励等方面的，在物资移送时，按照应缴纳的消费税，借记"营业外支出""销售费用""应付职工薪酬"等账户，贷记"应交税费——应交消费税"账户。

随同金银首饰出售但单独计价的包装物，按照税法规定应缴纳的消费税，借记"税金及附加"账户，贷记"应交税费——应交消费税"账户。

例6-14 某金银首饰零售小企业，当月直接销售金银首饰取得收入10 000元（不含增值税），以旧换新取得收入1 000元，对某企业赞助金银首饰500元，过节发给职工金银首饰做福利1 000元，广告支出用金银首饰2 000元，随同金银首饰销售但单独计价的包装物取得收入1 000元，消费税税率为5%。

该小企业消费税的会计处理如下。

直接销售金银首饰计提消费税500元（10 000×5%）：

借：税金及附加　　　　　　　　　　　　　　500
　　贷：应交税费——应交消费税　　　　　　　　　500

以旧换新计提消费税50元（1 000×5%）：

借：税金及附加　　　　　　　　　　　　　　50
　　贷：应交税费——应交消费税　　　　　　　　　50

对某企业赞助计提消费税25元（500×5%）：

借：营业外支出　　　　　　　　　　　　　　25
　　贷：应交税费——应交消费税　　　　　　　　　25

过节发给职工做福利计提消费税50元（1 000×5%）：

借：应付职工薪酬　　　　　　　　　　　　　50
　　贷：应交税费——应交消费税　　　　　　　　　50

用于广告支出计提消费税100元（2 000×5%）：

借：销售费用　　　　　　　　　　　　　　　100
　　贷：应交税费——应交消费税　　　　　　　　　100

随同金银首饰销售但单独计价的包装物应计提消费税50元（1 000×5%）：

借：其他业务成本　　　　　　　　　　　　　50
　　贷：应交税费——应交消费税　　　　　　　　　50

小企业因受托加工或翻新改制金银首饰按照税法规定应缴纳的消费税，在向委托方交货时，借记"税金及附加"账户，贷记"应交税费——应交消费税"账户。

（2）免征消费税的会计处理。免征消费税的出口物资分别以下情况进行处理。

小企业（生产性）直接出口或通过外贸企业出口的物资，按照税法规定直接予以免征消费税的，可不计算应交消费税。

通过外贸企业出口物资时，如果是按规定实行先征后退办法的，那么按下列方法进行会计处理：

委托外贸企业代理出口物资的小企业，在计算消费税时，按应交消费税，借记"其他应收款"账户，贷记"应交税费——应交消费税"账户。收到退回的税金，借记"银行存款"账户，贷记"其他应收款"账户。发生退关、退货而补交已退的消费税，做相反的会计处理。

自营出口物资的小企业，在物资报关出口后申请出口退税时，借记"其他应收款"账户，贷记"主营业务成本"账户。实际收到退回的税金，借记"银行存款"账户，贷记"其他应收款"账户。发生退关或退货而补交已退的消费税，做相反的会计处理。

例6-15 京源糖酒进出口公司2021年9月出口啤酒500吨，啤酒的消费税额为每吨220元，出口零食白酒20吨，单位进货成本15 000元，消费税税率25%，计算本月应退消费税。

本月出口啤酒应退消费税=500×220=110 000（元）
本月出口白酒应退消费税=20×15 000×25%=75 000（元）
京源糖酒进出口公司的会计处理如下：

借：其他应收款　　　　　　　　　　　　　185 000
　　贷：主营业务成本　　　　　　　　　　　　　　185 000
收到退税款时：
借：银行存款　　　　　　　　　　　　　　185 000
　　贷：其他应收款　　　　　　　　　　　　　　　185 000

6.3 应交资源税

小企业销售商品应缴纳的资源税，借记"税金及附加"账户，贷记"应交税费——应交资源税"账户。

自产自用的物资应缴纳的资源税，借记"生产成本"账户，贷记"应交税费——应交资源税"账户。

收购未税矿产品，按照实际支付的价款，借记"在途物资"等账户，贷记"银行存款"等账户；按照代扣代缴的资源税，借记"在途物资"等账户，贷记"应交税费——应交资源税"账户。

外购液体盐加工固体盐：在购入液体盐时，按照所允许抵扣的资源税，借记"应交税费——应交资源税"账户；按照外购价款减去允许抵扣资源税后的金额，借记"在途物资"或"原材料"等账户；按照应支付的全部价款，贷记"银行存款""应付账款"等账户。加工成固体盐后，在销售时，按照计算出的销售固体盐应缴纳的资源税，借记"税金及附加"账户，贷记"应交税费——应交资源税"账户。将销售固体盐应交资源税扣抵液体盐已交资源税后的差额上缴时，借记"应交税费——应交资源税"账户，贷记"银行存款"账户。

小企业缴纳的资源税，借记"应交税费——应交资源税"账户，贷记"银行存款"账户。

例 6-16 某小企业将自产的煤炭 3 000 吨用于产品生产，资源税每吨 5 元。

该小企业的会计处理如下：

自产自用煤炭应交的资源税=3 000×5=15 000（元）

借：生产成本——基本生产成本　　　　　　　　　　15 000
　　贷：应交税费——应交资源税　　　　　　　　　　　　15 000

小企业收购未税矿产品实际支付的收购款以及代扣代缴的资源税，作为收购矿产品的成本，将代扣代缴的资源税，记入"应交税费——应交资源税"账户。

例 6-17 某小企业收购未税矿产品，实际支付的收购款为 300 000 元，代扣代缴的资源税为 5 000 元。假设不考虑增值税因素。

该小企业的会计处理如下：

借：原材料　　　　　　　　　　　　　　　　　　305 000
　　贷：银行存款　　　　　　　　　　　　　　　　　　300 000
　　　　应交税费——应交资源税　　　　　　　　　　　5 000

小企业按照规定实行所得税、增值税、消费税等先征后返的，在实际收到返还的所得税、增值税、消费税等时，借记"银行存款"账户，贷记"营业外收入"账户。

6.4　其他应交税费

6.4.1　土地增值税

小企业转让土地使用权、地上建筑物及其附着物并取得收入的单位和个人，均应缴纳土地增值税。土地增值税按照转让房地产所取得的增值额和规定的税率计算征收。土地增值额的计算公式为：

土地增值额=出售房地产的总收入–扣除项目金额

（1）小企业转让土地使用权连同地上建筑物及其附着物一并在"固定资产"或"在建工程"等账户进行会计处理的，转让时应缴纳的土地增值税，借记"固定资产清理"账户，贷记"应交税费——应交土地增值税"账户，缴纳的土地增值税，借记"应交税费——应交土地增值税"账户，贷记"银行存款"等账户。

土地使用权在"无形资产"账户进行会计处理的，按照实际收到的金额，借记"银行存款"账户；按照应缴纳的土地增值税，贷记"应交税费——应交土地增值税"账户，同时冲销土地使用权的净值，贷记"无形资产"账户；按照其差额，借记"营业外支出——非流动资产处置净损失"账户或贷记"营业外收入——非流动资产处置净收益"账户。

（2）小企业（房地产开发经营）销售房地产应缴纳的土地增值税，借记"税金及附加"账户，贷记"应交税费——应交土地增值税"账户。

（3）缴纳的土地增值税，借记"应交税费——应交土地增值税"账户，贷记"银行存款"账户。

✏️ **例 6-18** 2021年5月，某房地产公司有偿转让一栋公寓，共计价款67万元，其扣除项目金额为32万元，计算应纳税额。

土地增值额=67-32=35（万元）

土地增值额与扣除项目金额之比=（35÷32）×100%=109.38%

应纳税额=35×50%-32×15%=12.7（万元）

根据上述计算结果，会计处理如下。

借：税金及附加　　　　　　　　　　　　　　　127 000
　　贷：应交税费——应交土地增值税　　　　　　　　　127 000

缴纳税金时：

借：应交税费——应交土地增值税　　　　　　　127 000
　　贷：银行存款　　　　　　　　　　　　　　　　　　127 000

6.4.2 房产税、城镇土地使用税、车船税和环保税

小企业按规定缴纳房产税、城镇土地使用税、车船税、环保税时，借记"税金及附加"账户，贷记"应交税费——应交房产税、应交城镇土地使用税、应交车船税、应交环保税"账户；小企业缴纳房产税、城镇土地使用税、车船税费和环保税时，借记"应交税费——应交房产税、应交城镇土地使用税、应交车船税、应交环保税"账户，贷记"银行存款"等账户。

✏️ **例 6-19** 某小企业当月应缴纳的房产税、城镇土地使用税、车船税分别为5 500元、2 200元、450元。

借：税金及附加　　　　　　　　　　　　　　　8 150
　　贷：应交税费——应交房产税　　　　　　　　　　　5 500
　　　　　　　　——应交城镇土地使用税　　　　　　　2 200
　　　　　　　　——应交车船税　　　　　　　　　　　450

6.4.3 个人所得税

个人所得税是以个人（自然人）取得的各项应税所得为征税对象所征收的一种税。

小企业按规定计算的应代扣代缴的职工个人所得税，借记"应付职工薪酬"账户，贷记"应交税费——应交个人所得税"账户；缴纳个人所得税时，借记"应交税费——应交个人所得税"账户，贷记"银行存款"等账户。

✏️ **例 6-20** 某小企业王经理于2021年3月取得工资收入，应缴纳的个人所得税为860元。

借：应付职工薪酬　　　　　　　　　　　　　　860

贷：应交税费——应交个人所得税　　　　　　　　　　　860
　企业缴纳个人所得税时：
　　借：应交税费——应交个人所得税　　　　　　　　　　　860
　　贷：银行存款　　　　　　　　　　　　　　　　　　　　860

6.4.4　城市维护建设税和教育费附加

　　小企业按规定计算应缴的教育费附加和城市维护建设税时，借记"税金及附加""管理费用"等账户，贷记"应交税费——应交教育费附加、城建税"等账户；缴纳的教育费附加、城市维护建设税，借记"应交税费——应交教育费附加、城建税"账户，贷记"银行存款"等账户。

例 6-21　某小企业当月缴纳的增值税为 5 000 元，消费税为 1 000 元，教育费附加的征收率为 3%，城市维护建设税的征收率为 7%。

应交教育费附加=（5 000+1 000）×3%=180（元）
应交城市维护建设税=（5 000+1 000）×7%=420（元）
该企业的会计处理如下。

（1）计提时：
　　借：税金及附加　　　　　　　　　　　　　　　　　　　600
　　贷：应交税费——应交教育费附加　　　　　　　　　　　180
　　　　　　　　——应交城市维护建设税　　　　　　　　　420
（2）缴纳时：
　　借：应交税费——应交教育费附加　　　　　　　　　　　180
　　　　　　　　——应交城市维护建设税　　　　　　　　　420
　　贷：银行存款　　　　　　　　　　　　　　　　　　　　600

6.4.5　企业所得税

　　企业所得税的会计处理，请读者参阅 10.2 节的相关内容。

> **探讨　小企业的税费与征管**
>
> 　　小企业的税费包括：企业所得税、增值税、城建税、房产税、土地使用税、车船使用税、资源税、土地增值税、契税等各种税；教育费附加费、水资源费、社会保险费、地方教育费、残疾人就业金、工会经费以及工商、环保、卫生、质监、公安等众多部门征收的各类行政性收费，不包括各种违规的罚款和滞纳金。
> 　　即便如此，高税负还并不是小企业们唯一的"痛"，还有一个"痛"是"弹性征管空间"，即在税费征收过程中，税务部门很大的自由裁量权，征收弹性很强。税务人员手松手紧对于小企业来说，差别很大。各地那么多税务代办公司，可以被认为权力寻租现象的例证。
> 　　随着我国营商环境不断改善，上述问题会得到逐步解决。

第 7 章

所有者权益

所有者权益，是指小企业资产扣除负债后由所有者享有的剩余权益。小企业的所有者权益包括实收资本（或股本）、资本公积、盈余公积和未分配利润，后两者被称为留存收益。

7.1 实收资本

> **小企业会计准则**
>
> 第五十四条 实收资本，是指投资者按照合同协议约定或相关规定投入到小企业、构成小企业注册资本的部分。
> （一）小企业收到投资者以现金或非货币性资产投入的资本，应当按照其在本企业注册资本中所占的份额计入实收资本，超出的部分，应当计入资本公积。
> （二）投资者根据有关规定对小企业进行增资或减资，小企业应当增加或减少实收资本。

为了反映和监督投资者投入资本的增减变动情况，小企业需要进行实收资本的会计处理，真实地反映所有者投入小企业资本的状况，维护所有者各方面在小企业的权益。除股份有限公司以外，其他各类小企业通过"实收资本"账户进行会计处理。

小企业收到所有者投入企业的资本后，根据有关原始凭证（如投资清单、银行通知单等），分别不同的出资方式进行会计处理。

投资者可以用现金投资，也可以用现金以外的其他有形资产投资，符合规定比例的，还可以用无形资产投资。

7.1.1 实收资本形成的会计处理

小企业对实收资本进行会计处理时，需要设置"实收资本"或"股本"账户，并按投资者设置明细账户。账户的贷方，反映小企业实际收到的投资者缴付的注册资本；账户的借方，反映小企业按法定程序减资时所减少的注册资本数额；贷方余额，为实收注册资本总额。

小企业（中外合作经营）根据合同规定在合作期间归还投资者的投资，在"实收资本"账户设置"已归还投资"明细账户进行会计处理。

1. 股东以现金投资

股东以现金投入的资本，以实际收到或者存入小企业开户银行的金额，作为实收资本入账。

例 7-1 甲、乙、丙共同投资设立 A 有限责任公司，注册资本为 200 000 元，甲、乙、丙持股比例分别为 60%、25%和 15%。按照章程规定，甲、乙、丙投入资本分别为 120 000 元、50 000 元和 30 000 元。A 公司已如期收到各投资者一次缴足的款项。

A 公司的会计处理如下：

借：银行存款　　　　　　　　　　　　　　　200 000
　　贷：实收资本——甲　　　　　　　　　　　　120 000
　　　　　　　——乙　　　　　　　　　　　　　50 000
　　　　　　　——丙　　　　　　　　　　　　　30 000

实收资本的构成比例（投资者的出资比例或股东的股份比例），是确定所有者在小企业所有者权益中所占的份额和参与小企业财务经营决策的基础，也是小企业进行利润分配或股利分配的依据，还是小企业清算时确定所有者对净资产的要求权的依据。

2. 股东以非现金出资

股东除了以货币资金投资外，也可以用实物资产或无形资产投资。小企业接受的实物资产和无形资产投资，按评估价值（或实物的发票价值）及相关的税费作为实收资本入账，同时借记"原材料""固定资产""无形资产"等账户。

（1）接受投入固定资产。小企业接受投资者作价投入的房屋、建筑物、机器设备等固定资产，按固定资产的评估价值和相关税费确定固定资产的入账价值和在注册资本中应享有的份额。

例 7-2 海天公司在设立时收到隆奇公司作为资本投入的不需要安装的机器设备一台，该机器设备的价值为 300 000 元，增值税进项税额为 39 000 元。固定资产价值和评估价值相符，不考虑其他因素。

海天公司的会计处理如下：

借：固定资产　　　　　　　　　　　　　　　　300 000
　　应交税费——应交增值税（进项税额）等　　　39 000
　　贷：实收资本　　　　　　　　　　　　　　　339 000

（2）接受投入材料物资。小企业接受投资者作价投入的材料物资，按材料的评估价值和相关税费确定原材料的入账价值和在注册资本中应享有的份额。

例 7-3 大华公司在设立时收到 B 公司作为资本投入的一批原材料，该批原材料价值（不含可抵扣的增值税进项税额部分）为 50 000 元，增值税进项税额为 6 500 元。B 公司已开具了增值税专用发票。假设原材料的价值和评估价值相符，该进项税额允许抵扣，不考虑其他因素。

大华公司的会计处理如下：

借：原材料 50 000
　　应交税费——应交增值税（进项税额）等 6 500
　贷：实收资本 56 500

（3）接受投入无形资产。小企业收到以无形资产方式投入的资本，按无形资产的评估价值和相关税费确定无形资产的入账价值和在注册资本中应享有的份额。

✐ **例 7-4** 奇峰公司在设立时收到甲公司作为资本投入的非专利技术一项，该非专利技术投资合同约定价值为 100 000 元，同时收到乙公司作为资本投入的土地使用权一项，投资合同约定价值为 200 000 元。假设奇峰公司接受该非专利技术和土地使用权符合国家注册资本管理的有关规定，合同约定的价值和评估价值相符，不考虑其他因素。

奇峰公司的会计处理如下：

借：无形资产——非专利技术 100 000
　　　　　　——土地使用权 200 000
　贷：实收资本——甲公司 100 000
　　　　　　　——乙公司 200 000

✐ **例 7-5** 2021 年 1 月 1 日，东胜、合忠两个公司共同投资设立兴华有限责任公司，公司注册资本为 20 万元，双方各占 50%的股权。其中，东胜公司以厂房作价投入，其账面原值 15 万元，已提折旧 4 万元，评估确认的固定资产原价为 16 万元，净值为 10 万元；合忠公司投入一批原材料，评估价值为 3 万元，该批材料的增值税税率为 13%，余额以银行存款投入。

兴华公司的会计处理如下。

① 实际收到东胜公司投资时：

借：固定资产 160 000
　贷：实收资本——东胜公司 100 000
　　　累计折旧 60 000

② 实际收到合忠公司投资时：

借：原材料 30 000
　　应交税费——应交增值税（进项税额）等 3 900
　　银行存款 66 100
　贷：实收资本——合忠公司 100 000

7.1.2　实收资本的增减变动的会计处理

一般情况下，小企业的实收资本相对固定不变，但在某些特定情况下，实收资本也可能发生增减变化。《企业法人登记管理条例》规定，除国家另有规定外，企业的注册资金应当和实收资本相一致，当实收资本比原注册资金增加或减少的幅度超过 20%时，持资金信用证明或者验资证明，向原登记主管机关申请变更登记。如擅自改变注册资本或抽逃资金,要受到工商行政管理部门的处罚。

1. 实收资本的增加

一般而言,小企业增加资本主要有三个途径:接受投资者追加投资,资本公积转增资本和盈余公积转增资本。

需要注意的是,由于资本公积和盈余公积均属于所有者权益,用其转增资本时,如果是独资企业,则直接结转;如果是股份公司或有限责任公司,则按照原投资者各出资比例相应增加各投资者的出资额。

例7-6 甲、乙、丙三人共同投资设立东海公司,原注册资本为200 000元,甲、乙、丙分别出资25 000元、100 000元和75 000元。为扩大经营规模,经批准,东海公司注册资本扩大为250 000元,甲、乙、丙按照原出资比例分别追加投资6 250元、25 000元和18 750元。东海公司如期收到甲、乙、丙追加的现金投资。

东海公司的会计处理如下:
借:银行存款　　　　　　　　　　　　　　　50 000
　　贷:实收资本——甲　　　　　　　　　　　　　6 250
　　　　　　　——乙　　　　　　　　　　　　　25 000
　　　　　　　——丙　　　　　　　　　　　　　18 750

甲、乙、丙按原出资比例追加实收资本,因此,东海公司分别按照6 250元、25 000元和18 750元的金额贷记"实收资本"账户中甲、乙、丙明细分类账。

例7-7 承例7-6。因扩大经营规模需要,经批准,东海公司按原出资比例将资本公积50 000元转增资本。

东海公司的会计处理如下:
借:资本公积　　　　　　　　　　　　　　　50 000
　　贷:实收资本——甲　　　　　　　　　　　　　6 250
　　　　　　　——乙　　　　　　　　　　　　　25 000
　　　　　　　——丙　　　　　　　　　　　　　18 750

资本公积50 000元按原出资比例转增实收资本,因此,东海公司分别按照6 250元、25 000元和18 750元的金额贷记"实收资本"账户中甲、乙、丙明细分类账。

例7-8 承例7-6。因扩大经营规模需要,经批准,东海公司按原出资比例将盈余公积50 000元转增资本。

东海公司的会计处理如下:
借:盈余公积　　　　　　　　　　　　　　　50 000
　　贷:实收资本——甲　　　　　　　　　　　　　6 250
　　　　　　　——乙　　　　　　　　　　　　　25 000
　　　　　　　——丙　　　　　　　　　　　　　18 750

盈余公积50 000元按原出资比例转增实收资本,因此,东海公司分别按照6 250元、25 000元和18 750元的金额贷记"实收资本"账户中甲、乙、丙明细分类账。

2. 实收资本的减少

小企业按法定程序报经批准减少注册资本的，在实际发还投资或注销股本时，登记入账。有限责任公司减资时，按发还投资的实际数额注销"实收资本"。

小企业（中外合作经营）根据合同规定在合作期间归还投资者的投资，按照实际归还投资的金额，借记"实收资本——已归还投资"账户，贷记"银行存款"等账户；同时，借记"利润分配——利润归还投资"账户，贷记"盈余公积——利润归还投资"账户。

> **专栏** 与《企业会计准则》的比较
>
> 适用于《小企业会计准则》的小企业不在市场上公开发行股票或债券，实收资本增加不通过发行股票，实收资本减少不通过回购股票。

7.2 资本公积

> **小企业会计准则**
>
> 第五十五条 资本公积，是指小企业收到的投资者出资额超过其在注册资本或股本中所占份额的部分。
>
> 小企业用资本公积转增资本，应当冲减资本公积。小企业的资本公积不得用于弥补亏损。

资本公积是投入小企业资本的另一部分来源，包括资本溢价（或股本溢价）。

小企业收到投资者出资额超出其在注册资本或股本中所占份额的部分，通过"资本公积"账户进行会计处理。

7.2.1 资本公积增加的会计处理

除股份有限公司外的其他类型的小企业，在小企业创立时，投资者认缴的出资额和注册资本一致，一般不会产生资本溢价。而在小企业重组或有新的投资者加入时，常常会出现资本溢价。因为在小企业进行正常生产经营后，其资本利润率通常要高于小企业初创阶段，另外，小企业有内部积累，新投资者加入小企业后，对这些积累也要分享，所以新加入的投资者往往要付出大于原投资者的出资额，才能取得和原投资者相同的出资比例。投资者多缴的部分形成了资本溢价。

小企业接受投资者投入的资本等形成的资本公积，借记有关账户，贷记"实收资本"或"股本"账户、"资本公积"账户等。

例 7-9 假设龙保公司经股东协商，同意天保公司投资现金 150 000 元，天保公司出资额中 142 750 元为实收资本，其余 7 250 元为资本公积。

龙保公司的会计处理如下：

借：银行存款　　　　　　　　　　　　　　　　　　150 000

　　　　贷：实收资本　　　　　　　　　　　　　　　　　　　142 750
　　　　　　资本公积　　　　　　　　　　　　　　　　　　　 7 250

7.2.2　资本公积使用的会计处理

　　资本公积的主要用途是转增资本金，即通常所说的转增股份。小企业按法定程序将资本公积中的有关内容转增资本金，只会引起所有者权益内部结构的变化，不会改变所有者权益总额，也不会改变每位投资者在所有者权益总额中所占的份额。

　　小企业用资本公积转增资本，借记"资本公积"账户，贷记"实收资本"或"股本"账户。

　　例 7-10　隆源公司将资本公积 50 000 元转增资本。在原来的注册资本中 A、B、C、D 四位投资者的投资比例分别为 30%、20%、30%和 20%，资本公积转增资本后，每位投资者增加的实收资本数额分别为 15 000 元、10 000 元、15 000 元和 10 000 元。

　　隆源公司按法定程序办完增资手续后，会计处理如下：

　　借：资本公积　　　　　　　　　　　　　　　　　　　　50 000
　　　　贷：实收资本——A 公司　　　　　　　　　　　　　　15 000
　　　　　　　　　　——B 公司　　　　　　　　　　　　　　10 000
　　　　　　　　　　——C 公司　　　　　　　　　　　　　　15 000
　　　　　　　　　　——D 公司　　　　　　　　　　　　　　10 000

> **专栏　与《企业会计准则》的比较**
>
> 　　《小企业会计准则》规定，资本公积只包括股本溢价或资本溢价，不包括其他资本公积。
>
> 　　《企业会计准则》规范的资本公积既包括股本溢价（或资本溢价），又包括其他资本公积。

7.3　留存收益

　　留存收益包括盈余公积和未分配利润。盈余公积，是指小企业按规定的比例从税后净利中提留的、具有特定用途的企业留存利润，包括法定盈余公积、任意盈余公积等。法定盈余公积和任意盈余公积的区别在于其各自计提的依据不同，前者以国家的法律法规为依据；后者由小企业的权力机构自行决定。未分配利润，是指小企业留待以后年度进行分配的累计留存利润（或累计亏损）。

　　小企业以前年度亏损未弥补完的，不得提取法定盈余公积金，在提取法定盈余公积金之前，不得向投资者分配利润。

7.3.1 盈余公积的会计处理

> **小企业会计准则**
>
> 　　第五十六条　盈余公积，是指小企业按照法律规定在税后利润中提取的法定公积金和任意公积金。
> 　　小企业用盈余公积弥补亏损或者转增资本，应当冲减盈余公积。小企业的盈余公积还可以用于扩大生产经营。

盈余公积的提取和使用，通过"盈余公积"账户进行会计处理。小企业提取盈余公积时，记入"盈余公积"账户贷方；使用盈余公积时，记入"盈余公积"账户的借方，贷方余额为小企业盈余公积的实有数额。

小企业（外商投资）按照法律规定在税后利润中提取储备基金和企业发展基金也在"盈余公积"账户进行会计处理。

1. 提取盈余公积的会计处理

小企业提取法定盈余公积和任意盈余公积时，通过"盈余公积"账户及相关明细账户进行会计处理。小企业提取盈余公积的过程属于净收益的分配过程，同时，通过"利润分配"账户及其相关明细账户进行会计处理。

小企业按规定提取的盈余公积，借记"利润分配——提取法定盈余公积、提取任意盈余公积"账户，贷记"盈余公积——法定盈余公积、任意盈余公积"账户。

小企业（外商投资）在"盈余公积"账户下区分"储备基金""企业发展基金"进行明细会计处理。

小企业（中外合作经营）根据合同规定在合作期间归还投资者的投资，在"盈余公积"账户下设置"利润归还投资"明细账户进行会计处理。

例 7-11　龙河公司 2021 年的税后净收益为 100 000 元，分别按 10% 和 8% 的比例提取法定盈余公积和任意盈余公积。

法定盈余公积提取额=100 000×10%=10 000（元）
任意盈余公积提取额=100 000×8%=8 000（元）

借：利润分配——提取法定盈余公积　　　　　　　10 000
　　　　　　——提取任意盈余公积　　　　　　　　8 000
　　贷：盈余公积——法定盈余公积　　　　　　　　　　10 000
　　　　　　——任意盈余公积　　　　　　　　　　　　8 000

小企业（外商投资）按照规定提取的储备基金、企业发展基金、职工奖励及福利基金，借记"利润分配——提取储备基金、提取企业发展基金、提取职工奖励及福利基金"账户，贷记"盈余公积——储备基金、企业发展基金"账户、"应付职工薪酬"账户。

2. 盈余公积使用的会计处理

盈余公积主要用于弥补亏损、转增资本等。

（1）盈余公积弥补亏损。经股东大会或类似机构决议，用盈余公积弥补亏损，借记"盈余公积"账户，贷记"利润分配——盈余公积补亏"账户。

例 7-12　强盛公司 2021 年用任意盈余公积 8 000 元弥补以前年度亏损。

强盛公司的会计处理如下：

借：盈余公积——任意盈余公积　　　　　　　　8 000
　　贷：利润分配——盈余公积补亏　　　　　　　　　8 000

（2）盈余公积转增资本。盈余公积转增资本对小企业的资产、负债及所有者权益总额均不产生影响，只是改变所有者权益内部的结构而已。

经股东大会或类似机构决议，用盈余公积转增资本，借记"盈余公积"账户，贷记"实收资本"或"股本"账户。

例 7-13　通和公司经股东大会同意并按规定办完增资手续后，将法定盈余公积中的 30 000 元用于增加资本。做以下会计处理：

借：盈余公积——法定盈余公积　　　　　　　　30 000
　　贷：实收资本　　　　　　　　　　　　　　　　30 000

7.3.2　未分配利润的会计处理

> **小企业会计准则**
>
> 　　第五十七条　未分配利润，是指小企业实现的净利润，经过弥补亏损、提取法定公积金和任意公积金、向投资者分配利润后，留存在本企业的、历年结存的利润。

小企业各期的经营成果——税后净利润，经过分配后留存在小企业中的部分，逐渐在未分配利润账户中进行累计。

期末未分配利润是期初未分配利润加本期净利润减本期利润分配的结果。计算公式如下：

期末未分配利润 = 期初未分配利润 + 本期净利润 − 本期利润分配
　　　　　　　 = 期初未分配利润 +（本期净利润 − 本期利润分配）
　　　　　　　 = 期初未分配利润 + 本期未分配利润

例 7-14　迎铎公司用实现的净利润弥补亏损已经有 3 年，第 4 年尚未弥补的亏损有 3 万元，第 4 年实现的净利润为 1.5 万元，第 5 年的利润总额为 4 万元。按照 10% 和 5% 的比率分别提取法定盈余公积和任意盈余公积。假设公司没有纳税调整，所得税税率为 25%。

迎铎公司的会计处理如下。

第 4 年年末：

借：本年利润　　　　　　　　　　　　　　　　15 000
　　贷：利润分配——未分配利润　　　　　　　　　　15 000

第 4 年年末，不需要提取法定盈余公积和任意盈余公积。

第 5 年年末：

应交所得税=40 000×25%=10 000（元）

借：所得税费用 10 000

  贷：应交税费——应交所得税 10 000

借：本年利润 10 000

  贷：所得税费用 10 000

借：本年利润 30 000

  贷：利润分配——未分配利润 30 000

第 5 年年末，用税后利润弥补亏损 1.5 万元，"利润分配——未分配利润"账户贷方余额为 1.5 万元 [3-（3-1.5）]。

提取法定盈余公积和任意盈余公积：

借：利润分配——提取法定盈余公积 1 500

    ——提取任意盈余公积 750

  贷：盈余公积——法定盈余公积 1 500

     ——任意盈余公积 750

7.3.3 弥补亏损的财税处理

由《中华人民共和国企业所得税年度纳税申报表（A 类）（A100000）》（见表 7-1）的第 13 行至第 23 行可知，小企业在利润总额的基础上计算应纳税所得额。其中，在利润总额加上纳税调整增加额和境外应税所得抵减境内亏损，然后减去境外所得、纳税调整减少额和免税、减计收入及加计扣除，形成纳税调整后所得；小企业在纳税调整后所得的基础上，减去所得减免和抵扣应纳税所得额后的差额为正（第 19-20-21 行＞0），形成税法意义上的"盈利"，此时可以弥补以前年度亏损，相反，差额为负（第 19-20-21 行＜0），不可以弥补以前年度亏损。

表 7-1 中华人民共和国企业所得税年度纳税申报表（A 类）（A100000）

行次	类别	项目	金额
13	利润总额计算	三、利润总额（10+11-12）	
14	应纳税所得额计算	减：境外所得（填写 A108010）	
15		加：纳税调整增加额（填写 A105000）	
16		减：纳税调整减少额（填写 A105000）	
17		减：免税、减计收入及加计扣除（填写 A107010）	
18		加：境外应税所得抵减境内亏损（填写 A108000）	
19		四、纳税调整后所得（13-14+15-16-17+18）	
20		减：所得减免（填写 A107020）	
21		减：抵扣应纳税所得额（填写 A107030）	
22		减：弥补以前年度亏损（填写 A106000）	
23		五、应纳税所得额（19-20-21-22）	

小企业发生的亏损，可以用以后年度实现的税前净利润弥补。小企业当年实现的利润，从"本年利润"账户转入"利润分配——未分配利润"账户，将本年实现的利润结转到"利润分配——未分配利润"账户的贷方，贷方发生额和"利润分配——未分配利润"账户的借方余额自然抵补。

以前年度未弥补完的亏损，小企业可以用当年实现的税前利润弥补，有的则用税后利润弥补。在税前利润弥补时，弥补的数额可以抵扣当期应纳税所得额；用税后利润弥补时，则不能抵扣当期纳税所得额。

企业所得税弥补亏损的税务处理：在本纳税年度及本纳税年度前五年度的纳税调整后所得、合并、分立转入（转出）可弥补的亏损额、当年可弥补的亏损额、以前年度亏损已弥补额、本年度实际弥补的以前年度亏损额、可结转以后年度弥补的亏损额，小企业可以填报《企业所得税弥补亏损明细表》（A106000），如表7-2所示。

值得注意的是，自2018年1月1日起，当年具备高新技术企业或科技型中小企业资格的企业，其具备资格年度之前5个年度发生的尚未弥补完的亏损，准予结转以后年度弥补，最长结转年限由5年延长至10年。

此外，表7-2第5列"合并、分立转入的亏损额——可弥补年限8年"是根据《财政部 税务总局关于支持新型冠状病毒感染的肺炎疫情防控有关税收政策的公告》（2020年第8号）、《财政部 税务总局关于电影等行业税费支持政策的公告》（2020年第25号）、《财政部 税务总局 发展改革委 工业和信息化部关于促进集成电路和软件产业高质量发展企业所得税政策的公告》（2020年第45号）规定来设计的。

例7-15 得力公司2016年成立，当年亏损额20万元，2017年亏损额50万元，2018年亏损额10万元，2019年盈利额50万元，2020年盈利额16万元，2021年纳税调整后所得30万元，其中包含免税项目所得20万元。企业所得税弥补亏损如表7-2所示。

表 7-2 企业所得税弥补亏损明细表（A106000）

行次	项目	年度	当年境内所得额	分立转出的亏损额	合并、分立转入的亏损额 可弥补年限 5 年	可弥补年限 8 年	可弥补年限 10 年	弥补亏损企业类型	当年亏损额	当年待弥补的亏损额	用本年度所得额弥补的以前年度亏损额 使用境内所得弥补	使用境外所得弥补	当年可结转以后年度弥补的亏损额
		1	2	3	4	5	6	7	8	9	10	11	12
1	前十年度												
2	前九年度												
3	前八年度												
4	前七年度												
5	前六年度												
6	前五年度	2016	−200 000					100	200 000				200 000
7	前四年度	2017	−500 000					100	500 000				500 000
8	前三年度	2018	−100 000					100	100 000				100 000
9	前二年度	2019	500 000					100		800 000	500 000		300 000
10	前一年度	2020	160 000					100		300 000	160 000		140 000
11	本年度	2021	100 000					100		14 0000	100 000		40 000
12	可结转以后年度弥补的亏损额合计												1 280 000

第 3 部分
利润表业务

第 8 章

收入和政府补助

收入,是指小企业在日常生产经营活动中形成的、会导致所有者权益增加、与所有者投入资本无关的经济利益的总流入,包括销售商品收入和提供劳务收入。

按照小企业从事日常活动对小企业的重要性,将其收入分为主营业务收入和其他业务收入。其中,主营业务收入,是指小企业为完成其经营目标从事的与经常性活动实现的收入。其他业务收入,是指小企业为完成其经营目标从事的与经常性活动相关的活动实现的收入。例如,小工业企业的材料销售、技术转让、固定资产出租的收入,均属于其他业务收入范畴。

政府补助是小企业从政府无偿取得货币性资产或非货币性资产,不含政府作为小企业所有者投入的资本。由此可见,政府补助不属于收入的范畴。为了便于行文,本书将其与收入安排在同一章介绍。

8.1 商品销售收入

小企业销售商品收入的会计处理主要涉及一般销售商品业务、销售折让、销售退回、采用预收款方式销售商品、采用支付手续费方式委托代销商品、分期收款销售商品、以旧换新销售商品等情况。本节介绍的商品销售业务涉及增值税纳税义务发生时间确认的,请读者参照表 1-4 的内容,此处不再赘述。

8.1.1 一般销售商品业务的会计处理

商品销售收入的金额,根据小企业和购货方签订的合同或协议金额确定,无合同或协议的,按购销双方都同意或都能接受的价格确定。按照价款,加上收取的增值税,借记"银行存款""应收账款""应收票据"等账户;按确定的收入金额,贷记"主营业务收入""其他业务收入"等账户;按照应收取的增值税,贷记"应交税费——应交增值税(销项税额)"(或"应交税费——待转销项税""应交税费——简易计税"等)账户。

销售成本的计算和结转,按其计算和结转时间的不同,分为两种:一种是逐日(或逐笔)计算和结转;另一种是定期计算和结转。前者是每天计算和结转商品销售成本;后者是月末计算和结转商品销售成本。

计算商品销售成本时,可采用个别计价法、先进先出法、加权平均法等方法。方法一经确定,不得随意变更。如需变更,则在会计报表附注中予以披露。无论何时计算和结转商品销售成本,均借记"主营业务成本"账户,贷记"库存商品"账户。

通常情况下,销售商品采用托收承付方式的,在办妥托收手续时确认收入(依据《小企业会计准则》第五十九条第一款的规定)。

例8-1 利华商贸公司采用托收承付结算方式销售一批商品,开出的增值税专用发票上注明售价为10 000元,增值税额为1 300元;商品已经发出,并已向银行办妥托收手续;该批商品的成本为6 000元。

利华商贸公司的会计处理如下:

借:应收账款	11 300
贷:主营业务收入	10 000
应交税费——应交增值税(销项税额)等	1 300

同时,结转销售成本:

借:主营业务成本	6 000
贷:库存商品	6 000

例8-2 宝源公司向康发公司销售一批商品,开出的增值税专用发票上注明售价为30 000元,增值税额为3 900元;宝源公司已收到康发公司支付的货款33 900元,并将提货单送交康发公司;该批商品成本为25 000元。

宝源公司的会计处理如下:

借:银行存款	33 900
贷:主营业务收入	30 000
应交税费——应交增值税(销项税额)等	3 900

同时,结转销售成本:

借:主营业务成本	25 000
贷:库存商品	25 000

交款提货销售商品,是指购买方已根据小企业开出的发票账单支付货款并取得提货单的销售方式。在这种方式下,购货方支付货款取得提货单,小企业尚未交付商品,通常应在开出发票账单收到货款时确认收入。

例8-3 朝批公司售给一家商场一批商品,商品货款为10 000元,增值税专用发票上注明的销项税额为1 300元,发运商品时,为购货单位以银行存款账户转账支票代垫运杂费200元,当日已向银行办妥货款和代垫费用的托收手续。该批商品的原进价为8 000元。

借:应收账款	11 500
贷:主营业务收入	10 000
应交税费——应交增值税(销项税额)等	1 300
银行存款	200

同时,结转销售成本:

借:主营业务成本	8 000
贷:库存商品	8 000

此外,《小企业会计准则》第五十九条第四款规定,销售商品需要安装和检验的,在

购买方接受商品以及安装和检验完毕时确认收入。安装程序比较简单的，可在发出商品时确认收入。

销售商品收入在商品发出且收到货款或取得收款权利时予以确认。由于《小企业会计准则》规定不管企业采用何种结算方式，收入确认都以发出商品或办妥收款手续为基准，对小企业最直接的影响是收入确认时点更为明确，减少了会计人员职业判断，增加了可操作性，降低了工作负担，符合小企业的生产经营特点。确认时点的前移，会增加小企业当期的主营业务收入，同时随着主营业务成本的结转，这些都会影响到小企业当期的营业利润、利润总额，进而对企业所得税产生影响。收入确认的同时需要确认应交增值税、应交消费税，进而影响到城建税、教育费附加的缴纳金额。如果小企业将以前不能确认收入的业务确认为收入，就会增加当期上述税种的应缴额。而且，小企业会把一些实质上不能确认收入的交易事项，如企业销售的商品在质量、品种、规格等方面不符合合同或协议要求，又未根据正常的保证条款予以弥补等确认为收入，这在一定程度上增加了小企业利润，提高了盈利能力，扩大了经营成果，强化了经营潜力及发展前景，从而有利于小企业的融资行为。

8.1.2 特殊销售商品业务的会计处理

对于小企业而言，特殊商品销售业务主要包括销售折让、销售退回、采用预收款方式销售商品、采用支付手续费方式委托代销商品、分期收款销售商品、以旧换新销售商品等情况。

1. 商业折扣、现金折扣和销售折让的会计处理

> **小企业会计准则**
>
> 第六十条　小企业应当按照从购买方已收或应收的合同或协议价款，确定销售商品收入金额。
>
> 销售商品涉及现金折扣的，应当按照扣除现金折扣前的金额确定销售商品收入金额。现金折扣应当在实际发生时，计入当期损益。
>
> 销售商品涉及商业折扣的，应当按照扣除商业折扣后的金额确定销售商品收入金额。

小企业销售商品收入的金额通常按照从购货方已收或应收的合同或协议价款确定。在确定销售商品收入的金额时，注意区分现金折扣、商业折扣和销售折让及其不同的会计处理方法。总的来讲，销售商品收入的金额是扣除商业折扣后的净额，而不应考虑预计可能发生的现金折扣、销售折让。

现金折扣、商业折扣、销售折让的区别以及相关会计处理方法如下。

（1）商业折扣。商业折扣是指小企业为促进商品销售而在商品标价上给予的价格扣除。例如，小企业为鼓励客户多买商品可能规定，购买10件以上商品给予客户10%的折扣，或客户每买10件送1件。此外，小企业为了尽快出售一些残次、陈旧、冷背的商品，也可能降价（打折）销售。

商业折扣在销售时已发生，并不构成最终成交价格的一部分。小企业销售商品涉及商业折扣的，按照扣除商业折扣后的金额确定销售商品收入金额。

根据增值税政策，对于销售折扣在形式上有着严格的要求，只有开具了正确的发票时，销售折扣才能从销售额中减除。即：纳税人销售货物给购货方的销售折扣，如果销售额和折扣额在同一张销售发票上注明的，则按折扣后的销售额计算征收增值税；如果将折扣额另开发票，则不得从销售额中减除折扣额。

（2）现金折扣。现金折扣发生在小企业销售商品之后。小企业销售商品后现金折扣是否发生以及发生多少要视买方的付款情况而定，小企业在确认销售商品收入时不能确定现金折扣金额。因此，小企业销售商品涉及现金折扣的，按照扣除现金折扣前的金额确定销售商品收入金额。现金折扣实际上是小企业为了尽快回笼资金而发生的理财费用，在实际发生时计入财务费用。

在计算现金折扣时，要注意销售方是按不包含增值税的价款提供现金折扣，还是按包含增值税的价款提供现金折扣，两种情况下购买方享有的现金折扣金额不同。例如，销售价格为1 000元的商品，增值税额为130元，购买方应享有的现金折扣为1%。如果购销双方约定计算现金折扣时不考虑增值税，则购买方应享有的现金折扣金额为10元；如果购销双方约定计算现金折扣时一并考虑增值税，则购买方享有的现金折扣金额为11.3元。

例8-4 2021年1月1日，华德公司向隆泰公司销售一批商品，增值税专用发票上注明的销售价款为20 000元，增值税额为2 600元。为及早收回货款，华德公司和隆泰公司约定的现金折扣条件为"2/10，1/20，N/30"。假设不结转销售成本，并且计算现金折扣时不考虑增值税额。

华德公司的会计处理如下：

1月1日销售实现时，按销售总价确认收入。

借：应收账款	22 600
贷：主营业务收入	20 000
应交税费——应交增值税（销项税额）等	2 600

如果隆泰公司在1月9日付清货款，则按销售总价20 000元的2%享受现金折扣400元（20 000×2%），实际付款22 200元（22 600–400）。

借：银行存款	22 200
财务费用	400
贷：应收账款	22 600

如果隆泰公司在1月18日付清货款，则按销售总价20 000元的1%享受现金折扣200元（20 000×1%），实际付款22 400元（22 600–200）。

借：银行存款	22 400
财务费用	200
贷：应收账款	22 600

如果隆泰公司在1月底才付清货款，则按全额付款。

借：银行存款	22 600
贷：应收账款	22 600

（3）销售折让。《小企业会计准则》第六十一条规定，销售折让是指小企业因售出商品的质量不合格等原因而在售价上给予的减让。小企业将商品销售给买方后，如买方发现商品在质量、规格等方面不符合要求，可以要求卖方在价格上给予一定的减让。

销售折让如发生在确认销售收入之前，则在确认销售收入时直接按扣除销售折让后的金额确认；已确认销售收入的售出商品发生销售折让，在发生时冲减当期销售商品收入（依据《小企业会计准则》第六十一条的规定）。如按规定允许扣减增值税额的，那么还应冲减已确认的应交增值税销项税额。

例 8-5 2021年5月，华德公司向隆泰公司销售一批商品，开出的增值税专用发票上注明的销售价款为80 000元，增值税额为10 400元。隆泰公司在验收过程中发现商品质量不合格，要求在价格上给予5%的折让。假定华德公司已确认销售收入，款项尚未收到，发生的销售折让允许扣减当期增值税额。假设不结转商品成本。

华德公司的会计处理如下。

销售实现时：

借：应收账款　　　　　　　　　　　　　　　　90 400
　　贷：主营业务收入　　　　　　　　　　　　　　80 000
　　　　应交税费——应交增值税（销项税额）等　　10 400

发生销售折让时：

借：主营业务收入　　　　　　　　　　　　　　4 000
　　应交税费——应交增值（销项税额）等　　　　520
　　贷：应收账款　　　　　　　　　　　　　　　　4 520

实际收到款项时：

借：银行存款　　　　　　　　　　　　　　　　85 880
　　贷：应收账款　　　　　　　　　　　　　　　　85 880

2. 销售退回的会计处理

> **小企业会计准则**
>
> 第六十一条　小企业已经确认销售商品收入的售出商品发生的销售退回（不论属于本年度还是属于以前年度的销售），应当在发生时冲减当期销售商品收入。
>
> 前款所称销售退回，是指小企业售出的商品由于质量、品种不符合要求等原因发生的退货。

小企业销售商品除了可能发生销售折让外，还有可能发生销售退回。对于销售退回，小企业已经确认销售商品收入的售出商品发生销售退回（不论是属于本年度还是属于以前年度销售的），在发生时冲减主营业务收入或其他业务收入。同时，冲减当期销售商品成本，借记"库存商品"等账户，贷记"主营业务成本"等账户。《小企业会计准则》规范的销售退回的会计处理和税法的规定一致，不存在差异，不需要纳税调整。

如该项销售退回已发生现金折扣的，那么同时调整相关财务费用的金额；如该项销售退回允许扣减增值税额的，那么同时调整"应交税费——应交增值税（销项税额）"（或"应交税费——待转销项税""应交税费——简易计税"等）账户的相应金额。

例 8-6 2021 年 12 月 12 日，神都公司向科苑公司销售一批商品，开出的增值税专用发票上注明的销售价款为 50 000 元，增值税额为 6 500 元，该批商品成本为 26 000 元。为及早收回货款，神都公司和科苑公司约定的现金折扣条件为"2/10，1/20，N/30"。科苑公司于 2021 年 12 月 19 日支付货款。2022 年 4 月 5 日，该批商品因质量问题被科苑公司退回，神都公司当日支付有关款项。假定计算现金折扣时不考虑增值税。

神都公司的会计处理如下：

2021 年 12 月 12 日，销售实现时，按销售总价确认收入。

借：应收账款	56 500
贷：主营业务收入	50 000
应交税费——应交增值税（销项税额）等	6 500

同时：

借：主营业务成本	26 000
贷：库存商品	26 000

在 2021 年 12 月 19 日收到货款时，按销售总价 50 000 元的 2%享受现金折扣 1 000 元（50 000×2%），实际收款 55 500 元（56 500–1 000）。

借：银行存款	55 500
财务费用	1 000
贷：应收账款	56 500

2022 年 4 月 5 日，发生销售退回。

借：主营业务收入	50 000
应交税费——应交增值税（销项税额）等	6 500
贷：银行存款	55 500
财务费用	1 000

同时：

借：库存商品	26 000
贷：主营业务成本	26 000

小企业销售退回，如何进行会计处理？请扫描二维码进一步探讨。

3．采用预收款方式销售商品的会计处理

预收款销售方式下，销售方直到收到最后一笔款项才将商品交付购货方，表明商品所有权上的主要风险和报酬只有在收到最后一笔款项时才转移给购货方。销售方通常在发出商品时确认收入（依据《小企业会计准则》第五十九条第二款的规定），在此之前预收的货款确认为预收账款。

例 8-7 方达公司和景云公司签订协议，采用预收款方式向景云公司销售一批商品。该批商品实际成本为 60 000 元。协议约定，该批商品销售价格为 80 000 元，增值税

额为 10 400 元。景云公司在协议签订时预付 60%的货款（按销售价格计算），剩余货款于 3 个月后支付。

方达公司的会计处理如下。

（1）收到 60%货款时：

借：银行存款　　　　　　　　　　　　　　　　　　　48 000
　　贷：预收账款　　　　　　　　　　　　　　　　　　　48 000

（2）收到剩余货款及增值税税款时：

借：预收账款　　　　　　　　　　　　　　　　　　　48 000
　　银行存款　　　　　　　　　　　　　　　　　　　42 400
　　贷：主营业务收入　　　　　　　　　　　　　　　　80 000
　　　　应交税费——应交增值税（销项税额）等　　　　10 400
借：主营业务成本　　　　　　　　　　　　　　　　　60 000
　　贷：库存商品　　　　　　　　　　　　　　　　　　60 000

房地产开发小企业销售未完工产品（期房）的会计处理，请参阅 2.4.2 节的相关内容。

4．采用支付手续费方式委托代销商品的会计处理

收取手续费，即受托方根据所代销的商品数量向小企业收取手续费，这对受托方来说实际上是一种劳务收入。在这种代销方式下，受托方通常按照小企业规定的价格销售，不得自行改变售价。

在采用支付手续费代销方式下，小企业收到受托方开出的代销清单时确认销售商品收入（依据《小企业会计准则》第五十九条第五款的规定），同时将应支付的代销手续费计入销售费用。

例 8-8　2021 年 10 月，鲁景公司委托威河公司销售甲商品 100 件，协议价为 1 000 元/件，甲商品成本为 600 元/件，增值税税率为 13%。鲁景公司收到威河公司开来的代销清单时开具增值税发票，发票上注明：售价 100 000 元，增值税 13 000 元。如果甲商品没有卖出去，那么威河公司可以将其退回给鲁景公司。

假定代销合同规定，威河公司按每件 1 000 元售给顾客，鲁景公司按售价的 10%支付威河公司手续费。威河公司实际销售时，即向买方开一张增值税专用发票，发票上注明甲商品售价 100 000 元，增值税额 13 000 元。鲁景公司在收到威河公司交来的代销清单时，向威河公司开具一张相同金额的增值税发票。

鲁景公司收到代销清单时：

借：应收账款——威河公司　　　　　　　　　　　　　113 000
　　贷：主营业务收入　　　　　　　　　　　　　　　　100 000
　　　　应交税费——应交增值税（销项税额）等　　　　13 000
借：主营业务成本　　　　　　　　　　　　　　　　　60 000
　　贷：库存商品　　　　　　　　　　　　　　　　　　60 000
借：销售费用——代销手续费　　　　　　　　　　　　10 000
　　贷：应收账款——威河公司　　　　　　　　　　　　10 000

收到威河公司汇来的货款净额 103 000 元（113 000-10 000）时：

借：银行存款　　　　　　　　　　　　　　　103 000
　　贷：应收账款——威河公司　　　　　　　　　　　103 000

5. 销售材料等存货的会计处理

小企业在日常活动中还可能发生对外销售不需用的原材料、随同商品对外销售单独计价的包装物等业务。小企业销售原材料、包装物等存货也视同商品销售，其收入确认和计量原则比照商品销售。

小企业销售原材料、包装物等存货实现的收入以及结转的相关成本，通过"其他业务收入""其他业务成本"账户进行会计处理。

例 8-9　方达公司销售一批原材料，开出的增值税专用发票上注明的售价为 10 000 元，增值税额为 1 300 元，款项已由银行收妥。该批原材料的实际成本为 8 000 元。

方达公司的会计处理如下。

（1）取得原材料销售收入：

借：银行存款　　　　　　　　　　　　　　　11 300
　　贷：其他业务收入　　　　　　　　　　　　　　10 000
　　　　应交税费——应交增值税（销项税额）等　　　 1 300

（2）结转已销原材料的实际成本：

借：其他业务成本　　　　　　　　　　　　　　8 000
　　贷：原材料　　　　　　　　　　　　　　　　　　8 000

6. 分期收款销售商品的会计处理

小企业销售商品，有时会采取分期收款的方式，如分期收款发出商品，即商品已经交付，货款分期收回。在这种销售方式下，在合同约定的收款日期确认收入（依据《小企业会计准则》第五十九条第三款的规定）。

付款方提前付款的，在实际付款日确认收入的实现。

由表 1-4 可知，小企业按合同约定日期开具增值税发票，确认收入实现，收入金额为分期收款金额，并结转相应成本，计算应交增值税和所得税额。

例 8-10　2021 年 1 月 1 日，京丰公司采用分期收款方式向文同公司销售一套大型设备，合同约定的销售价格为 200 000 元，分四次于每年 12 月 31 日等额收取。该大型设备成本为 160 000 元。假定京丰公司发出商品时，其有关的增值税纳税义务尚未发生；在合同约定的收款日期，发生有关的增值税纳税义务。

（1）2021 年 1 月 1 日销售实现时，不确认收入。

（2）2021 年 12 月 31 日收取货款和增值税额。

借：银行存款　　　　　　　　　　　　　　　56 500
　　贷：主营业收入　　　　　　　　　　　　　　　50 000
　　　　应交税费——应交增值税（销项税额）等　　　 6 500

借：主营业务成本　　　　　　　　　　　　　 40 000
　　贷：库存商品——××设备　　　　　　　　　　 40 000

（3）2022年12月31日、2023年12月31日、2024年12月31日的会计处理同（2）。

对于分期收款实质具有融资性质的商品销售，要在合同约定的收款日确认为收入，区别于《企业会计准则》按照现值确认收入。直接按合同价款确认为当期收入而不再折现，相对而言会增加小企业当期的营业收入，增加当期所交所得税，但同时也会使小企业当期利润相对较大，有利于小企业的融资行为。

7. 买一赠一和对外捐赠的会计处理

在会计处理上，对于赠品不确认收入。根据国税函〔2008〕875号文的规定，小企业以买一赠一等方式组合销售本企业商品的，不属于捐赠，将总的销售金额按各项商品的公允价值的比例来分摊确认各项商品的销售收入。

例8-11 汇文公司是一家厨房用品生产公司，属于增值税一般纳税人，主要产品是电饭煲，副产品是高压锅。电饭煲成本为每台600元，售价为每台1 000元；高压锅成本为每台300元，售价为每台500元。增值税税率为13%，所得税税率为25%。汇文公司2021年1月发生下列经济业务。

（1）以买一赠一方式销售商品。汇文公司采用"买1台电饭煲赠送1台高压锅"的销售方式，本月共卖出200台电饭煲。

汇文公司的会计处理如下：

借：银行存款	226 000
贷：主营业务收入	200 000
应交税费——应交增值税（销项税额）等	26 000
借：主营业务成本——电饭煲	120 000
贷：库存商品——电饭煲	120 000
借：销售费用	73 000
贷：库存商品——高压锅	60 000
应交税费——应交增值税（销项税额）等	13 000

税务处理上，将200 000元的总收入按两种商品公允价值的比例，分别确认主营业务收入133 333元（1 000÷1 500×200 000）和其他业务收入66 667元（500÷1 500×200 000）。

（2）将商品用于对外捐赠。汇文公司通过有关公益慈善机构向养老院捐赠100台电饭煲。

在会计处理上，对外捐赠不符合收入的确认条件，不确认收入。汇文公司的会计处理如下：

借：营业外支出	73 000
贷：库存商品——电饭煲	60 000
应交税费——应交增值税（销项税额）等	13 000

根据国税函〔2008〕828号文的规定，小企业将资产用于对外捐赠，按规定视同销售确认收入。在税务处理上，对外捐赠应视同销售确认收入并结转成本，汇文公司期末应调增应纳税所得额40 000元［100×（1 000–600）］。

假设汇文公司当年会计利润总额为2 000 000元，则本年度扣除限额为240 000元，此处的 73 000 元可以全部税前扣除。假设汇文公司当年会计利润总额为 500 000 元，则可扣除限额为 60 000 元，超出部分 13 000 元要进行纳税调增处理，计入应纳税所得额，并且在接下来的三个年度继续扣除这 13 000 元（依据 2017 年修订后的《企业所得税法》和 2019 年修订的《企业所得税法实施条例》）。

8. 以旧换新销售的会计处理

以旧换新销售，是指销售方在销售商品的同时回收和所售商品相同的旧商品。在这种销售方式下，销售的商品应当按照销售商品收入确认条件确认收入，回收的商品作为购进商品处理（依据《小企业会计准则》第五十九条第六款的规定）。

✏️ **例 8-12** 2021 年 3 月，大美公司共销售 MN 型号彩色电视机 100 台，每台不含增值税销售价格 4 000 元，每台销售成本为 2 000 元；同时回收 100 台 MN 型号旧彩色电视机，每台回收价格为 226 元；款项均已收付。

大美公司的会计处理如下。
（1）2021 年 3 月，大美公司销售 100 台 MN 型号彩色电视机：

借：库存现金　　　　　　　　　　　　　　　　　　452 000
　　贷：主营业务收入　　　　　　　　　　　　　　　　400 000
　　　　应交税费——应交增值税（销项税额）等　　　　 52 000
借：主营业务成本　　　　　　　　　　　　　　　　200 000
　　贷：库存商品——MN 型号彩色电视机　　　　　　200 000

（2）2021 年 3 月，大美公司回收 100 台 MN 型号彩色电视机：

借：原材料或库存商品　　　　　　　　　　　　　　 20 000
　　应交税费——应交增值税（进项税额）等　　　　　 2 600
　　贷：库存现金　　　　　　　　　　　　　　　　　 22 600

8.1.3　产品分成方式取得收入的会计处理

产品分成，即多家企业在合作进行生产经营过程中，合作各方对合作生产出的产品按照约定进行分配，并以此作为生产经营收入。由于产品分成是以实物代替货币作为收入的，而产品的价格又随着市场供求关系而波动，因此只有在分得产品时才确认收入的实现，才能体现生产经营的真实所得。

《小企业会计准则》第五十九条第七款规定，采取产品分成方式取得的收入，在分得产品之日按照产品的市场价格或评估价值确定销售商品收入金额。

产品分成收入额的确定标准，即按照产品的市场价格或评估价值确定。根据《企业所得税法实施条例》第二十四条的规定，采取产品分成方式取得收入的，按照企业分得产品的日期确认收入的实现，其收入额按照产品的公允价值确定。

由此可见，《小企业会计准则》的规定和《企业所得税法实施条例》的规定是一致的。

🔍 **专栏　视同销售行为的税会异同**

正如 6.1.1 节所介绍的内容，增值税和企业所得税对视同销售行为的认定标准不同，导致视同销售行为的会计处理和税务处理可能会存在差异。具体可以分为以下三种情况。

1. 《小企业会计准则》作为销售处理，税法也作为销售处理

这种情况主要包括：小企业将自产、委托加工或者购进的货物作为投资，提供给其他单位或者个体工商户；将自产、委托加工的货物用于个人消费；将自产、委托加工的货物分配给股东或者投资者。

《小企业会计准则》规定，通过非货币性资产交换取得的长期股权投资，按照换出非货币性资产的评估价值和相关税费作为成本进行计量。这种交换方式实际上包括了购进和销售两笔业务，且购销业务同时成立。换出非货币性资产涉及相关税费的，应区别不同情况按照税收规定计算确定相关税金：换出存货、固定资产（动产）视同销售应计算销项税额，换出固定资产（不动产）、无形资产视同转让应缴纳的增值税等。《小企业会计准则》还规定，以其自产产品发放给职工的，按照其销售价格，借记"应付职工薪酬"账户，贷记"主营业务收入"账户；同时，还应结转产成品的成本。涉及增值税销项税额，还应贷记"应交税费——应交增值税（销项税额）"（或"应交税费——待转销项税""应交税费——简易计税"等）账户。

因为上述视同销售行为的所有权属均发生改变，所以不仅符合《小企业会计准则》的收入确认原则，而且符合增值税、企业所得税视同销售的认定标准，因此不存在差异调整问题。在纳税申报时，只需要按照一般销售业务计算缴纳增值税和企业所得税。

2. 税法作为销售处理，《小企业会计准则》不作为销售处理

这种情况主要包括小企业将自产或委托加工或购买的货物无偿赠送他人等。因为将自产或委托加工或购买的货物无偿赠送他人等行为，虽然所有权属发生改变，但没有经济利益流入企业，也不可能取得索取货款的权利，不符合《小企业会计准则》收入确认原则，只是按成本结转，但按照税法规定，则需要视同销售计算缴纳增值税和企业所得税。进行会计处理时，按照成本，借记"营业外支出——捐赠支出"账户，贷记"库存商品"账户。同时，按照应缴纳的增值税销项税额，借记"营业外支出——捐赠支出"账户，贷记"应交税费——应交增值税（销项税额）"（或"应交税费——待转销项税""应交税费——简易计税"等）账户。

在申报企业所得税时，用自产货物无偿捐赠他人，应分解为视同销售和捐赠支出两项业务进行纳税调整。

3. 增值税规定作为销售处理，《小企业会计准则》和企业所得税法不作为销售处理

这种情况主要包括：小企业设有两个以上机构并实行统一核算的纳税人，将货物从一个机构移送其他机构用于销售，将自产、委托加工的货物用于非增值税应税项目或用于企业集体福利部门使用等。其所有权属没有发生改变，且该资产在空间上并没有转移至境外，不符合《小企业会计准则》关于收入的确认原则，也不符合企业所得税法关于视同销售行为的认定标准，因而该内部处置资产的行为就不用确认收入，也无须缴纳企业所得税。但按照增值税规定，认定为视同销售行为。进行会计处理时，按照成本，借记"在建工程"等账户，贷记"库存商品"账户。同时，按照税法规定应缴纳的增值税销项税额，借记"在建工程"等账户，贷记"应交税费——应交增值税（销项税额）"（或"应交税费——待转销项税额""应交税费——简易计税"等）账户。

《小企业会计准则》规定，采用发出货物和收取款项作为标准，减少关于风险报酬转移的职业判断，同时就几种常见的销售方式明确规定了收入确认的时点。

> **专栏　视同销售的纳税调整**
>
> 视同销售的纳税调整，小企业可以填报《视同销售和房地产开发企业特定业务纳税调整明细表》（A105010），如表8-1所示。

表8-1　视同销售和房地产开发企业特定业务纳税调整明细表（A105010）

行次	项目	税收金额 1	纳税调整金额 2
1	一、视同销售（营业）收入（2+3+4+5+6+7+8+9+10）		
2	（一）非货币性资产交换视同销售收入		
3	（二）用于市场推广或销售视同销售收入		
4	（三）用于交际应酬视同销售收入		
5	（四）用于职工奖励或福利视同销售收入		
6	（五）用于股息分配视同销售收入		
7	（六）用于对外捐赠视同销售收入		
8	（七）用于对外投资项目视同销售收入		
9	（八）提供劳务视同销售收入		
10	（九）其他		
11	二、视同销售（营业）成本（12+13+14+15+16+17+18+19+20）		
12	（一）非货币性资产交换视同销售成本		
13	（二）用于市场推广或销售视同销售成本		
14	（三）用于交际应酬视同销售成本		
15	（四）用于职工奖励或福利视同销售成本		
16	（五）用于股息分配视同销售成本		
17	（六）用于对外捐赠视同销售成本		
18	（七）用于对外投资项目视同销售成本		
19	（八）提供劳务视同销售成本		
20	（九）其他		

8.2　提供劳务收入

> **小企业会计准则**
>
> 第六十二条　小企业提供劳务的收入，是指小企业从事建筑安装、修理修配、交通运输、仓储租赁、邮电通信、咨询经纪、文化体育、科学研究、技术

> 服务、教育培训、餐饮住宿、中介代理、卫生保健、社区服务、旅游、娱乐、加工以及其他劳务服务活动取得的收入。

由表 1-4 可知，会计上规定小企业提供劳务的收入的内容，和税法规定的内容基本一致，两者之间的差别在于小企业劳务收入不包括金融保险，因为《小企业会计准则》第二条规定金融机构或其他具有金融性质的小企业不适用于《小企业会计准则》。

8.2.1 同一会计期间内开始并完成的劳务

《小企业会计准则》第六十三条第一款规定，同一会计年度内开始并完成的劳务，在提供劳务交易完成且收到款项或取得收款权利时，确认提供劳务收入。提供劳务收入的金额为从接受劳务方已收或应收的合同或协议价款。

小企业对外提供劳务，如属于小企业的主营业务所实现的收入作为主营业务收入处理，那么结转的相关成本作为主营业务成本处理；如属于主营业务以外的其他经营活动，那么所实现的收入作为其他业务收入处理，结转的相关成本作为其他业务成本处理。

例 8-13 2021 年 3 月 10 日，建科公司接受一项设备安装任务，该安装任务可一次完成，合同总价款为 9 000 元，实际发生安装成本为 5 000 元。假定安装业务属于建科公司的主营业务，不考虑增值税问题。

建科公司的会计处理如下：

借：应收账款（或银行存款）　　　　　　　　9 000
　　贷：主营业务收入　　　　　　　　　　　　　　9 000
借：主营业务成本　　　　　　　　　　　　5 000
　　贷：银行存款等　　　　　　　　　　　　　　　5 000

若上述安装任务需花费一段时间（不超过本会计期间）才能完成，则在为提供劳务发生有关支出时：

借：劳务成本
　　贷：银行存款等

（注：未写明金额，主要是由于实际发生成本 5 000 元是个总计数，而每笔归集劳务成本的分录金额不同。）

待安装完成确认所提供劳务的收入并结转该项劳务总成本时：

借：应收账款（或银行存款）　　　　　　　　9 000
　　贷：主营业务收入　　　　　　　　　　　　　　9 000
借：主营业务成本　　　　　　　　　　　　5 000
　　贷：劳务成本　　　　　　　　　　　　　　　　5 000

8.2.2 开始和完成分属不同会计期间的劳务

《小企业会计准则》第六十三条第二款规定，劳务的开始和完成分属不同会计年度的，按照完工进度确认劳务收入。年度资产负债表日，按照劳务收入总额乘以完工进度扣除以前会计年度累计已确认劳务收入后的金额，确认本年度的劳务收入；同时，按照估计的劳务成本总额乘以完工进度扣除以前会计年度累计已确认营业成本后的金额,结转本年度营业成本。

如果劳务的开始和完成分属不同的会计期间,那么采用完工百分比法确认提供劳务收入。

小企业可以根据提供劳务的特点,选用下列方法确定提供劳务交易的完工进度:

(1)已完工作的测量。这是一种比较专业的测量方法,由专业测量师对已经提供的劳务进行测量,并按一定方法计算确定提供劳务交易的完工程度。

(2)已经提供的劳务占应提供劳务总量的比例。这种方法主要以劳务量为标准确定提供劳务交易的完工程度。

(3)已经发生的成本占估计总成本的比例。这种方法主要以成本为标准确定提供劳务交易的完工程度。

采用完工百分比法确认劳务收入时,小企业按照计算确定的提供劳务收入金额,借记"银行存款""应收账款"等账户,贷记"主营业务收入"账户。

例8-14 2021年10月1日,科苑公司为客户研制一项软件,合同规定的研制开发期为5个月,合同总收入为400 000元,至2021年12月31日已发生成本180 000元,预收账款250 000元。预计开发完成该项软件的总成本为250 000元。2021年12月31日,经专业测量师测量,软件的完工进度为70%。假定合同总收入很可能收回,研制开发软件属于科苑公司的主营业务,不考虑增值税问题。

科苑公司的会计处理如下。

(1)发生成本时:

借:劳务成本　　　　　　　　　　　　　　　　　　180 000
　　贷:银行存款(应付职工薪酬等)　　　　　　　　　　180 000

(2)预收账款时:

借:银行存款　　　　　　　　　　　　　　　　　　250 000
　　贷:预收账款　　　　　　　　　　　　　　　　　　250 000

(3)2021年12月31日确认该项劳务的本期收入和费用。

若按专业测量师测量结果确定该劳务的完工进度,则2021年确认的收入为:400 000×70%−0=280 000(元)。

2021年确认的费用为:250 000×70%−0=175 000(元)。

借:预收账款　　　　　　　　　　　　　　　　　　280 000
　　贷:主营业务收入　　　　　　　　　　　　　　　　280 000
借:主营业务成本　　　　　　　　　　　　　　　　175 000
　　贷:劳务成本　　　　　　　　　　　　　　　　　　175 000

若按已提供的劳务占应提供劳务总量的比例确定该劳务的完工进度(假定研制开发期内劳务量均衡发生),则至2021年12月31日,该劳务的完工进度为60%(该项软件研制开发已完成的工作时间为3个月,占完成此项劳务所需总工作时间5个月的60%)。

据此,2021年确认的收入为:400 000×60%−0=240 000(元)。

2021年确认的费用为:250 000×60%−0=150 000(元)。

借：预收账款　　　　　　　　　　　　　　　　　240 000
　　贷：主营业务收入　　　　　　　　　　　　　　　　240 000
借：主营业务成本　　　　　　　　　　　　　　　150 000
　　贷：劳务成本　　　　　　　　　　　　　　　　　　150 000

若按已发生成本占估计总成本的比例确定该劳务的完工进度，则至 2021 年 12 月 31 日，该劳务的完工进度为 72%（180 000÷250 000）。

据此，2021 年确认的收入为：400 000×72%-0=288 000（元）。

2021 年确认的费用为：250 000×72%-0=180 000（元）。

借：预收账款　　　　　　　　　　　　　　　　　288 000
　　贷：主营业务收入　　　　　　　　　　　　　　　　288 000
借：主营业务成本　　　　　　　　　　　　　　　180 000
　　贷：劳务成本　　　　　　　　　　　　　　　　　　180 000

和提供劳务收入相关联的营业成本，需要考虑暂估入账问题。

8.2.3　同时销售商品和提供劳务交易

> **小企业会计准则**
>
> 第六十四条　小企业与其他企业签订的合同或协议包含销售商品和提供劳务时，销售商品部分和提供劳务部分能够区分且能够单独计量的，应当将销售商品的部分作为销售商品处理，将提供劳务的部分作为提供劳务处理。
>
> 销售商品部分和提供劳务部分不能够区分，或者虽能区分但不能够单独计量的，应当作为销售商品处理。

纳税人兼营销售货物、劳务、服务、无形资产或者不动产，适用不同税率或者征收率的，分别核算适用不同税率或者征收率的销售额；未分别核算的，从高适用税率。

例 8-15　奥斯公司和宝安公司签订合同，向宝安公司销售一部电梯并负责安装。奥斯公司开出的增值税专用发票上注明的价款合计为 200 000 元，其中，电梯销售价格为 190 000 元，安装费为 10 000 元，电梯销售和安装适用的增值税税率分别为 13% 和 6%。电梯的成本为 112 000 元；电梯安装过程中发生安装费 2 400 元，均为安装人员薪酬。假定电梯已经安装完成并经验收合格，款项尚未收到。安装工作是销售合同的重要组成部分。

奥斯公司的会计处理如下。

（1）实际发生安装费用 2 400 元：

借：主营业务成本——电梯安装　　　　　　　　　2 400
　　贷：应付职工薪酬　　　　　　　　　　　　　　　　2 400

（2）确认销售电梯收入和提供劳务收入合计 200 000 元：

借：应收账款——宝安公司　　　　　　　　　　　225 300
　　贷：主营业务收入——销售××电梯　　　　　　　　190 000

　　　　——电梯安装劳务　　　　　　　　　　10 000
　　　应交税费——应交增值税（销项税额）等　25 300（190 000×13%+10 000×6%）
（3）结转销售商品成本 112 000 元：
　　借：主营业务成本——销售××电梯　　　　112 000
　　　贷：库存商品——××电梯　　　　　　　　　　　　112 000

例 8-16　创佳公司在 2021 年 1 月 8 日向联华商场销售一批彩色电视机，为保证及时供货，双方约定由创佳公司动用自己的汽车进行运输，创佳公司除收取彩色电视机货款外，还向联华商场收取运输费。创佳公司开出的增值税专用发票上注明的价款合计为 200 000 元，增值税额为 26 000 元，款项于当天收到，该批商品成本为 72 000 元。假定创佳公司为运输该批彩色电视机发生的运输成本为 340 元，其中汽车折旧为 120 元，运输工人薪酬为 220 元。

创佳公司的会计处理如下。
（1）销售彩色电视机确认销售收入：
　　借：银行存款　　　　　　　　　　　　　　226 000
　　　贷：主营业务收入　　　　　　　　　　　　　　　200 000
　　　　　应交税费——应交增值税（销项税额）等　　　26 000
（2）发生运输劳务成本：
　　借：主营业务成本——商品运输　　　　　　340
　　　贷：应付职工薪酬　　　　　　　　　　　　　　　220
　　　　　累计折旧——××汽车　　　　　　　　　　　120
（3）结转彩色电视机成本：
　　借：主营业务成本　　　　　　　　　　　　72 000
　　　贷：库存商品　　　　　　　　　　　　　　　　　72 000

专栏　与《企业会计准则》的比较

　　收入准则（2006）将收入分为商品销售收入、劳务收入、让渡资产使用权收入，并分别规范了它们的确认和计量，确认的理论基础是商品或服务的风险报酬是否转移给购买方，即风险报酬转移法。

　　收入准则（2017）没有规范收入的分类，以企业和客户双方签订的合同为载体，依据商品或服务的控制权转移理论，按照五步法来确认和计量收入。即，第一步，识别与客户订立的合同；第二步，识别合同中的单项履约义务；第三步，确定交易价格；第四步，将交易价格分摊至各单项履约义务；第五步，履行各单项履约义务时确认收入。其中，第一步、第二步和第五步主要与收入的确认有关，第三步和第四步主要与收入的计量有关。

8.3 收入的税务处理

在收入确认方面,《小企业会计准则》和税法存在差异,请扫描二维码了解相关内容。

小企业的营业收入(包括"主营业务收入"和"其他业务收入")需要填报一级附表《一般企业收入明细表》(A101010)中,如表8-2所示,然后将第1行填报在主表《中华人民共和国企业所得税年度纳税申报表(A类)》(A100000)的第1行,如表8-3所示。

表8-2 一般企业收入明细表(A101010)

行次	项目	金额
1	一、营业收入(2+9)	
2	(一)主营业务收入(3+5+6+7+8)	
3	1. 销售商品收入	
4	其中:非货币性资产交换收入	
5	2. 提供劳务收入	
6	3. 建造合同收入	
7	4. 让渡资产使用权收入	
8	5. 其他	
9	(二)其他业务收入(10+12+13+14+15)	
10	1. 销售材料收入	
11	其中:非货币性资产交换收入	
12	2. 出租固定资产收入	
13	3. 出租无形资产收入	
14	4. 出租包装物和商品收入	
15	5. 其他	

表8-3 中华人民共和国企业所得税年度纳税申报表(A类)(A100000)

行次	类别	项目	金额
1	利润总额计算	一、营业收入(填写 A101010\101020\103000)	

8.4 政府补助

《小企业会计准则》第六十九条规定,政府补助,是指小企业从政府无偿取得货币性资产或非货币性资产,但不含政府作为小企业所有者投入的资本。

8.4.1 政府补助的主要形式

政府补助通常为货币性资产形式，最常见的是通过银行转账的方式；由于历史原因也存在无偿划拨非货币性资产的情况，随着市场经济的逐步完善，这种情况已经趋于消失。政府补助的主要形式有三种：财政拨款、财政贴息和税收返还。

1．财政拨款

财政拨款是政府为了支持小企业而无偿拨付的款项。为了体现财政拨款的政策引导作用，这类拨款通常具有严格的政策条件，只有符合申报条件的小企业才能申请拨款；同时附有明确的使用条件，政府在批准拨款时规定了资金的具体用途。

财政拨款可以是事前支付，也可以是事后支付。前者是指符合申报条件的小企业，经申请取得拨款之后，将拨款用于规定用途或其他用途。例如，符合申请科技型中小企业技术创新基金的小企业，取得拨付资金后，用于购买设备等规定用途。后者是指符合申报条件的小企业，从事相关活动、发生相关费用之后，再向政府部门申请拨款。例如，为支持中小企业参与国际竞争，政府给予中小企业的国际市场开拓资金可以采用事后支付的方式，小企业完成开拓市场活动（如举办或参加境外展览会等）后，根据政府批复的支持金额获得资助资金。

2．财政贴息

财政贴息是指政府为支持特定领域或区域发展，根据国家宏观经济形势和政策目标，对承贷小企业的银行贷款利息给予的补贴。财政贴息的补贴对象通常是符合申报条件的某类项目。例如，农业产业化项目、中小企业技术创新项目等。贴息项目通常是综合性项目，包括设备购置、人员培训、研发费用、人员开支、购买服务等；也可以是单项的，如仅限于固定资产贷款项目。

目前，财政贴息主要有两种方式。一种是财政将贴息资金直接支付给受益小企业。例如，政府为支持中小企业专业化发展，对中小企业以银行贷款为主投资的项目提供的贷款贴息。另一种是财政将贴息资金直接拨付贷款银行，由贷款银行以低于市场利率的政策性优惠利率向企业提供贷款。例如，某些扶贫资金，由农行系统发放贴息贷款，财政部和农业银行总行结算贴息资金，承贷小企业按照实际发生的利率计算和确认利息费用。

3．税收返还

税收返还是政府向小企业返还的税款，属于以税收优惠形式给予的一种政府补助。税收返还主要包括先征后返的所得税和先征后退、即征即退的流转税，其中，流转税包括增值税、消费税等。实务中，还存在税收奖励的情况，若采用先据实征收、再以现金返还的方式，则在本质上也属于税收返还。

除了税收返还之外，税收优惠还包括直接减征、免征、增加计税抵扣额、抵免部分税额等形式。这类税收优惠体现了政策导向，但政府并未直接向小企业无偿提供资产，因此不作为《小企业会计准则》规范的政府补助处理。

8.4.2 政府补助的会计处理

> **小企业会计准则**
>
> 第六十九条
> （一）小企业收到与资产相关的政府补助，应当确认为递延收益，并在相关资产的使用寿命内平均分配，计入营业外收入。
> 收到的其他政府补助，用于补偿本企业以后期间的相关费用或亏损的，确认为递延收益，并在确认相关费用或发生亏损的期间，计入营业外收入；用于补偿本企业已发生的相关费用或亏损的，直接计入营业外收入。
> （二）政府补助为货币性资产的，应当按照收到的金额计量。
> 政府补助为非货币性资产的，政府提供了有关凭据的，应当按照凭据上标明的金额计量；政府没有提供有关凭据的，应当按照同类或类似资产的市场价格或评估价值计量。
> （三）小企业按照规定实行企业所得税、增值税、消费税等先征后返的，应当在实际收到返还的企业所得税、增值税（不含出口退税）、消费税时，计入营业外收入。

1. 与资产相关的政府补助的会计处理

与资产相关的政府补助，是指小企业取得的、用于购建或以其他方式形成长期资产的政府补助。

这类补助一般以银行转账的方式拨付，如政府拨付的用于小企业购买无形资产的财政拨款、政府对小企业用于建造固定资产的相关贷款给予的财政贴息等，在实际收到款项时按照到账的实际金额确认和计量。

这里需要说明两点：

（1）递延收益分配的起点是"相关资产可供使用时"，对于应计提折旧或摊销的长期资产，即为资产开始折旧或摊销的时点。

（2）递延收益分配的终点是"资产使用寿命结束或资产被处置时（孰早）"。相关资产在使用寿命结束前被处置（出售、转让、报废等），尚未分配的递延收益余额应当一次性转入资产处置当期的收益，不再予以递延。

📝 **例8-17** 2021年1月1日，京卫公司为建造一项环保工程向银行贷款50万元，期限为2年，年利率为6%。当年12月31日，京卫公司向当地政府提出财政贴息申请。经审核，当地政府批准按照实际贷款额50万元给予京卫公司年利率3%的财政贴息，共计3万元，分两次支付。2022年1月15日，第一笔财政贴息资金1.2万元到账。2022年7月1日，工程完工，第二笔财政贴息资金1.8万元到账，该工程预计使用寿命10年。

京卫公司的会计处理如下：

（1）2022年1月15日实际收到财政贴息，确认政府补助：

借：银行存款　　　　　　　　　　　　　　12 000
　　贷：递延收益　　　　　　　　　　　　　　　12 000

(2) 2022年7月1日实际收到财政贴息,确认政府补助:
借:银行存款   18 000
　　贷:递延收益   18 000

(3) 2022年7月1日工程完工,开始分配递延收益,自2022年7月1日起,每个月月末:
借:递延收益   250 (30 000÷120)
　　贷:营业外收入   250

例 8-18 华达公司是一家高新技术小企业,2021年4月收到从政府无偿取得自行研究开发新产品专利技术的专项拨款100万元,该企业将此项资金用于购置一套新产品开发专项设备,价值56.5万元,增值税专用发票上注明的金额为50万元,税额为6.5万元。6月,该项设备已投产使用,且达到预期用途。暂不考虑其残值,采用直线法10年折旧;将剩下的43.5万元,全用于该项新产品专利技术开发,研发过程中,发生材料费20万元,人员工资10万元,折旧费用2万元,长期待摊费用2万元;支付项目设计费1万元,装备调试费3.5万元,委托外部研究开发费用2万元,其他费用3万元。其中,符合资本化条件的支出38万元,研发项目预期2021年7月完成,且达到用途形成无形资产,并预计10年摊销。

华达公司的会计处理如下(金额单位为万元)。
(1) 企业收到与资产相关的政府补助时:
借:银行存款   100
　　贷:递延收益   100
(2) 支付专项设备款时:
借:固定资产   50
　　应交税费——应交增值税(进项税额)等   6.5
　　贷:银行存款   56.5
(3) 计提专项设备折旧时:
借:制造费用   0.416 7
　　贷:累计折旧   0.416 7 (50÷10÷12)
(4) 发生研究开发费用时:
借:研发支出——费用化支出   5.5
　　　　　　——资本化支出   38
　　贷:原材料   20
　　　　应付职工薪酬   10
　　　　累计折旧   2
　　　　长期待摊费用   2
　　　　银行存款   9.5
(5) 研发项目达到预期用途形成无形资产时:
借:管理费用   5.5
　　无形资产   38

贷：研发支出——费用化支出　　　　　　　　　　　　　　5.5
　　　　　——资本化支出　　　　　　　　　　　　　　38

（6）分配递延收益时：
借：递延收益　　　　　　　　　　　　　　　　　　　15.45
　　贷：营业外收入　　　　　　　　　　　　　　　　　　15.45

递延收益15.45万元（2.5+9.625+3.325），其分配如下。

① 2021年7—12月专项设备折旧费：50÷10÷12×6=2.5（万元）。

② 研发项目。未形成无形资产计入当期损益的，在按规定据实扣除基础上，按研究开发费用的75%加计扣除：5.5×100%+5.5×75%=9.625（万元）。

形成无形资产的，按无形资产成本175%摊销：38×175%÷10÷12×6=3.325（万元）。

> **专栏　与《企业会计准则》的比较**
>
> （1）对非货币性资产形式取得的政府补助。《小企业会计准则》未对非货币性资产的公允价值不能可靠取得的情形下的会计处理做出规定。而《企业会计准则》则要求按照名义金额（1元）计量。
>
> （2）递延收益的会计处理。《小企业会计准则》规定，政府补助同时满足下列两个条件的，计入营业外收入：第一，小企业能够满足政府补助所附条件；第二，小企业能够收到政府补助。上述条件未满足前收到的政府补助应当确认为递延收益。而《企业会计准则》规定，递延收益的会计处理是需要按期分摊的与收益相关的政府补助及与资产相关的政府补助。

相关链接　递延收益的会计处理

"递延收益"账户，是用来核算小企业从政府无偿取得货币性资产或非货币性资产，是国家为促进小企业发展无偿拨给，但在以后期间计入损益的政府补助。资产负债表中的非流动负债中，有"递延收益"项目来反映小企业收到的、应在以后期间计入当期损益的政府补助。

2. 其他政府补助的会计处理

这类补助通常以银行转账的方式拨付，在实际收到款项时按照到账的实际金额确认和计量。例如，按照有关规定对企业先征后返的增值税，小企业在实际收到返还的增值税税款时将其确认为收益，而不在确认应付增值税时确认应收税收返还款。

✏️ **例8-19**　长元公司生产一种先进的模具产品，按照国家相关规定，这种产品适用于增值税先征后返政策，即先按规定征收增值税，然后按实际缴纳增值税额返还70%。2021年1月，该公司实际缴纳增值税额1.2万元。2021年2月，该公司实际收到返还的增值税额8 400元。

长元公司实际收到返还的增值税额的会计处理如下：

借：银行存款　　　　　　　　　　　　　　　　　　　8 400
　　贷：营业外收入　　　　　　　　　　　　　　　　　　8 400

只有存在确凿证据表明该项补助是按照固定的定额标准拨付的,才可以在这项补助成为应收款时予以确认并按照应收的金额计量。例如,按储备量和补助定额计算和拨付给小企业的储备粮存储费用补贴,可以按照实际储备量和补贴定额计算应收政府补助款。

例 8-20　2021 年 3 月,保粮公司为购买储备粮从国家农业发展银行贷款 60 万元,同期银行贷款利率为 6%。自 2021 年 4 月开始,财政部门于每季度初,按照保粮公司的实际贷款额和贷款利率拨付保粮公司贷款利息,保粮公司收到财政部门拨付的利息后再支付给银行。

保粮公司的会计处理如下。

(1) 2021 年 4 月,实际收到财政贴息 9 000 元时:

借:银行存款　　　　　　　　　　　　　　　9 000
　贷:递延收益　　　　　　　　　　　　　　　　9 000

(2) 将补偿 2021 年 4 月利息费用的补贴计入当期收益:

借:递延收益　　　　　　　　　　　　　　　3 000
　贷:营业外收入　　　　　　　　　　　　　　　3 000

2021 年 5 月和 6 月的会计处理同上。

政府补助对企业的帮助,有时是"雪中送炭",有时是"锦上添花"。请扫描二维码学习政府补助的案例。

> **专栏　与《企业会计准则》的比较**
>
> 《企业会计准则》规定,与企业日常活动相关的政府补助,按照经济业务实质,计入其他收益或冲减相关成本费用。与企业日常活动无关的政府补助,计入营业外收入;与日常经营有关的政府补助,计入其他收益,在利润表中的"营业利润"项目之上单独列报"其他收益"项目。
>
> 《小企业会计准则》没有上述规定。

8.4.3　政府补助的税务处理

《企业所得税法》第七条:收入总额中的下列收入为不征税收入:一是财政拨款;二是依法收取并纳入财政管理的行政事业性收费、政府性基金;三是国务院规定的其他不征税收入。

《企业所得税法实施条例》第二十六条:国务院规定的其他不征税收入,是指企业取得的,由国务院财政、税务主管部门规定专项用途并经国务院批准的财政性资金。

《企业所得税法实施条例》第二十八条:企业的不征税收入用于支出所形成的费用或者财产,不得扣除或者计算对应的折旧摊销扣除。

财税〔2012〕27 号:符合条件的软件企业,按照规定取得的即征即退增值税税款,专项用于软件产品研发和扩大在生产并单独进行核算,可以作为不征税收入。

不征税收入、不征税收入用于支出所形成的费用同步调整,若会计处理严格按照政府补助进行,则基本无差异。《纳税调整项目明细表》(A105000,见表 8-4) 中分收、支两个项目调整，考虑到专项用途财政性资金的限期（5年内）使用（上缴）问题，明细表能更清晰反映不征税收入相应调整情况。

表8-4 纳税调整项目明细表（A105000）

行次	项目	账载金额	税收金额	调增金额	调减金额
		1	2	3	4
8	（七）不征税收入			—	—
9	其中：专项用途财政性资金（填写A105040）			—	—
24	（十二）不征税收入用于支出所形成的费用			—	—
25	其中：专项用途财政性资金用于支出所形成的费用（填写A105040）			—	—

符合专项用途财政性资金的，填报《专项用途财政性资金纳税调整明细表》（A105040，见表8-5）。

《未按权责发生制确认收入纳税调整明细表》（A105020，见表8-6）中政府补助递延收入的衔接，符合不征税收入条件的政府补助，直接按不征税收入进行申报，不需填报未按权责发生制确认收入调整表；不征税收入用于支出形成的资本，在《资产折旧、摊销情况及纳税调整表》（A105080）中相关表格中填报调整。

表8-5 专项用途财政性资金纳税调整明细表（A105040）

行次	项目	取得年度	财政性资金金额	其中：符合不征税收入条件的财政性资金		以前年度支出情况					本年支出情况		本年结余情况		
				金额	其中：计入本年损益的金额	前五年度	前四年度	前三年度	前二年度	前一年度	支出金额	其中：费用化支出金额	结余金额	其中：上缴财政金额	应计入本年应税收入金额
		1	2	3	4	5	6	7	8	9	10	11	12	13	14
1	前五年度														
2	前四年度					—									
3	前三年度					—									
4	前二年度					—									
5	前一年度					—									
6	本年														
7	合计（1+2+3+4+5+6）		—			—									

表 8-6　未按权责发生制确认收入纳税调整明细表（A105020）

行次	项　目	合同金额（交易金额）	账载金额 本年	账载金额 累计	税收金额 本年	税收金额 累计	纳税调整金额
		1	2	3	4	5	6(4-2)
9	三、政府补助递延收入（10+11+12）						
10	（一）与收益相关的政府补助						
11	（二）与资产相关的政府补助						
12	（三）其他						

第 9 章
产品成本和费用

2013 年财政部根据《中华人民共和国会计法》《企业会计准则》等有关规定制定了《企业产品成本核算制度（试行）》，该制度适用于大中型企业，包括制造业、农业、批发零售业、建筑业、房地产业、采矿业、交通运输业、信息传输业、软件及信息技术服务业、文化业以及其他行业的企业。对于小企业而言，可以借鉴该制度的相关内容来核算产品成本。

产品，是指小企业日常生产经营活动中持有以备出售的产成品、商品、提供的劳务或服务。产品成本，是指小企业在生产产品过程中所发生的材料费用、职工薪酬等，以及不能直接计入而按一定标准分配计入的各种间接费用，即产品成本是小企业为生产产品、提供劳务或服务而发生的各种经济资源的耗费。生产经营过程同时也是资产的耗费过程。例如，为生产产品需要耗费材料，磨损固定资产，用现金向职工支付工资等职工薪酬。材料、固定资产和现金都是小企业的资产。这些资产的耗费，在小企业内部表现为由一种资产转变为另一种资产，是资产内部的转变，不会导致企业所有者权益的减少，不是经济利益流出企业，因此不是小企业的费用。

费用是小企业在生产经营过程中发生的各项耗费。费用一般有两个特征：

（1）费用是小企业资源的流出，如小企业发生的工资支出。但是，并不是所有的支出都是费用，例如，用银行存款归还短期借款是小企业的资金支出，但它并不是小企业的费用。

（2）费用最终会减少所有者权益。但是，导致所有者权益减少的支出，并不都构成费用，如小企业支付利润。

小企业根据所发生的有关费用能否归属于使产品达到目前场所和状态的原则，正确区分产品成本和期间费用。

产品成本应列示在资产负债表中，半成品、在产品和完工产品在没有出售或投入使用之前都列示在资产负债表中，即 9.1 节介绍的内容属于资产负债表业务，为了便于本书的编写，放在本章中。

在资产负债表中，小企业将应付的职工薪酬确认为负债。在职工为其提供服务的会计期间，根据职工提供服务的受益对象，小企业将其计入资产成本或期间费用。为了便于本书的编写，将职工薪酬放在 9.3 节中。

9.1 生产成本

> **小企业会计准则**
>
> 第十四条　小企业应当根据生产特点和成本管理的要求，选择适合本企业的成本核算对象、成本项目和成本计算方法。
>
> 小企业发生的各项生产费用，应当按照成本核算对象和成本项目分别归集。
>
> （1）属于材料费、人工费等直接费用，直接计入基本生产成本和辅助生产成本。
>
> （2）属于辅助生产车间为生产产品提供的动力等直接费用，可以先作为辅助生产成本进行归集，然后按照合理的方法分配计入基本生产成本；也可以直接计入所生产产品发生的生产成本。
>
> （3）其他间接费用应当作为制造费用进行归集，月度终了，再按一定的分配标准，分配计入有关产品的成本。

9.1.1 成本核算概述

1. 正确划分各种成本耗费的界限

小企业通过划分成本界限（存货成本和期间费用的界限、各期的成本界限、各种产品的成本界限、完工产品和在产品的成本界限），确定了各种产品本月应负担的生产成本。月末，如果某产品已经全部完工，则本月发生的生产成本全部计入该完工产品；如果该产品全部未完工，则本月发生的生产成本全部计入未完工产品。如果某种产品既有完工产品又有在产品，就需要采用适当的分配方法，将产品负担的成本在完工产品和在产品之间进行分配，分别计算出完工产品负担的成本和在产品负担的成本。

为了划清这一成本界限，首先要正确计算完工产品和在产品的数量，然后才能在计算产品数量的基础上进行成本的分配。

基本生产车间发生的各项成本，最终都要计入产品生产成本，即记入各种产品成本明细账。基本生产车间发生的直接用于产品生产但没有专门设立成本项目的成本，以及间接用于产品生产的成本，先记入"制造费用"账户及其相应明细账户；月末，再将归集的全部制造费用转入"生产成本——基本生产成本"账户。

通过生产成本的归集和分配，在"生产成本——基本生产成本"账户和所属各种产品成本明细账的各个成本项目中，归集了由本月基本生产车间的各种产品负担的全部生产成本。将这些成本加上月初在产品成本，在完工产品和月末在产品之间进行分配，计算出各种完工产品和月末在产品的成本。

值得注意的是，小企业所发生的费用，若能确定由某一成本核算对象负担的，则按照所对应的产品成本项目类别，直接计入产品成本核算对象的生产成本；若由几个成本核算对象共同负担的，则选择合理的分配标准分配计入。小企业根据生产经营特点，以正常生产能力水平为基础，按照资源耗费方式确定合理的分配标准。小企业按照权责发生制的原则，根据产品的生产特点和管理要求结转成本。

2．选择适当的成本计算方法

小企业在进行成本核算时，根据自身的具体情况，选择适合自身特点的成本计算方法。可以选择的成本计算方法有品种法、分批法、分步法、分类法、标准成本法等。成本计算方法的选择，需要同时考虑小企业生产类型的特点和管理的要求两个方面。在同一个小企业里，可以采用一种成本计算方法，也可以采用多种成本计算方法，即多种成本计算方法同时使用或多种成本计算方法结合使用。成本计算方法一经选定，一般不得随意变更。

3．成本核算使用的主要账户

为了按照用途归集各项成本，划清有关成本的界限，正确计算产品成本，小企业需要设置"生产成本""制造费用"账户。

（1）"生产成本"账户。"生产成本"账户核算小企业进行工业性生产发生的各项生产成本，包括生产各种产品（产成品、自制半成品）、自制材料、自制工具、自制设备等。

"生产成本"账户可按基本生产成本和辅助生产成本进行明细会计处理。基本生产成本分别按照基本生产车间和成本核算对象（产品的品种、类别、订单、批别、生产阶段等）设置明细账，并按照规定的成本项目设置专栏。小企业发生的各项直接生产成本，各生产车间应负担的制造费用，辅助生产车间为基本生产车间、管理部门和其他部门提供的劳务和产品，期（月）末按照一定的分配标准分配给各受益对象记入"生产成本"账户的借方；小企业已经生产完成并已验收入库的产成品以及入库的自制半成品成本，在期（月）末记入"生产成本"账户的贷方；"生产成本"账户的期末借方余额，反映小企业尚未加工完成的在产品成本。

（2）"制造费用"账户。"制造费用"账户核算小企业生产车间（部门）为生产产品和提供劳务而发生的各项间接费用。该账户可按不同的生产车间、部门和费用项目进行明细核算。生产车间发生的机物料消耗，管理人员的工资等职工薪酬，计提的固定资产折旧，支付的办公费、水电费等，发生季节性的停工损失等记入"制造费用"账户的借方；将制造费用分配计入有关的成本核算对象并记入"制造费用"账户的贷方。季节性生产企业制造费用全年实际发生额和分配额的差额，除其中属于为下一年开工生产做准备的可留待下一年分配外，其余部分实际发生额和分配额的差额计入生产成本。除季节性的生产性小企业外，"制造费用"账户期末无余额。

4．产品生产成本项目

根据生产特点和管理要求，小企业一般可以设立以下几个成本项目：

（1）直接材料。直接材料是指小企业在生产产品和提供劳务过程中所消耗的直接用于产品生产并构成产品实体的原料、主要材料、外购半成品以及有助于产品形成的辅助材料等。

（2）直接人工。直接人工是指小企业在生产产品和提供劳务过程中，直接参加产品生产的工人工资以及其他各种形式的职工薪酬。

（3）制造费用。制造费用是指小企业为生产产品和提供劳务而发生的各项间接费用，包括生产车间管理人员的工资等职工薪酬、折旧费、办公费、水电费、机物料消耗、劳动保护费、季节性和修理期间的停工损失等。

9.1.2 基本生产成本的核算

1．直接材料成本的核算

基本生产车间发生的直接用于产品生产的直接材料成本，包括直接用于产品生产的燃料和动力成本，专门设置"直接材料"等成本账户。这些原材料和主要材料一般分产品领用，根据领料凭证直接记入某种产品成本的"直接材料"账户（通常是按照产品分别领用的，属于直接成本，根据领料凭证直接记入某种产品成本的"直接材料"账户）。如果是几种产品共同耗用的材料成本，如化工生产的用料，则采用适当的分配方法，分配计入各有关产品成本的"直接材料"成本项目。

直接用于产品生产、专设成本项目的各种直接材料成本，借记"生产成本——基本生产成本"账户及其所属各产品成本明细账"直接材料"等成本项目。小企业根据发出材料的成本总额，贷记"原材料"等账户。

例 9-1 京仪公司基本生产车间领用某种材料 4 000 千克，单价 10 元，材料成本合计 40 000 元，生产甲产品 4 000 件，乙产品 2 000 件。甲产品消耗定额为 12 千克，乙产品消耗定额为 26 千克。分配结果如下。

分配率=40 000÷（4 000×12+2 000×26）=0.4

材料成本的分配：

甲产品=48 000×0.4=19 200（元）

乙产品=52 000×0.4=20 800（元）

在实际工作中，材料成本的分配一般是通过"材料成本分配表"进行的。这种分配表按照材料的用途和材料类别，根据归类后的领料凭证编制。

2．直接人工成本的核算

直接人工成本的核算内容是，直接进行产品生产、设有"直接人工"成本项目的生产工人工资、福利费等职工薪酬，单独记入"生产成本——基本生产成本"账户和所属产品成本明细账的借方（在明细账中记入"直接人工"成本账户），同时，贷记"应付职工薪酬"账户。

如果生产车间同时生产几种产品，则其发生的直接人工成本，包括工人工资、福利费等职工薪酬，采用一定方法分配计入各产品成本中。由于工资形成的方式不同，直接人工的分配方法也不同。例如，按计时工资分配直接人工成本，按计件工资分配直接人工成本。

（1）按计时工资分配直接人工成本。计时工资一般是依据生产工人出勤记录和月标准工资计算的，不能反映生产工人工资的用途。实务中一般以产品生产耗用的生产工时为分配标准。

（2）按计件工资分配直接人工成本。计件工资下，直接人工成本的分配可根据产量和每件人工费率，分别对不同产品进行汇总，计算出每种产品负担的直接人工成本。

为了按工资的用途和发生地点归集并分配工资，小企业月末分生产部门根据工资结算单和有关的生产工时记录编制"工资成本分配表"，该表的格式如表 9-1 所示。小企业生产车间工人除工资以外的其他职工薪酬的归集和分配方法，和工资基本相同。

表 9-1　工资成本分配表　　　　　　　　　　　　单位：元

应借账户		工　　资			
总账及二级账户	明细账户	分配标准（工时）	直接生产人员（0.5）	管理人员	工资合计
生产成本——基本生产成本	甲产品	360 000	180 000		180 000
	乙产品	240 000	120 000		120 000
	小计	600 000	300 000		300 000
生产成本——辅助生产成本	锅炉车间				80 000
	供电车间				120 000
	小计				200 000
制造费用	基本车间			6 000	6 000
	锅炉车间			3 500	3 500
	供电车间			2 500	2 500
	小计			12 000	12 000
合　　计			300 000	12 000	512 000

例 9-2　京仪公司发生的工资成本分配如表 9-1 所示，该公司根据表 9-1 可以登记总账和有关的明细账。会计处理如下：

借：生产成本——基本生产成本　　　　　　　　300 000
　　　　　　——辅助生产成本　　　　　　　　200 000
　　制造费用——基本车间　　　　　　　　　　6 000
　　　　　　——锅炉车间　　　　　　　　　　3 500
　　　　　　——供电车间　　　　　　　　　　2 500
　　贷：应付职工薪酬　　　　　　　　　　　　512 000

9.1.3　辅助生产成本的核算

辅助生产是指为基本生产服务而进行的产品生产和劳务供应。辅助生产有的只生产一种产品或提供一种劳务，如供电、供气、运输等辅助生产；有的则生产多种产品或提供多种劳务，如从事工具、模型、备件的制造以及机器设备的修理等辅助生产。辅助生产成本是指辅助生产车间发生的成本。

归集在"生产成本——辅助生产成本"账户及其明细账借方的辅助生产成本，由于所生产的产品和提供的劳务不同，其所发生的成本分配转出的程序方法也不一样。例如，提供水、电、气和运输、修理等劳务所发生的辅助生产成本，通常按受益单位耗用的劳务数量在各单位之间进行分配，分配时，借记"制造费用"，或者在结算辅助生产明细账之前，将各辅助车间的制造费用分配转入各辅助生产明细账，归集辅助生产成本。制造工具、模型、备件等产品所发生的成本，计入完工工具、模型、备件等产品的成本。完工时，作为自制工具或材料入库，由"生产成本——辅助生产成本"账户及其明细账的贷方转入"低值易耗品"或"原材料"等账户的借方。

辅助生产提供的产品和劳务，主要是为基本生产车间和管理部门使用和服务的，但在某些辅助生产车间之间也有相互提供产品和劳务的情形。这会产生辅助生产成本在各辅助生产车间交互分配的问题。

辅助生产成本的分配，通过"辅助生产成本分配表"进行。分配辅助生产成本的方法主要有直接分配法、顺序分配法、交互分配法和按计划成本分配法等。这里主要介绍分配辅助生产成本的直接分配法和交互分配法。

1. 直接分配法

采用直接分配法，不考虑辅助生产内部相互提供的劳务量，即不经过辅助生产成本的交互分配，直接将各辅助生产车间发生的成本分配给辅助生产以外的各个受益单位或产品。

例9-3 北京机床公司辅助生产车间的制造费用不通过"制造费用"账户进行会计处理。该公司锅炉和机修两个辅助车间之间相互提供产品和劳务。锅炉车间的成本按供气量比例分配，修理费用按修理工时比例进行分配。该公司2021年7月有关辅助生产成本的资料如表9-2所示。

表9-2 北京机床公司有关辅助生产成本的资料

辅助生产车间名称		机修车间	锅炉车间
待分配成本（元）		480 000	45 000
供应劳务数量		160 000 小时	10 000 立方米
耗用劳务、产品数量	锅炉车间	10 000 小时	
	机修车间		1 000 立方米
	一车间	80 000 小时	5 100 立方米
	二车间	70 000 小时	3 900 立方米

根据表9-2的资料，编制直接分配法的辅助生产成本分配表，如表9-3所示。

表9-3 辅助生产成本分配表（直接分配法）

2021年7月

辅助生产车间名称			机修车间	锅炉车间	合　　计
待分配成本（元）			480 000	45 000	525 000
对外供应劳务数量			150 000 小时	9 000 立方米	
单位成本（分配率）			3.2	5	
基本生产车间	一车间	耗用数量	80 000 小时	5 100 立方米	
		分配金额（元）	256 000	25 500	281 500
基本生产车间	二车间	耗用数量	70 000 小时	3 900 立方米	
		分配金额（元）	224 000	19 500	243 500
金额合计（元）			480 000	45 000	525 000

对外供应劳务数量：
机修车间=160 000−10 000=150 000（小时）
锅炉车间=10 000−1 000=9 000（立方米）
北京机床公司的会计处理如下：
借：制造费用——一车间　　　　　　　　　　281 500
　　　　　　——二车间　　　　　　　　　　243 500
　　贷：生产成本——辅助生产成本（机修车间）　　480 000
　　　　　　　　——辅助生产成本（锅炉车间）　　45 000

2. 交互分配法

采用这种方法分配辅助生产成本，首先根据各辅助生产内部相互供应的数量和交互分配前的成本分配率（单位成本），进行一次交互分配；然后将各辅助生产车间交互分配后的实际成本（交互分配前的成本加上交互分配转入的成本，减去交互分配转出的成本），按对外提供劳务的数量在辅助生产以外的各个受益单位或产品之间进行分配。

例 9-4 承例 9-3。编制交互分配法的辅助生产成本分配表，如表 9-4 所示。

表9-4　辅助生产成本分配表（交互分配法）

2021 年 7 月　　　　　　　　　　　　金额单位：元

分配方向			交互分配			对外分配		
辅助生产车间名称			机 修	锅 炉	合 计	机 修	锅 炉	合 计
待分配成本（元）			480 000	45 000	525 000	454 500	70 500	525 000
供应劳务数量			160 000	10 000		150 000	9 000	
分配率			3	4.5		3.03	7.833 3	
辅助车间	机修	耗用数量		1 000				
		分配金额		4 500	4 500			
	锅炉	耗用数量	10 000					
		分配金额	30 000		30 000			
金额小计			30 000	4 500	34 500			
基本车间	一车间	耗用数量				80 000	5 100	
		分配金额				242 400	39 949.83	282 349.83
	二车间	耗用数量				70 000	3 900	
		分配金额				212 100	30 550.17	242 650.34
分配金额小计（元）						454 500	70 500	525 000

注：机修和锅炉的耗用数量的单位同表 9-3。
　　分配率的小数保留四位，第五位四舍五入；分配的小数尾差，计入二车间生产成本。

对外分配的辅助生产成本：
机修车间=480 000+4 500−30 000=454 500（元）
锅炉车间=45 000+30 000−4 500=70 500（元）

北京机床公司的会计处理如下。
(1) 交互分配：
借：生产成本——辅助生产成本（机修车间） 4 500
　　　　　　——辅助生产成本（锅炉车间） 30 000
　　贷：生产成本——辅助生产成本（机修车间） 30 000
　　　　　　　　——辅助生产成本（锅炉车间） 4 500
(2) 对外分配：
借：制造费用——一车间 282 349.83
　　　　　　——二车间 242 650.17
　　贷：生产成本——辅助生产成本（机修车间） 454 500
　　　　　　　　——辅助生产成本（锅炉车间） 70 500

9.1.4　制造费用的会计处理

制造费用，是指小企业为生产产品和提供劳务而发生的各项间接费用，包括生产车间发生的机物料消耗、管理人员的职工薪酬、折旧费、办公费、水电费、季节性的停工损失等。制造费用属于应计入产品成本但不专设成本项目的各项成本。

制造费用归集和分配通过"制造费用"账户进行。该账户根据有关付款凭证、转账凭证和前述各种成本分配表登记；此外，还应按不同的车间设立明细账，账内按照成本项目设立专栏，分别反映各车间各项制造费用的发生情况和分配转出情况。

基本生产车间和辅助生产车间发生的直接用于生产但没有专设成本项目的各种材料成本，以及用于组织和管理生产活动的各种材料成本，一般借记"制造费用"及其明细账（基本生产车间或辅助生产车间）的相关成本项目，贷记"原材料"等账户。

基本生产车间和辅助生产车间管理人员的工资、福利费等职工薪酬，记入"制造费用"账户和所属明细账的借方，同时，贷记"应付职工薪酬"账户。

生产车间计提的固定资产折旧，借记"制造费用"账户，贷记"累计折旧"账户。

生产车间支付的办公费、水电费等，借记"制造费用"账户，贷记"银行存款"等账户。

发生季节性的停工损失，借记"制造费用"账户，贷记"原材料""应付职工薪酬""银行存款"等账户。

小企业经过一年期以上的制造才能达到预定可销售状态的产品在制造完成之前发生的借款利息，在应付利息日根据借款合同利率计算确定的利息费用，借记"制造费用"账户，贷记"应付利息"账户。制造完成之后发生的利息费用，借记"财务费用"账户，贷记"应付利息"账户。

将制造费用分配计入有关的成本核算对象，借记"生产成本——基本生产成本、辅助生产成本"等账户，贷记"制造费用"账户。

季节性生产小企业制造费用全年实际发生额和分配额的差额，除其中属于为下一年开工生产做准备的可留待下一年分配外，其余部分实际发生额大于分配额的差额，借记"生产成本——基本生产成本"账户，贷记"制造费用"账户；实际发生额小于分配额的差额，做相反的会计处理。

小企业根据制造费用的性质，合理选择分配方法。在各种产品之间分配制造费用的方法，通常有生产工人工时比例法、生产工人工资比例法、机器工时比例法等。小企业具体选用哪种分配方法，可以自行决定。分配方法一经确定，不得随意变更。如需变更，则在附注中予以说明。

例 9-5 某小企业基本生产车间甲产品机器工时为 40 000 小时，乙产品机器工时为 30 000 小时，本月发生制造费用 630 000 元。

制造费用分配率=630 000÷（40 000+30 000）=9
甲产品应负担的制造费用=40 000×9=360 000（元）
乙产品应负担的制造费用=30 000×9=270 000（元）

按机器工时比例法编制制造费用分配表，如表 9-5 所示。

表 9-5　制造费用分配表　　　　　金额单位：元

借方账户	机器工时	分配金额（分配率：9）
生产成本——基本生产成本（甲产品）	40 000	360 000
（乙产品）	30 000	270 000
合　　计	70 000	630 000

该小企业的会计处理如下：
借：生产成本——基本生产成本（甲产品）　　360 000
　　　　　　　　　　　　　　　（乙产品）　　270 000
　　贷：制造费用　　　　　　　　　　　　　　630 000

通过以上各种成本的分配和归集，计入本月产品成本的各种成本都已记入"生产成本——基本生产成本"账户的借方，并已在各种产品之间划分清楚，而且按成本项目分别登记在各自的产品成本计算单（基本生产成本明细账）中了。

小企业可以充分利用现代信息技术，编制、执行企业产品成本预算，对执行情况进行分析、考核，落实成本管理责任制，加强对产品生产事前、事中、事后的全过程控制，加强产品成本核算和管理各项基础工作。

9.1.5　自制半成品和产成品的会计处理

自制半成品和产成品，是小生产企业在生产过程中经常出现的存货，也是小企业成本会计核算的重要内容。

《小企业会计准则》第十一条规范了在产品、半成品和产成品的定义。

在产品，是指小企业正在制造尚未完工的产品，包括正在各个生产工序加工的产品，以及已加工完毕但尚未检验或已检验但尚未办理入库手续的产品。

半成品，是指小企业经过一定生产过程并已检验合格交付半成品仓库保管，但尚未制造完工成为产成品，仍需进一步加工的中间产品。

产成品，是指小企业已经完成全部生产过程并已验收入库，符合标准规格和技术条件，可以按照合同规定的条件送交订货单位，或者可以作为商品对外销售的产品。

《小企业会计准则》第十二条规定，通过进一步加工取得存货的成本包括直接材料、直接人工以及按照一定方法分配的制造费用。经过一年期以上的制造才能达到预定可销售状态的存货发生的借款费用，也计入存货的成本。

1. 自制半成品的会计处理

自制半成品，作为小企业的库存商品进行管理，而外购的半成品，则作为原材料管理。

（1）主要账户。小企业各基本生产车间之间或基本生产车间和半成品库之间相互转移，以及委托外单位加工自制半成品的发出和收回，通过"生产成本"账户进行会计处理；同时，设置备查簿进行数量登记。

（2）会计处理。小企业已经生产完成并经验收入库的自制半成品，按其实际成本，借记"库存商品"账户，贷记"生产成本——基本生产成本"账户。小企业生产车间从半成品库领用自制半成品时，按实际成本，借记"生产成本——基本生产成本"账户，贷记"库存商品"账户。

例 9-6 北方机床厂生产完成并验收入库一批自制半成品，其实际成本为 20 000 元。

借：库存商品   20 000
　　贷：生产成本——基本生产成本   20 000

小企业发出半成品委托外单位进行加工时，按发出半成品的实际成本，借记"生产成本——基本生产成本"账户，贷记"库存商品"账户；支付外部加工费和外地运杂费时，借记"生产成本——基本生产成本"账户，贷记"银行存款"等账户；加工完成、验收入库的自制半成品，按加工后的实际成本，借记"库存商品"账户，贷记"生产成本——基本生产成本"账户。

2. 产成品的会计处理

（1）主要账户。为了反映和监督产成品的收发和结存情况，小企业设置"库存商品"账户。该账户，借方登记产成品的增加，贷方登记产成品的减少，期末借方余额反映小企业库存产成品的实际成本。

（2）会计处理。小企业生产完成验收入库的产成品，按其实际成本结转，借记"库存商品"账户，贷记"生产成本——基本生产成本"账户。小企业销售产品，在产成品发出后，结转产成品成本，借记"主营业务成本"账户，贷记"库存商品"账户。

例 9-7 北方机床厂销售一批机床，其数量为 20 台，单位成本为 1 000 元/台。

结转成本的会计处理为：

借：主营业务成本   20 000
　　贷：库存商品   20 000

9.2 营业成本

> **小企业会计准则**
>
> 第六十六条 通常,小企业的费用应当在发生时按照其发生额计入当期损益。
> 小企业销售商品收入和提供劳务收入已予确认的,应当将已销售商品和已提供劳务的成本作为营业成本结转至当期损益。

小企业的费用支出包括营业成本、税金及附加、销售费用、管理费用、财务费用等。

> **小企业会计准则**
>
> 第六十五条第一款 营业成本,是指小企业所销售商品的成本和所提供劳务的成本。

营业成本包括主营业务成本和其他业务成本。

主营业务成本是指小企业销售商品、提供劳务等经常性活动所发生的成本。小企业一般在确认销售商品、提供劳务等主营业务收入时,或在月末将已销售商品、已提供劳务的成本结转入主营业务成本。

月末,小企业可根据本月销售各种商品或提供各种劳务的实际成本,计算应结转的主营业务成本,借记"主营业务成本"账户,贷记"库存商品""生产成本""工程施工"等账户。

本月发生的销售退回,可以直接从本月的销售数量中减去,得出本月销售的净数量,然后计算应结转的主营业务成本,也可以单独计算本月销售退回成本,借记"库存商品"等账户,贷记"主营业务成本"账户。

月末,可将"主营业务成本"账户的余额转入"本年利润"账户,结转后无余额。

主营业务成本的会计实务举例,请读者参阅第8章。

其他业务成本是指小企业确认的除主营业务活动以外的其他日常生产经营活动所发生的支出,包括销售材料的成本、出租固定资产的折旧费、出租无形资产的摊销额等,不包括出租商品和包装物的成本或摊销额等。具体会计处理,请读者参阅例5-24。

营业成本的税务处理:小企业的营业成本(包括"主营业务成本"和"其他业务成本")需要填报一级附表《一般企业成本支出明细表》(A102010)中,如表9-6所示,然后将第1行填报在主表《中华人民共和国企业所得税年度纳税申报表(A类)》(A100000)的第2行,如表9-7所示。

表9-6 一般企业成本支出明细表(A102010)

行次	项目	金额
1	一、营业成本(2+9)	

续表

行次	项目	金额
2	（一）主营业务成本（3+5+6+7+8）	
3	1. 销售商品成本	
4	其中：非货币性资产交换成本	
5	2. 提供劳务成本	
6	3. 建造合同成本	
7	4. 让渡资产使用权成本	
8	5. 其他	
9	（二）其他业务成本（10+12+13+14+15）	
10	1. 材料销售成本	
11	其中：非货币性资产交换成本	
12	2. 出租固定资产成本	
13	3. 出租无形资产成本	
14	4. 包装物出租成本	
15	5. 其他	

表9-7　中华人民共和国企业所得税年度纳税申报表（A类）（A100000）

行次	类别	项目	金额
2		减：营业成本（填写A102010\102020\103000）	

9.3　职工薪酬

小企业会计准则

第四十九条　应付职工薪酬，是指小企业为获得职工提供的服务而应付给职工的各种形式的报酬以及其他相关支出。

小企业的职工薪酬包括：

（一）职工工资、奖金、津贴和补贴。

（二）职工福利费。

（三）医疗保险费、养老保险费、失业保险费、工伤保险费和生育保险费等社会保险费。

（四）住房公积金。

（五）工会经费和职工教育经费。

（六）非货币性福利。

（七）因解除与职工的劳动关系给予的补偿。

（八）其他与获得职工提供的服务相关的支出等。

9.3.1 职工薪酬的确认和计量

1. 账户设置

小企业为了便于归集职工薪酬，设置"应付职工薪酬"总账户，下设"工资""职工福利""社会保险费""住房公积金""工会经费""职工教育经费""非货币性福利""辞退福利"等明细账户，进行统一会计处理。

> **小企业会计准则**
>
> 第五十条 小企业应当在职工为其提供服务的会计期间，将应付的职工薪酬确认为负债，并根据职工提供服务的受益对象，分别下列情况进行会计处理：
> （一）应由生产产品、提供劳务负担的职工薪酬，计入产品成本或劳务成本。
> （二）应由在建工程、无形资产开发项目负担的职工薪酬，计入固定资产成本或无形资产成本。
> （三）其他职工薪酬（含因解除与职工的劳动关系给予的补偿），计入当期损益。

小企业在职工为其提供服务的会计期间，将应付的职工薪酬确认为负债，并根据职工提供服务的受益对象（"谁受益谁承担"原则），分别下列情况处理：

（1）生产部门人员的职工薪酬。借记"生产成本""制造费用"等账户，贷记"应付职工薪酬"账户。

（2）管理部门人员、销售人员的职工薪酬。借记"管理费用"或"销售费用"账户，贷记"应付职工薪酬"账户。

（3）由在建工程、无形资产开发项目负担的职工薪酬。借记"在建工程""研发支出"等账户，贷记"应付职工薪酬"账户。

（4）因解除与职工的劳动关系给予的补偿。借记"管理费用"账户，贷记"应付职工薪酬——辞退福利"账户。

2. 货币性职工薪酬的会计处理

计算应付职工薪酬时，国家规定了计提基础和计提比例的，按照国家规定的标准计提。例如，向社会保险经办机构等缴纳的医疗保险费、养老保险费、失业保险费、工伤保险费、生育保险费等保险经费，向住房公积金管理机构缴存的住房公积金，以及工会经费和职工教育经费等。

没有规定计提基础和计提比例的，小企业根据历史经验数据和实际情况，合理预计当期应付职工薪酬。当期实际发生金额大于预计金额的，补提应付职工薪酬；当期实际发生金额小于预计金额的，冲回多提的应付职工薪酬。

✐ **例9-8** 2021年5月，红星厂根据工资费用分配表资料，基本生产车间应付生产工人工资6万元，车间管理人员工资1万元。

红星厂的会计处理如下：

借：生产成本	60 000	
制造费用	10 000	
贷：应付职工薪酬——工资		70 000

例 9-9 2021年1月，京纺公司以银行存款缴纳参加职工医疗保险的医疗保险费40 000元。

京纺公司的会计处理如下：

借：应付职工薪酬——社会保险费	40 000	
贷：银行存款		40 000

例 9-10 2021年6月，华达公司根据工资费用分配表可知，固定资产基本建设工程人员工资5万元。

华达公司的会计处理如下：

借：在建工程	50 000	
贷：应付职工薪酬		50 000

3. 非货币性职工薪酬的会计处理

（1）小企业以其自产产品作为非货币性福利发放给职工的，根据受益对象，按照该产品的市场价值，计入相关资产成本或当期损益，同时确认应付职工薪酬。借记"管理费用""生产成本""制造费用"等账户，贷记"应付职工薪酬"账户。同时确认主营业务收入，其销售成本的结转和相关税费的处理和正常商品销售相同。

以外购商品作为非货币性福利提供给职工的，按该商品的市场价值和相关税费计入相关资产成本或当期损益，同时确认应付职工薪酬；实际购买时冲销应付职工薪酬。

例 9-11 京华公司为小家电生产企业，共有职工20名，其中17名为直接参加生产的职工，3名为管理人员。2021年1月，京华公司以其生产的每台成本为900元的电暖器，作为春节福利发放给公司每名职工。该型号的电暖器市场售价为每台1 000元，京华公司适用的增值税税率为13%。

京华公司的会计处理如下：

借：生产成本	19 210	
管理费用	3 390	
贷：应付职工薪酬——非货币性福利		22 600

京华公司向职工发放电暖器作为福利，同时要根据相关税收规定，视同销售计算增值税销项税额。

京华公司的会计处理如下：

借：应付职工薪酬——非货币性福利	22 600	
贷：主营业务收入		20 000
应交税费——应交增值税（销项税额）		2 600
借：主营业务成本	18 000	
贷：库存商品		18 000

✎ **例 9-12** 昌达公司是一家服装加工企业，共有职工 23 人，其中直接参加生产的职工 20 人，管理人员 3 人。2021 年 9 月，公司以其生产成本为 60 元的保暖内衣套装和外购的每盒不含税价格为 80 元的食品礼盒，作为中秋节福利发放给全体职工。保暖内衣套装售价为 100 元，昌达公司适用的增值税税率为 13%；昌达公司购买食品礼盒时收到了增值税专用发票，适用税率为 13%。

① 昌达公司对保暖内衣套装的会计处理如下。

保暖内衣套装售价总额=20×100+3×100=2 300（元）
保暖内衣套装的增值税销项税额=2 300×13%=299（元）
应付职工薪酬总额=2 300+299=2 599（元）
保暖内衣套装的成本总额=23×60=1 380（元）

公司决定发放保暖内衣时：

借：生产成本　　　　　　　　　　　　　　　2 260
　　管理费用　　　　　　　　　　　　　　　　339
　　　贷：应付职工薪酬——非货币性福利　　2 599

实际发放保暖内衣时：

借：应付职工薪酬——非货币性福利　　　　2 599
　　　贷：主营业务收入　　　　　　　　　　2 300
　　　　　应交税费——应交增值税（销项税额）　299
借：主营业务成本　　　　　　　　　　　　　1 380
　　　贷：库存商品　　　　　　　　　　　　1 380

② 昌达公司对食品礼盒的会计处理如下。

食品礼盒的售价总额=20×80+3×80=1 840（元）
食品礼盒的增值税进项税额=1 840×13%=239.2（元）
应付职工薪酬总额=1 840+239.2=2 079.2（元）

公司决定发放食品礼盒时：

借：生产成本　　　　　　　　　　　　　　　1 808
　　管理费用　　　　　　　　　　　　　　　271.2
　　　贷：应付职工薪酬——非货币性福利　　2 079.2

购买食品礼盒时：

借：应付职工薪酬——非货币性福利　　　　2 079.2
　　　贷：银行存款　　　　　　　　　　　　2 079.2

（2）小企业将拥有的房屋等资产无偿提供给职工使用的，根据受益对象，将该住房每期应计提的折旧计入相关资产成本或当期损益，同时确认应付职工薪酬。借记"管理费用""生产成本""制造费用"等账户，贷记"应付职工薪酬"账户；同时，借记"应付职工薪酬"账户，贷记"累计折旧"账户。

租赁住房等资产供职工无偿使用的，根据受益对象，将每期应付的租金计入相关资产成本或当期损益，并确认应付职工薪酬。借记"管理费用""生产成本""制造费用"等账户，贷记"应付职工薪酬"账户。难以认定受益对象的非货币性福利，直接计入当期损益和应付职工薪酬。

例 9-13　2021 年 4 月末，红星厂为生产车间青年职工无偿提供住房四套作为集体宿舍，为公司生产和销售部门副总经理各提供公寓一套。集体宿舍每月折旧额 500 元，两套公寓每月折旧额 600 元。

2021 年 5 月至 12 月，红星厂的会计处理如下：

借：生产成本　　　　　　　　　　　　　　500
　　管理费用　　　　　　　　　　　　　　600
　　贷：应付职工薪酬——非货币性福利　　　　　　　1 100

结转折旧时：

借：应付职工薪酬——非货币性福利　　　　1 100
　　贷：累计折旧　　　　　　　　　　　　　　　　　1 100

9.3.2　辞退福利的会计处理

辞退福利包括：一是职工劳动合同到期前，不论职工本人是否愿意，小企业决定解除与职工的劳动关系而给予的补偿；二是职工劳动合同到期前，为鼓励职工自愿接受裁减而给予的补偿，职工有权选择继续在职或接受补偿离职。辞退福利通常采取在解除劳动关系时一次性支付补偿的方式，也有通过提高退休后养老金或其他离职后福利的标准，或者将职工工资支付至辞退后未来某一期间的方式。

例 9-14　华都公司由于其生产的产品不再适应市场的需要，因此，2021 年 5 月公司管理层制订了一项辞退计划，规定 2021 年 6 月 1 日起，以职工自愿的方式辞退 3 名生产工人，每人补偿 5 000 元。辞退计划已经与职工协商一致。

借：管理费用　　　　　　　　　　　　　　15 000
　　贷：应付职工薪酬——辞退福利　　　　　　　　　15 000

专栏　与《企业所得税法实施条例》的比较

《小企业会计准则》中应付职工薪酬，是指小企业为获得职工提供的服务而应付给职工的各种形式的报酬以及其他相关支出，强调的是为小企业提供服务。而《企业所得税法实施条例》确认的允许税前扣除的工资、薪金，是指企业发生的合理的与员工任职或者受雇有关的工资、薪金支出，领受工资、薪金的员工强调的是与任职或受雇有关。《小企业会计准则》中职工的范围更加宽泛，包括：① 与企业订立劳动合同的所有人员，含全职、兼职和临时性工；② 未与企业订立劳动合同，但由企业正式任命的人员，如董事会成员、监事会成员等；③ 在企业的计划和控制下，虽未与企业订立劳动合同或未由其正式任命，但为其提供与职工类似服务的人员。可见，为以上第三类人员支付的报酬在企业所得税法中不属于职工薪酬，应属于相关人员为企业提供劳务服务而支付的劳务费。在企业所得税汇算清缴时要凭合法的支付凭证才能税前扣除。

9.3.3 职工薪酬的税务处理

1. 工资、薪金的税务规定

《企业所得税法实施条例》第三十四条规定，企业发生的合理的工资薪金支出，准予扣除。工资薪金，是指企业每一纳税年度支付给在本企业任职或者受雇的员工的所有现金形式或者非现金形式的劳动报酬，包括基本工资、奖金、津贴、补贴、年终加薪、加班工资，以及和员工任职或者受雇有关的其他支出。

税务机关在对工资薪金进行合理性确认时，可按以下原则掌握：

（1）企业制定了较为规范的员工工资薪金制度。
（2）企业所制定的工资薪金制度符合行业及地区水平。
（3）企业在一定时期所发放的工资薪金是相对固定的，工资薪金的调整是有序进行的。
（4）企业对实际发放的工资薪金，已依法履行了代扣代缴个人所得税义务。
（5）有关工资薪金的安排，不以减少或逃避税款为目的。

工资薪金总额，是指企业实际发放的工资薪金总和，不包括企业的职工福利费、职工教育经费、工会经费以及养老保险费、医疗保险费、失业保险费、工伤保险费、生育保险费等社会保险费和住房公积金。属于国有性质的企业，其工资薪金，不得超过政府有关部门给予的限定数额；超过部分，不得计入企业工资薪金总额，也不得在计算企业应纳税所得额时扣除。

2. 社会保险、公积金的税务规定

《企业所得税法实施条例》第三十五条规定，企业按照国务院有关主管部门或者省级人民政府规定的范围和标准为职工缴纳的基本养老保险费、基本医疗保险费、失业保险费、工伤保险费、生育保险费等基本社会保险费和住房公积金，准予扣除。

企业为投资者或职工支付的补充养老保险费、补充医疗保险费，在国务院财政、税务主管部门规定的范围和标准内，准予扣除。

《企业所得税法实施条例》第三十六条规定，除企业按照国家有关规定为特殊工种职工支付的人身安全保险费和国务院财政、税务主管部门规定可以扣除的其他商业保险费外，企业为投资者或者职工支付的商业保险费，不得扣除。

3. 职工福利费的税务规定

《企业所得税法实施条例》第四十条规定，企业发生的职工福利费支出，不超过工资薪金总额14%的部分，准予扣除。

4. 工会经费的税务规定

《企业所得税法实施条例》第四十一条规定，企业拨缴的职工工会经费，不超过工资薪金总额2%的部分，准予扣除。

自2010年1月1日起，在委托税务机关代收工会经费的地区，企业拨缴的工会经费，也可凭合法、有效的工会经费代收凭据依法在税前扣除。

自2010年7月1日起，企业拨缴的职工工会经费，不超过工资薪金总额2%的部分，凭工会组织开具的《工会经费收入专用收据》在企业所得税税前扣除。

5. 职工教育经费的税务规定

《企业所得税法实施条例》第四十二条规定，除国务院财政、税务主管部门另有规定外，企业发生的职工教育经费支出，不超过工资薪金总额2.5%的部分，准予扣除；超过部分，准予在以后纳税年度结转扣除。从2018年1月1日起，企业发生的职工教育经费支出，不超过工资薪金总额8%的部分，准予在计算企业所得税应纳税所得额时扣除；超过部分，准予在以后纳税年度结转扣除。

小企业根据税法、《国家税务总局关于企业工资薪金及职工福利费扣除问题的通知》（国税函〔2009〕3号）、《财政部 国家税务总局关于扶持动漫产业发展有关税收政策问题的通知》（财税〔2009〕65号）、《财政部 国家税务总局关于进一步鼓励软件产业和集成电路产业发展企业所得税政策的通知》（财税〔2012〕27号）、《国家税务总局关于我国居民企业实行股权激励计划有关企业所得税处理问题的公告》（国家税务总局公告2012年第18号）、《财政部 国家税务总局 商务部 科技部 国家发展改革委关于完善技术先进型服务企业有关企业所得税政策问题的通知》（财税〔2014〕59号）、《国家税务总局关于企业工资薪金和职工福利费等支出税前扣除问题的公告》（国家税务总局公告2015年第34号）、《财政部 税务总局关于企业职工教育经费税前扣除政策的通知》（财税〔2018〕51号）等相关规定，以及国家统一企业会计制度，填报小企业职工薪酬会计处理、税收规定，以及纳税调整情况。小企业只要发生相关支出，不论是否纳税调整，均需填报《职工薪酬纳税调整明细表》（A105050），如表9-8所示。

表9-8 职工薪酬纳税调整明细表（A105050）

行次	项目	账载金额	实际发生额	税收规定扣除率	以前年度累计结转扣除额	税收金额	纳税调整金额	累计结转以后年度扣除额
		1	2	3	4	5	6（1-5）	7（1+4-5）
1	一、工资薪金支出			*	*			*
2	其中：股权激励			*	*			*
3	二、职工福利费支出				*			*
4	三、职工教育经费支出			*				
5	其中：按税收规定比例扣除的职工教育经费							
6	按税收规定全额扣除的职工培训费用				*			*
7	四、工会经费支出				*			*
8	五、各类基本社会保障性缴款			*	*			*
9	六、住房公积金			*	*			*
10	七、补充养老保险				*			*
11	八、补充医疗保险				*			*
12	九、其他			*	*			*
13	合计（1+3+4+7+8+9+10+11+12）			*				

安置残疾人员所支付的工资，加计扣除。企业安置残疾人员所支付的工资的加计扣除，是指企业安置残疾人员的，在按照支付给残疾职工工资据实扣除的基础上，按照支付给残疾职工工资的 100%加计扣除。

财税〔2009〕70号文件明确规定，企业就支付给残疾职工的工资，在进行企业所得税预缴申报时，允许据实计算扣除；在年度终了进行企业所得税年度申报和汇算清缴时，再依照规定计算加计扣除。

企业享受安置残疾职工工资 100%加计扣除应具备的条件：

（1）依法与安置的每位残疾人签订了一年以上（含一年）的劳动合同或服务协议，并且安置的每位残疾人在企业实际上岗工作。

（2）为安置的每位残疾人按月足额缴纳了企业所在区县人民政府根据国家政策规定的基本养老保险、基本医疗保险、失业保险和工伤保险等社会保险。

（3）定期通过银行等金融机构向安置的每位残疾人实际支付了不低于企业所在区县适用的经省级人民政府批准的最低工资标准的工资。

（4）具备安置残疾人上岗工作的基本设施。

小企业吸收残疾人员就业，可以享受上述税收优惠，在纳税申报时，填报二级附表《免税、减计收入及加计扣除优惠明细表》（A107010），如表 9-9 所示，然后在主表《中华人民共和国企业所得税年度纳税申报表（A 类）》（A100000）的第 17 行填列，如表 9-10 所示。

表 9-9　免税、减计收入及加计扣除优惠明细表（A107010）

行　次	项　　目	金　　额
29	（四）安置残疾人员所支付的工资加计扣除	

表 9-10　中华人民共和国企业所得税年度纳税申报表（A 类）（A100000）

行　次	类　别	项　　目	金　　额
17		减：免税、减计收入及加计扣除（填写 A107010）	

> **专栏　与《企业会计准则》的比较**
>
> 《企业会计准则》不仅规定了企业一般职工薪酬的会计处理，还规范了股份支付的会计处理，并且对辞退福利也进行了详细的规范。《企业会计准则第 9 号——职工薪酬（2014）》规定职工薪酬包括短期薪酬、离职后福利、辞退福利和其他长期职工福利，并分别规范了短期薪酬、离职后福利、辞退福利和其他长期职工福利的会计处理及其披露。
>
> 《小企业会计准则》主要规范了一般职工薪酬的会计处理，简单规范了辞退福利的会计处理（计入管理费用），没有规范股份支付的会计处理。

9.4 税金及附加

> **小企业会计准则**
>
> 第六十五条第二款 税金及附加,是指小企业开展日常生产经营活动应负担的消费税、城市维护建设税、资源税、土地增值税、城镇土地使用税、房产税、车船税、印花税和教育费附加、环保费等。

小企业按照规定计算确定的和其日常生产经营活动相关的税费,借记"税金及附加"账户,贷记"应交税费"等账户。和最终确认营业外收入或营业外支出相关的税费,在"固定资产清理""无形资产"等账户进行会计处理,不在"税金及附加"账户进行会计处理。

在购置印花税时,借记"税金及附加"账户,贷记"银行存款"或"库存现金"账户。

月末,可将"税金及附加"账户余额转入"本年利润"账户,结转后,无余额。

税金及附加的会计实务举例,请读者参阅第 6 章。

税金及附加的税务处理:税金及附加,小企业可以填报在主表《中华人民共和国企业所得税年度纳税申报表(A 类)》(A100000)的第 3 行,如表 9-11 所示。

表 9-11 中华人民共和国企业所得税年度纳税申报表(A 类)(A100000)

行 次	类 别	项 目	金 额
3		税金及附加	

9.5 期间费用

小企业费用的确认可归纳为三种情况:

(1)根据费用和收入的因果关系确认费用。凡是和本期收入直接相关的耗费,都确定为本期的费用;否则,不确认为费用,如销售成本的确认。

(2)采用一定的分摊方法,系统合理地分配费用。在实际中,有很多费用属于共同费用,需要在不同的产品之间进行分配,如制造费用。

(3)在支出实际发生时确认为费用,这主要是指期间费用。

期间费用是小企业当期发生的费用中的重要组成部分,是指本期发生的、不能直接或间接归入某种产品成本的、直接计入损益的各项费用,包括销售费用、管理费用和财务费用,它们在发生的当期计入损益。

本节主要介绍销售费用、管理费用和财务费用等期间费用。

9.5.1 销售费用的会计处理

> **小企业会计准则**
>
> 　　第六十五条第三款　销售费用，是指小企业在销售商品或提供劳务过程中发生的各种费用。包括销售人员的职工薪酬、商品维修费、运输费、装卸费、包装费、保险费、广告费、业务宣传费、展览费等费用。
> 　　小企业（批发业、零售业）在购买商品过程中发生的费用（包括运输费、装卸费、包装费、保险费、运输途中的合理损耗和入库前的挑选整理费等）也构成销售费用。

小企业发生的销售费用，在"销售费用"账户进行会计处理，并在"销售费用"账户中按照费用项目设置明细账进行会计处理。

小企业在销售商品过程中发生的包装费、保险费、展览费和广告费、运输费、装卸费等费用，借记"销售费用"账户，贷记"库存现金""银行存款"等账户。

期末，"销售费用"账户的余额结转到"本年利润"账户后，无余额。

例 9-15　2021 年 12 月，景顺公司为促销而支付展览费 15 000 元现金，又接到供货方转来运输费单据 300 元。假设不考虑运输费抵扣的增值税。

借：销售费用　　　　　　　　　　　　　　　15 300
　　贷：库存现金　　　　　　　　　　　　　　　　15 000
　　　　应付账款　　　　　　　　　　　　　　　　　　300

为销售本企业商品而专设的销售机构发生的职工薪酬、业务费等经营费用，借记"销售费用"账户，贷记"应付职工薪酬""银行存款""累计折旧"等账户。

例 9-16　景顺公司为销售陶瓷品，2021 年 12 月开始租用门市部，有销售人员 5 名，计算当月工资 15 000 元。另外，12 月计提的连本部在内全部销售人员福利费 3 000 元。

景顺公司的会计处理如下：

借：销售费用　　　　　　　　　　　　　　　18 000
　　贷：应付职工薪酬——工资　　　　　　　　　　15 000
　　　　　　　　　　——职工福利　　　　　　　　　3 000

期末，将"销售费用"账户的余额转入"本年利润"账户。

例 9-17　德泰公司到 2021 年 12 月底，"销售费用"账户的余额总计为 70 000 元，转入"本年利润"账户。

德泰公司的会计处理如下：

借：本年利润　　　　　　　　　　　　　　　70 000
　　贷：销售费用　　　　　　　　　　　　　　　　70 000

广告费和业务宣传费的税务处理：《企业所得税法实施条例》第四十四条规定，企业发生的符合条件的广告费和业务宣传费支出，除另有规定外，不超过当年销售（营业）收入 15%的部分，准予扣除；超过部分，准予在以后年度结转扣除。《财政部　税务总局关于广告费和业务宣传费支出税前扣除有关事项的公告》（财政部 税务总局公告2020年第43号）规定：从2021年1月1日至2025年12月31日，① 对化妆品制造与销售、医药制造和饮料制造（不含酒类制造，下同）企业发生的广告费和业务宣传费支出，不超过当年销售（营业）收入30%的部分，准予扣除；超过部分，准予在以后纳税年度结转扣除。② 对签订广告费和业务宣传费分摊协议的关联企业，其中一方发生的不超过当年销售（营业）收入税前扣除限额比例内的广告费和业务宣传费支出可以在本企业扣除，也可以将其中的部分或全部按照分摊协议归集至另一方扣除。另一方在计算本企业广告费和业务宣传费支出企业所得税税前扣除限额时，可将按照上述办法归集至本企业的广告费和业务宣传费不计算在内。③ 烟草企业的烟草广告费和业务宣传费支出，一律不得在计算应纳税所得额时扣除。

发生广告费和业务宣传费纳税调整项目的小企业根据税法、《财政部 税务总局关于广告费和业务宣传费支出税前扣除有关事项的公告》（财政部 税务总局公告2020年第43号）、《财政部 税务总局关于保险企业手续费及佣金支出税前扣除政策的公告》（财政部 税务总局公告2019年第72号）等相关规定，以及国家统一企业会计制度，填报广告费和业务宣传费、保险企业手续费及佣金支出会计处理、税收规定，以及跨年度纳税调整情况。小企业填报《广告费和业务宣传费跨年度纳税调整明细表》（A105060），如表9-12所示。

表9-12 广告费和业务宣传费跨年度纳税调整明细表（A105060）（部分）

行次	项　　目	广告费和业务宣传费 1
1	一、本年支出	
2	减：不允许扣除的支出	
3	二、本年符合条件的支出（1-2）	
4	三、本年计算扣除限额的基数	
5	乘：税收规定扣除率	
6	四、本企业计算的扣除限额（4×5）	
7	五、本年结转以后年度扣除额 （3＞6，本行=3-6；3≤6，本行=0）	
8	加：以前年度累计结转扣除额	
9	减：本年扣除的以前年度结转额 ［3＞6，本行=0；3≤6，本行=8与（6-3）孰小值］	
10	六、按照分摊协议归集至其他关联方的金额（10≤3与6孰小值）	
11	按照分摊协议从其他关联方归集至本企业的金额	
12	七、本年支出纳税调整金额 （3＞6，本行=2+3-6+10-11；3≤6，本行=2+10-11-9）	
13	八、累计结转以后年度扣除额（7+8-9）	

9.5.2 管理费用的会计处理

> **小企业会计准则**
>
> 第六十五条第四款 管理费用，是指小企业为组织和管理生产经营发生的其他费用。包括小企业在筹建期间内发生的开办费、行政管理部门发生的费用（包括固定资产折旧费、修理费、办公费、水电费、差旅费、管理人员的职工薪酬等）、业务招待费、研究费用、技术转让费、相关长期待摊费用摊销、财产保险费、聘请中介机构费、咨询费（含顾问费）、诉讼费等费用。

小企业发生的管理费用在"管理费用"账户进行会计处理，并按费用项目设置明细账户。小企业发生管理费用，借记"管理费用"账户，贷记"库存现金""银行存款""原材料""累计折旧"等账户。

小企业在筹建期间内发生的开办费（包括人员工资、办公费、培训费、差旅费、印刷费、注册登记费以及不计入固定资产成本的借款费用等），在实际发生时，借记"管理费用"账户，贷记"银行存款"等账户。

行政管理部门人员的职工薪酬，借记"管理费用"账户，贷记"应付职工薪酬"账户。

行政管理部门计提的固定资产折旧，借记"管理费用"账户，贷记"累计折旧"账户。

行政管理部门发生的办公费、水电费、差旅费，借记"管理费用"账户，贷记"银行存款"等账户。

小企业发生的业务招待费、相关长期待摊费用摊销、技术转让费、财产保险费、聘请中介机构费、咨询费（含顾问费）、诉讼费等，借记"管理费用"账户，贷记"银行存款""长期待摊费用"等账户。

小企业自行研究无形资产发生的研究费用，借记"管理费用"账户，贷记"研发支出"账户。

小企业（商品流通）管理费用不多的，可不设置"管理费用"账户，"管理费用"账户的会计处理内容可并入"销售费用"账户进行会计处理。

期末，将"管理费用"账户借方归集的管理费用，由"管理费用"账户的贷方转入"本年利润"账户的借方，结转后，"管理费用"账户无余额。

例 9-18 2021 年 12 月 15 日，景顺公司供销人员李某填制借款凭证，借差旅费 2 500 元。

景顺公司的会计处理如下：

借：其他应收款——李某　　　　　　　　　　　　2 500
　　贷：银行存款　　　　　　　　　　　　　　　　　2 500

10 天后供销人员李某报销凭证 2 250 元并交回现金 250 元。

借：库存现金　　　　　　　　　　　　　　　　　　250
　　管理费用　　　　　　　　　　　　　　　　　　2 250
　　贷：其他应收款——李某　　　　　　　　　　　　2 500

开（筹）办费的税务处理：企业开（筹）办费可以在开始生产经营之日的当年一次性

扣除，也可以按有关长期待摊费用的处理规定处理（不低于三年分期摊销）。在现行所得税政策中，对于开办费支出，企业也可以选择作为其长期待摊费用进行处理。这种可以选择的方式可能会产生暂时性差异。

业务招待费的税务处理：《企业所得税法实施条例》第四十三条规定，企业发生的与生产经营活动有关的业务招待费支出，按照发生额的60%扣除，但最高不得超过当年销售（营业）收入的5‰。国家税务总局公告2012年第15号规定，企业在筹建期间，发生的与筹办活动有关的业务招待费支出，可按实际发生额的60%计入企业筹办费，并按有关规定在税前扣除；发生的广告费和业务宣传费，可按实际发生额计入企业筹办费，并按有关规定在税前扣除。存在业务招待费支出税会差异的小企业，可以填报《纳税调整项目明细表》（A105000）第15行，如表9-13所示。

表9-13 纳税调整项目明细表（A105000）

行次	项目	账载金额	税收金额	调增金额	调减金额
		1	2	3	4
15	（三）业务招待费支出				*

9.5.3 财务费用的会计处理

> **小企业会计准则**
>
> 第六十五条第五款 财务费用，是指小企业为筹集生产经营所需资金发生的筹资费用，包括利息费用（减利息收入）、汇兑损失、银行相关手续费、小企业给予的现金折扣（减享受的现金折扣）等费用。

由表1-3可知，《小企业会计准则》关于财务费用的规定和《企业会计准则》的规定存在差异。

小企业发生的财务费用，在"财务费用"账户进行会计处理，并在"财务费用"账户中按照费用项目设置明细账进行会计处理。

小企业为购建固定资产、无形资产和经过一年期以上的制造才能达到预定可销售状态的存货发生的借款费用，在"在建工程""研发支出""制造费用"等账户进行会计处理，不在"财务费用"账户进行会计处理。

小企业发生的汇兑收益，在"营业外收入"账户进行会计处理，不在"财务费用"账户进行会计处理。

小企业发生的利息费用、汇兑损失、银行相关手续费、给予的现金折扣等，借记"财务费用"账户，贷记"应付利息""银行存款"等账户。发生的应冲减财务费用的利息收入、享受的现金折扣等，借记"银行存款"等账户，贷记"财务费用"账户。

期末，"财务费用"账户的余额结转到"本年利润"账户后，无余额。

例9-19 景顺公司按照债券发行合同的规定，2021年12月31日按设定利率8%发放给投资人现金利息。原债券的总面值为60 000元，一年付息一次。

付息时的会计处理如下：

借：财务费用　　　　　　　　　　　　　4 800（60 000×8%）
　　贷：银行存款　　　　　　　　　　　　　　4 800

发生的利息收入、汇兑收益以现金或银行存款收回，借记"库存现金"或"银行存款"账户，贷记"财务费用"账户；现金或银行存款未收回，借记"应收利息"账户，贷记"财务费用"账户。

例 9-20　景顺公司收到银行发来的活期存款账户利息结算单，利息金额为 750 元。
景顺公司的会计处理如下：

借：银行存款　　　　　　　　　　　　　　750
　　贷：财务费用　　　　　　　　　　　　　　750

9.5.4　期间费用的税务处理

小企业在纳税申报时，销售费用、管理费用和财务费用等项目填报在一级附表《期间费用明细表》（A104000），如表 9-14 所示，然后将各自的汇总数据填报在主表《中华人民共和国企业所得税年度纳税申报表（A 类）》（A100000）的第 4 行、第 5 行和第 6 行，如表 9-15 所示。

表 9-14　期间费用明细表（A104000）

行次	项　　目	销售费用	其中：境外支付	管理费用	其中：境外支付	财务费用	其中：境外支付
		1	2	3	4	5	6
1	一、职工薪酬		—		—		—
2	二、劳务费						—
3	三、咨询顾问费						
4	四、业务招待费		—				
5	五、广告费和业务宣传费						
6	六、佣金和手续费						
7	七、资产折旧摊销费						
8	八、财产损耗、盘亏及毁损损失						
9	九、办公费						
10	十、董事会费						
11	十一、租赁费						
12	十二、诉讼费						
13	十三、差旅费						
14	十四、保险费						
15	十五、运输、仓储费						
16	十六、修理费						
17	十七、包装费		—		—		—

续表

行次	项　目	销售费用	其中：境外支付	管理费用	其中：境外支付	财务费用	其中：境外支付
		1	2	3	4	5	6
18	十八、技术转让费					—	—
19	十九、研究费用					—	—
20	二十、各项税费		—		—		—
21	二十一、利息收支	—	—	—	—		
22	二十二、汇兑差额	—	—	—	—		
23	二十三、现金折扣	—	—	—	—		—
24	二十四、党组织工作经费		—		—		—
25	二十五、其他						
26	合计（1+2+3+…+25）						

表9-15　中华人民共和国企业所得税年度纳税申报表（A类）（A100000）

行次	类　别	项　目	金　额
4		销售费用（填写A104000）	
5		管理费用（填写A104000）	
6		财务费用（填写A104000）	

第 10 章

利润结转和分配

10.1 营业外收入和营业外支出

10.1.1 营业外收入

1. 营业外收入的会计处理

> **小企业会计准则**
>
> 第六十八条 营业外收入,是指小企业非日常生产经营活动形成的、应当计入当期损益、会导致所有者权益增加、与所有者投入资本无关的经济利益的净流入。
>
> 小企业的营业外收入包括非流动资产处置净收益、政府补助、捐赠收益、盘盈收益、汇兑收益、出租包装物和商品的租金收入、逾期未退包装物押金收益、确实无法偿付的应付款项、已做坏账损失处理后又收回的应收款项、违约金收益等。
>
> 通常,小企业的营业外收入应当在实现时按照其实现金额计入当期损益。

由表 1-4 可知,《小企业会计准则》对营业外收入内容的规范和税法一致,所以将存货盘盈收益、已做坏账损失处理后又收回的应收款项、汇兑收益、出租包装物和商品的租金收入列入了营业外收入,由表 1-3 可知,这些业务的会计处理和《企业会计准则》不一致。

小企业设置"营业外收入"账户进行营业外收入的取得及结转情况的会计处理。"营业外收入"账户贷方登记小企业确认的各项营业外收入,借方登记期末结转入本年利润的营业外收入。"营业外收入"账户按照营业外收入的项目进行明细会计处理,主要有以下几点:

(1)小企业确认非流动资产处置净收益,比照"固定资产清理""无形资产"等账户的相关规定进行会计处理。

(2)小企业确认的政府补助收入,借记"银行存款"或"递延收益"账户,贷记"营业外收入"账户。

（3）小企业按照规定实行企业所得税、增值税（不含出口退税）、消费税等先征后返的，在实际收到返还的企业所得税、增值税、消费税等时，借记"银行存款"账户，贷记"营业外收入"账户。

（4）小企业确认的捐赠收益，借记"银行存款""固定资产"等账户，贷记"营业外收入"账户。

（5）小企业确认的盘盈收益，借记"待处理财产损溢——待处理流动资产损溢、待处理非流动资产损溢"账户，贷记"营业外收入"账户。

（6）小企业确认的汇兑收益，借记有关账户，贷记"营业外收入"账户。

（7）小企业确认的出租包装物和商品的租金收入、逾期未退包装物押金收益、确实无法偿付的应付款项、违约金收益等，借记"其他应收款""应付账款""其他应付款"等账户，贷记"营业外收入"账户。

（8）小企业确认的已做坏账损失处理后又收回的应收款项，借记"银行存款"等账户，贷记"营业外收入"账户。

期末，小企业将"营业外收入"账户余额转入"本年利润"账户，结转后，无余额。

例 10-1 某小企业将固定资产报废清理的净收益 8 000 元转作营业外收入，假设不考虑增值税问题。

借：固定资产清理　　　　　　　　　　　　　　8 000
　　贷：营业外收入　　　　　　　　　　　　　　　　8 000

例 10-2 某小企业本期营业外收入总额为 18 000 元，期末结转到本年利润。

借：营业外收入　　　　　　　　　　　　　　　18 000
　　贷：本年利润　　　　　　　　　　　　　　　　　18 000

小企业取得非流动资产转让收入、接受捐赠收入、无法偿付的应付款收入等，不论是以货币形式还是非货币形式体现，除另有规定外，都一次性计入确认收入的年度计算缴纳企业所得税。

2. 营业外收入的税务处理

小企业计入"营业外收入"账户的和生产经营无直接关系的各项收入，填报在一级附表《一般企业收入明细表》（A101010）中，如表 10-1 所示，然后将第 16 行填报在主表《中华人民共和国企业所得税年度纳税申报表（A 类）》（A100000）的第 11 行，如表 10-2 所示。

表 10-1　一般企业收入明细表（A101010）

行　次	项　目	金　额
16	二、营业外收入（17+18+19+20+21+22+23+24+25+26）	
17	（一）非流动资产处置利得	
18	（二）非货币性资产交换利得	
19	（三）债务重组利得	
20	（四）政府补助利得	

续表

行次	项目	金额
21	（五）盘盈利得	
22	（六）捐赠利得	
23	（七）罚没利得	
24	（八）确实无法偿付的应付款项	
25	（九）汇兑收益	
26	（十）其他	

表 10-2　中华人民共和国企业所得税年度纳税申报表（A 类）（A100000）

行次	类别	项目	金额
11		加：营业外收入（填写 A101010\101020\103000）	

需要说明的是，小企业出租包装物和商品的租金收入列在《一般企业收入明细表》（A101010）的第 26 行，而不是列在第 14 行。

依据《小企业会计准则》，小企业将其出租包装物和商品的租金通过营业外收入项目进行会计处理。依据企业所得税政策，小企业将此项收入记入其他业务收入进行收入确认。虽然在收入上并无差异，但是由于计提基数范围不同，作为其他业务收入可以计入业务招待费、广告费和业务宣传费等计算基数，实际上这是对企业有利的，有可能减少其应纳税额。

10.1.2　营业外支出

1. 营业外支出的会计处理

> **小企业会计准则**
>
> 第七十条　营业外支出，是指小企业非日常生产经营活动发生的、应当计入当期损益、会导致所有者权益减少、与向所有者分配利润无关的经济利益的净流出。
>
> 小企业的营业外支出包括：存货的盘亏、毁损、报废损失，非流动资产处置净损失，坏账损失，无法收回的长期债券投资损失，无法收回的长期股权投资损失，自然灾害等不可抗力因素造成的损失、税收滞纳金、罚金、罚款、被没收财物的损失、捐赠支出、赞助支出等。
>
> 通常，小企业的营业外支出应当在发生时按照其发生额计入当期损益。

由表 1-4 可知，《小企业会计准则》对营业外支出内容的规范和税法一致，将坏账损失、无法收回的长期债券投资损失等列入了营业外支出，由表 1-3 可知，这些业务的会计处理和《企业会计准则》不一致。

小企业设置"营业外支出"账户进行营业外支出的发生及结转情况的会计处理。"营业外支出"账户借方登记小企业发生的各项营业外支出,贷方登记期末结转入本年利润的营业外支出。"营业外支出"账户按照营业外支出的项目进行明细会计处理,主要有以下几点:

(1)小企业确认存货的盘亏、毁损、报废损失,非流动资产处置净损失,自然灾害等不可抗力因素造成的损失,借记"营业外支出""累计摊销"等账户,贷记"待处理财产损溢——待处理流动资产损溢、待处理非流动资产损溢""固定资产清理""无形资产"等账户。

(2)小企业确认实际发生的坏账损失、长期债券投资损失,按照可收回的金额,借记"银行存款"等账户;按照应收账款、预付账款、其他应收款、长期债券投资的账面余额,贷记"应收账款""预付账款""其他应收款""长期债券投资"等账户;按照其差额,借记"营业外支出"账户。

(3)小企业确认实际发生的长期股权投资损失,按照可收回的金额,借记"银行存款"等账户;按照长期股权投资的账面余额,贷记"长期股权投资"账户;按照其差额,借记"营业外支出"账户。

(4)小企业支付的税收滞纳金、罚金、罚款,借记"营业外支出"账户,贷记"银行存款"等账户。

(5)小企业确认被没收财物的损失、捐赠支出、赞助支出,借记"营业外支出"账户,贷记"银行存款"等账户。

期末,小企业将"营业外支出"账户余额结转入"本年利润"账户,结转后无余额。

例 10-3 某小企业将已经发生的原材料意外灾害损失 2 700 元转作营业外支出。

借:营业外支出　　　　　　　　　　　　　　　　2 700
　　贷:待处理财产损溢——待处理流动资产损溢　　　　2 700

例 10-4 某小企业用银行存款支付税款滞纳金 3 000 元。

借:营业外支出　　　　　　　　　　　　　　　　3 000
　　贷:银行存款　　　　　　　　　　　　　　　　3 000

例 10-5 某小企业本期营业外支出总额为 84 000 元,期末结转到本年利润。

借:本年利润　　　　　　　　　　　　　　　　84 000
　　贷:营业外支出　　　　　　　　　　　　　　84 000

2. 营业外支出的税务处理

对于计入"营业外支出"账户的和生产经营无直接关系的各项支出,小企业填报在一级附表《一般企业成本支出明细表》(A102010)中,如表 10-3 所示,然后将第 16 行填报在主表《中华人民共和国企业所得税年度纳税申报表(A 类)》(A100000)的第 12 行,如表 10-4 所示。

表 10-3　一般企业成本支出明细表（A102010）

行　次	项　　目	金　　额
16	二、营业外支出（17+18+19+20+21+22+23+24+25+26）	
17	（一）非流动资产处置损失	
18	（二）非货币性资产交换损失	
19	（三）债务重组损失	
20	（四）非常损失	
21	（五）捐赠支出	
22	（六）赞助支出	
23	（七）罚没支出	
24	（八）坏账损失	
25	（九）无法收回的债券股权投资损失	
26	（十）其他	

表 10-4　中华人民共和国企业所得税年度纳税申报表（A 类）（A100000）

行　次	类　别	项　　目	金　　额
12		减：营业外支出（填写 A102010\102020\103000）	

　　小企业将自己的货物、财产、劳务用于捐赠支出，在做会计处理时，将此类支出作为捐赠支出进行处理。在企业所得税政策中，此项业务属于视同销售，需要进行税务处理。由于视同销售收入作为小企业营业收入的一部分，所以该种处理方法可以扩大企业业务招待费、广告费和业务宣传费的计提基数。

　　例如，捐赠支出，小企业需要根据税法、《财政部 国家税务总局关于公益性捐赠税前扣除有关问题的通知》（财税〔2008〕160 号）、《财政部 税务总局关于公益性捐赠支出企业所得税税前结转扣除有关政策的通知》（财税〔2018〕15 号）、《财政部 税务总局 国务院扶贫办关于企业扶贫捐赠所得税税前扣除政策的公告》（财政部 税务总局 国务院扶贫办公告 2019 年第 49 号）、《财政部 税务总局关于公共租赁住房税收优惠政策的公告》（财政部 税务总局公告 2019 年第 61 号）、《财政部 税务总局关于支持新型冠状病毒感染的肺炎疫情防控有关捐赠税收政策的公告》（2020 年第 9 号）、《财政部 税务总局 海关总署关于杭州亚运会和亚残运会税收政策的公告》（2020 年第 18 号）等相关规定，以及国家统一企业会计制度，填报捐赠支出会计处理、税收规定的税前扣除额、捐赠支出结转额以及纳税调整额。纳税人发生相关支出（含捐赠支出结转），无论是否纳税调整，均应填报《捐赠支出纳税调整明细表》（A105070），如表 10-5 所示。

表 10-5 捐赠支出纳税调整明细表（A105070）

行次	项目	账载金额	以前年度结转可扣除的捐赠额	按税收规定计算的扣除限额	税收金额	纳税调增金额	纳税调减金额	可结转以后年度扣除的捐赠额
		1	2	3	4	5	6	7
1	一、非公益性捐赠		*	*	*		*	*
2	二、限额扣除的公益性捐赠（3+4+5+6）							
3	前三年度（ 年）	*		*	*	*		*
4	前二年度（ 年）	*		*	*	*		*
5	前一年度（ 年）	*		*	*	*		*
6	本 年（ 年）		*				*	
7	三、全额扣除的公益性捐赠		*	*	*		*	*
8	1.		*	*	*	*	*	*
9	2.		*	*	*	*	*	*
10	3.		*	*	*	*	*	*
11	合计（1+2+7）							
附列资料	2015年度至本年发生的公益性扶贫捐赠合计金额		*	*		*	*	*

10.2 所得税费用

> **小企业会计准则**
>
> 第七十一条 小企业应当按照企业所得税法规定计算的当期应纳税额，确认所得税费用。
>
> 小企业应当在利润总额的基础上，按照企业所得税法规定进行纳税调整，计算出当期应纳税所得额，按照应纳税所得额和适用所得税税率为基础计算确定当期应纳税额。

所得税是根据小企业应纳税所得额的一定比例上缴的一种税金。

应纳税所得额是在小企业税前会计利润（利润总额）的基础上调整确定的。计算公式为：

$$应纳税所得额=税前会计利润+纳税调整增加额-纳税调整减少额$$

纳税调整增加额主要包括税法规定允许扣除项目中，小企业已计入当期费用但超过税法规定扣除标准的金额（如超过税法规定标准的业务招待费支出），以及小企业已计入当期损失但税法规定不允许扣除项目的金额（如税收滞纳金、罚款、罚金）。

纳税调整减少额主要包括按税法规定允许弥补的亏损和准予免税的项目，如国债利息收入等。

对于执行《小企业会计准则》的小企业来说，上述纳税调整主要源于永久性差异。永久性差异是由于《小企业会计准则》和《企业所得税法》在确认收入、费用或损失时的口径不一致，而产生的会计利润和应纳税所得额之间的差异。永久性差异不予税前扣除，在企业所得税汇算清缴时要做相应的纳税调整，具体包括：小企业发生的不合理的工资、薪金支出；超过当年工资、薪金总额14%的职工福利费、2%的工会经费、8%的职工教育经费；小企业发生的和生产经营活动有关的业务招待费支出，按照发生额的60%扣除，但最高不得超过当年销售（营业）收入的5‰；税收滞纳金；罚金、罚款和被没收财物的损失；赞助支出；和经营活动无关的固定资产折旧、无形资产摊销；房屋、建筑物以外未投入使用的固定资产计提的折旧费用等。

小企业当期所得税的计算公式为：

$$应交所得税=应纳税所得额×所得税税率$$

> **专栏　与《企业会计准则》的比较**
>
> 《企业会计准则》要求企业采用资产负债表债务法进行所得税的会计处理，在计算应交所得税和递延所得税的基础上，确认所得税费用。而《小企业会计准则》要求企业采用应付税款法进行所得税的会计处理，将计算的应交所得税确认为所得税费用，大大简化了所得税的会计处理。
>
> 由于《小企业会计准则》基本消除了小企业会计和税法的差异，需要小企业进行纳税调整的交易或事项较少，因此《小企业会计准则》要求小企业在财务报表附注中增加纳税调整的说明，披露"对已在资产负债表和利润表中列示项目和企业所得税法规定存在差异的纳税调整过程"。

小企业可以根据企业所得税法的规定和自身所处的行业特点进行纳税筹划，请扫描二维码了解小企业所得税纳税筹划的方法。

例 10-6 甲公司 2021 年度按《小企业会计准则》计算的税前会计利润为 197 000 元，所得税税率为 20%。当年按税法核定的全年计税工资为 20 000 元，甲公司全年实发工资为 22 000 元；经查，甲公司当年营业外支出中有 1 000 元为税款滞纳罚金。假定甲公司全年无其他纳税调整因素。

甲公司有两项纳税调整因素：一是已计入当期费用但超过税法规定标准的工资支出；二是已计入当期营业外支出但按税法规定不允许扣除的税款滞纳金。这两个因素均应调整增加当期应纳税所得额。

甲公司 2021 年所得税的计算如下：

纳税调整数=22 000−20 000+1 000=3 000（元）

应纳税所得额=197 000+3 000=200 000（元）

当期应交所得税额=200 000×20%×25%=10 000（元）

✏️ **例 10-7** 甲公司 2021 年度按《小企业会计准则》计算的税前会计利润为 100 000 元,所得税税率为 20%。当年按税法核定的全年计税工资为 200 000 元,甲公司全年实发工资为 180 000 元。假定甲公司全年无其他纳税调整因素。

甲公司实际支付的工资总额低于计税工资,不属于纳税调整因素,甲公司又无其他纳税调整因素,因此甲公司 2021 年度计算的税前会计利润即为应纳税所得额。

甲公司 2021 年应交所得税额=100 000×20%×25%=5 000(元)

✏️ **例 10-8** 甲公司 2021 年全年利润总额(税前会计利润)为 102 000 元,其中包括本年收到的国库券利息收入 2 000 元,所得税税率为 20%。假定甲公司本年无其他纳税调整因素。

按照税法的有关规定,企业购买国库券的利息收入免缴所得税,即在计算纳税所得时可将其扣除。因此,甲公司 2021 年所得税的计算如下:

应纳税所得额=102 000-2 000=100 000(元)
当期应交所得税额=100 000×20%×25%=5 000(元)

例 10-7 至例 10-8,纳税人所计算的当期应交所得税额,在所得税优惠范围,享受税收优惠政策所得税。纳税人可以参照例 10-9 来进行纳税申报。

✏️ **例 10-9** A 公司为符合条件的小微企业,2021 年度进行汇算清缴时,应纳税所得额为 30 万元,如何填报《减免所得税优惠明细表》(A107040)?

减征的税款 6 万元(30×5%+30×75%×20%),填报《减免所得税优惠明细表》,如表 10-6 所示。

表 10-6 减免所得税优惠明细表(A107040)

行　次	项　　　　目	金　　额
1	一、符合条件的小型微利企业减免企业所得税	60 000

10.3 本年利润和利润分配

> **小企业会计准则**
>
> 　　第七十二条　小企业以当年净利润弥补以前年度亏损等剩余的税后利润,可用于向投资者进行分配。
> 　　小企业(公司制)在分配当年税后利润时,应当按照公司法的规定提取法定公积金和任意公积金。

10.3.1 本年利润的会计处理

1. 利润的内容

> **小企业会计准则**
>
> 第六十七条 利润,是指小企业在一定会计期间的经营成果,包括营业利润、利润总额和净利润。
> (1)营业利润,是指营业收入减去营业成本、税金及附加、销售费用、管理费用、财务费用,加上投资收益(或减去投资损失)后的金额。
> 前款所称营业收入,是指小企业销售商品和提供劳务实现的收入总额。投资收益,由小企业股权投资取得的现金股利(或利润)、债券投资取得的利息收入和处置股权投资和债券投资取得的处置价款扣除成本或账面余额、相关税费后的净额三部分构成。
> (2)利润总额,是指营业利润加上营业外收入减去营业外支出后的金额。
> (3)净利润,是指利润总额减去所得税费用后的净额。

2. 会计处理

在期(月)末结转利润时,小企业可以将"主营业务收入""其他业务收入""营业外收入"账户的余额,转入"本年利润"账户,借记"主营业务收入""其他业务收入""营业外收入"账户,贷记"本年利润"账户;将"主营业务成本""其他业务成本""税金及附加""销售费用""管理费用""财务费用""营业外支出""所得税费用"账户的余额,转入"本年利润"账户,借记"本年利润"账户,贷记"主营业务成本""其他业务成本""税金及附加""销售费用""管理费用""财务费用""营业外支出""所得税费用"账户。将"投资收益"账户的贷方余额,转入"本年利润"账户,借记"投资收益"账户,贷记"本年利润"账户;如为借方余额,则做相反的会计处理。

结转后"本年利润"账户的贷方余额为当期实现的净利润;借方余额为当期发生的净亏损。

年度终了,小企业将本年收入和支出相抵后结出的本年实现的净利润,转入"利润分配"账户,借记"本年利润"账户,贷记"利润分配——未分配利润"账户;如为净亏损,则做相反的会计处理。

例10-10 某小企业2021年年末有关收入和费用账户资料如下:

主营业务收入 1 280 000 元
其他业务收入 400 元
主营业务成本 760 000 元
其他业务成本 300 元
税金及附加 69 072 元
销售费用 4 000 元
管理费用 10 600 元

财务费用 4 000 元

所得税费用 113 000 元

（1）结转本期收入类账户余额：

借：主营业务收入	1 280 000
其他业务收入	400
贷：本年利润	1 280 400

（2）结转本期成本费用账户余额：

借：本年利润	960 972
贷：主营业务成本	760 000
其他业务成本	300
税金及附加	69 072
销售费用	4 000
管理费用	10 600
财务费用	4 000
所得税费用	113 000

（3）2021年实现的净利润：1 280 400–960 972=319 428（元）。

（4）将2021年度实现的净利润转入"利润分配——未分配利润"账户：

借：本年利润	319 428
贷：利润分配——未分配利润	319 428

在纳税申报时，小企业填报主表的第1行至第13行完成利润总额的申报，如表10-7所示。

表10-7　中华人民共和国企业所得税年度纳税申报表（A类）（A100000）

行　次	类　别	项　目	金　额
1	利润总额计算	一、营业收入（填写A101010\101020\103000）	
2		减：营业成本（填写A102010\102020\103000）	
3		税金及附加	
4		销售费用（填写A104000）	
5		管理费用（填写A104000）	
6		财务费用（填写A104000）	
7		资产减值损失	
8		加：公允价值变动收益	
9		投资收益	
10		二、营业利润（1–2–3–4–5–6–7+8+9）	
11		加：营业外收入（填写A101010\101020\103000）	
12		减：营业外支出（填写A102010\102020\103000）	
13		三、利润总额（10+11–12）	

10.3.2 利润分配的会计处理

1. 利润分配的顺序和内容

利润分配顺序是指公司制小企业根据适用法律、法规或规定，对小企业一定期间实现的净利润进行分配必须经过的先后步骤。《公司法》删除了提取公益金的规定，目前小企业利润分配的顺序如下。

（1）弥补以前年度亏损。小企业在以前年度发生亏损时，公司的资本会受到侵蚀，影响公司的经营能力，为了保证资本的充实完整，在以后年度出现盈利时，要优先补足在以前受到侵蚀的资本。《企业财务通则》第四十九条规定："企业发生的年度经营亏损，依照税法的规定弥补。税法规定年限内的税前利润不足弥补的，用以后年度的税后利润弥补，或者经投资者审议后用盈余公积弥补。"目前，《企业所得税法》规定税前弥补和税后弥补主要以5年（或8年、10年）为界限。具体税务处理，请读者参阅第7章的相关内容。

（2）提取法定公积金。小企业当期实现的净利润，加上年初未分配利润（或减去年初未弥补亏损）和其他转入的余额后，按规定提取法定公积金。《公司法》第一百六十七条规定："公司分配当年税后利润时，应当提取利润的10%列入公司法定公积金。公司法定公积金累计额为公司注册资本的50%以上的，可以不再提取。公司的法定公积金不足以弥补以前年度亏损的，在依照前款规定提取法定公积金之前，应当先用当年利润弥补亏损。"

（3）提取任意公积金。任意公积金是公司按章程规定或股东大会决议从税后利润中另外提取的，它从性质上看和法定盈余公积金是一样的。《公司法》第一百六十七条规定："公司从税后利润中提取法定公积金后，经股东会或者股东大会决议，还可以从税后利润中提取任意公积金。"

（4）向投资者分配利润。小企业通过"利润分配"账户对利润分配进行会计处理。为了完整反映小企业利润分配全过程，"利润分配"账户设置以下明细账户。

① 盈余公积补亏：核算小企业盈余公积弥补亏损。
② 提取法定盈余公积：核算小企业按《公司法》规定提取的法定盈余公积。
③ 提取任意盈余公积：核算小企业按股东会决议提取的盈余公积。
④ 应付利润：核算小企业应付未付给股东的利润。
⑤ 转作资本的利润：核算小企业增资扩股时，经股东会通过并办妥增资手续后，以未分配的利润转增实收资本。
⑥ 未分配利润：核算小企业历年累积的未指定用途的利润或历年累积的未弥补亏损。

2. 会计处理

小企业按规定提取各项盈余公积时，借记"利润分配——提取法定盈余公积、提取任意盈余公积"账户，贷记"盈余公积——法定盈余公积、任意盈余公积"账户。小企业向股东分配红利时，借记"利润分配——应付利润"账户，贷记"应付利润"账户。小企业用未分配利润转增资本时，借记"利润分配——转作资本的利润"账户，贷记"实收资本"账户。小企业用盈余公积弥补亏损时，借记"盈余公积——法定盈余公积、任意盈余公积"账户，贷记"利润分配——盈余公积补亏"账户。

小企业（外商投资）按照规定提取的储备基金、企业发展基金、职工奖励及福利基金，借记"利润分配——提取储备基金、提取企业发展基金、提取职工奖励及福利基金"账户，贷记"盈余公积——储备基金、企业发展基金""应付职工薪酬"账户。

例 10-11 承例 10-10。该小企业按税后利润 10%提取法定盈余公积，股东大会决议：提取任意盈余公积 80 000 元，向股东分配红利 70 000 元，将 100 000 元未分配利润转为实收资本。假定甲公司在 2021 年年初未分配利润贷方余额为 36 000 元。

（1）提取的法定盈余公积为：319 428×10%=31 942.8（元）

借：利润分配——提取法定盈余公积　　　　　　31 942.8
　　　　　　——提取任意盈余公积　　　　　　80 000
　　贷：盈余公积——法定盈余公积　　　　　　　　31 942.8
　　　　　　　　——任意盈余公积　　　　　　　　80 000

（2）分配现金股利：

借：利润分配——应付利润　　　　　　　　　　70 000
　　贷：应付利润　　　　　　　　　　　　　　　　70 000

（3）利润转增资本：

借：利润分配——转作资本的利润　　　　　　　100 000
　　贷：实收资本　　　　　　　　　　　　　　　　100 000

相关链接　应付利润的会计处理

应付利润核算小企业向投资者分配的利润。

（1）小企业根据规定或协议计算出应分配给投资者的利润，借记"利润分配"账户，贷记"应付利润"账户。

（2）向投资者实际支付利润，借记"应付利润"账户，贷记"库存现金""银行存款"账户。

3. 利润分配的结转

利润分配明细账户在利润分配完毕以后，全部转入"利润分配——未分配利润"明细账户。在会计期末，除了"利润分配——未分配利润"明细账户有余额外，所有其他利润分配明细账户的余额全部结清。

例 10-12 承例 10-11。结转 2021 年度的利润分配，计算 2021 年年末的未分配利润。

（1）结转利润分配：

借：利润分配——未分配利润　　　　　　　　　281 942.8
　　贷：利润分配——提取法定盈余公积　　　　　　31 942.8
　　　　　　　　——提取任意盈余公积　　　　　　80 000
　　　　　　　　——应付利润　　　　　　　　　　70 000
　　　　　　　　——转作资本的利润　　　　　　　100 000

（2）计算 2021 年年末的未分配利润：36 000+319 428−281 942.8=73 485.2（元）。

第 11 章
外币业务

> **小企业会计准则**
>
> 第七十三条 小企业的外币业务由外币交易和外币财务报表折算构成。

11.1 外币交易

> **小企业会计准则**
>
> 第七十四条 外币交易,是指小企业以外币计价或者结算的交易。
>
> 小企业的外币交易包括买入或者卖出以外币计价的商品或者劳务、借入或者借出外币资金和其他以外币计价或者结算的交易。
>
> 前款所称外币,是指小企业记账本位币以外的货币。记账本位币,是指小企业经营所处的主要经济环境中的货币。

小企业发生外币业务,登记外币金额,并同时折算为记账本位币来登记外币账户。外币业务发生时的外币交易,采用交易发生时的即期汇率,将外币金额折算为记账本位币金额。即期汇率是指当日央行公布的人民币外汇牌价的中间价。小企业发生的外币业务,涉及人民币与美元、欧元、日元和港元之间的折算。

11.1.1 记账本位币的确定

记账本位币是指小企业经营所处的主要经济环境中的货币。它通常是小企业主要产生和支出现金的经济环境中的货币,因为使用这一货币最能反映小企业主要交易业务的经济结果。

1. 小企业记账本位币的确定

> **小企业会计准则**
>
> 第七十五条 小企业应当选择人民币作为记账本位币。业务收支以人民币以外的货币为主的小企业,可以选定其中一种货币作为记账本位币,但编报的

> 财务报表应当折算为人民币财务报表。
> 　　小企业记账本位币一经确定，不得随意变更，但小企业经营所处的主要经济环境发生重大变化除外。
> 　　小企业因经营所处的主要经济环境发生重大变化，确需变更记账本位币的，应当采用变更当日的即期汇率将所有项目折算为变更后的记账本位币。
> 　　前款所称即期汇率，是指中国人民银行公布的当日人民币外汇牌价的中间价。

小企业选定记账本位币时，需要考虑下列因素：

（1）该货币主要影响商品和劳务的销售价格，通常以该货币进行商品和劳务的计价及结算；

（2）该货币主要影响商品和劳务所需人工、材料和其他费用，通常以该货币进行上述费用的计价和结算；

（3）融资活动获得的货币以及保存从经营活动中收取款项所使用的货币。

在确定小企业的记账本位币时，上述因素的重要程度因小企业具体情况不同而不同，需要小企业管理层根据实际情况进行判断。一般情况下，综合考虑前两项因素即可确定小企业的记账本位币，但有些情况下，仅根据收支情况难以确定记账本位币的，小企业需要进一步结合第三项因素进行综合分析后做出选择。需要强调的是，这并不是说小企业管理层可以根据需要随意选择记账本位币，小企业管理层根据实际情况只能确定其中的一种货币作为记账本位币。

例 11-1 京东公司为外贸自营出口小企业，超过 80%的营业收入来自对美国的出口，其商品销售价格主要受美元的影响，以美元计价。因此，从影响商品和劳务销售价格的角度看，京东公司应选择美元作为记账本位币。

如果京东公司除厂房设施、30%的人工成本在国内以人民币采购或支付外，生产所需原材料、机器设备及 70%以上的人工成本都以美元采购或支付，则可确定京东公司的记账本位币是美元。

但是，如果京东公司 95%以上的人工成本、原材料及相应的厂房设施、机器设备等在国内采购并以人民币计价，京东公司取得的美元营业收入在汇回国内时直接兑换成了人民币存款，且京东公司对美元汇率波动产生的外币风险进行了套期保值，降低了汇率波动对企业取得的外币销售收入的影响，那么，京东公司可以选择人民币作为记账本位币。

2．记账本位币的变更

小企业记账本位币一经确定，不得随意变更，除非和确定记账本位币相关的小企业经营所处的主要经济环境发生重大变化。主要经济环境发生重大变化，通常是指小企业主要产生和支出现金的环境发生重大变化。

小企业因经营所处的主要经济环境发生重大变化，确需变更记账本位币的，采用变更当日的即期汇率将所有项目折算为变更后的记账本位币，折算后的金额作为以新的记账本位币计量的历史成本，由于采用同一即期汇率进行折算，不会产生汇兑差额。小企业需要提供确凿的证据表明小企业经营所处的主要经济环境确实发生了重大变化，并在附注中披露变更的理由。

小企业记账本位币发生变更的,在按照变更当日的即期汇率将所有项目变更为记账本位币时,其比较财务报表以可比当日的即期汇率折算所有资产负债表和利润表项目。

11.1.2 外币交易的会计处理

1. 外币交易发生日的初始确认

> **小企业会计准则**
>
> 　　第七十六条　小企业对于发生的外币交易,应当将外币金额折算为记账本位币金额。
> 　　外币交易在初始确认时,采用交易发生日的即期汇率将外币金额折算为记账本位币金额;也可以采用交易当期平均汇率折算。
> 　　小企业收到投资者以外币投入的资本,应当采用交易发生日即期汇率折算,不得采用合同约定汇率和交易当期平均汇率折算。

由表1-4可知,《小企业会计准则》中外币交易的会计处理和税务处理一致。

小企业发生外币交易的,在初始确认时采用交易发生日的即期汇率将外币金额折算为记账本位币金额,按照折算后的记账本位币金额登记有关账户;在登记有关记账本位币账户的同时,按照外币金额登记相应的外币账户。

例11-2　华贸公司属于增值税一般纳税人,记账本位币为人民币,其外币交易采用交易日即期汇率折算。2×21年3月2日,华贸公司从国外凯斯公司购入某原材料,货款为30 000美元,当日的即期汇率为1美元=6.30元,按照规定应缴纳的进口关税为18 900元,支付进口增值税为24 570元,货款尚未支付,进口关税及增值税已由银行存款支付。

华贸公司的会计处理如下:

借:原材料　　　　　　　　　　　　　　　　207 900（30 000×6.30+18 900）
　　应交税费——应交增值税（进项税额）等　　24 570
　贷:应付账款——凯斯公司（美元）　　　　　189 000
　　　银行存款　　　　　　　　　　　　　　　43 470（18 900+24 570）

例11-3　长城公司记账本位币为人民币,外币交易采用交易日即期汇率折算。2×21年4月10日,长城公司向国外亚特公司出口销售商品一批,根据销售合同,货款共计80 000欧元,当日的即期汇率为1欧元=8.00元。假定不考虑增值税等相关税费,不结转商品成本,货款尚未收到。

长城公司的会计处理如下:

借:应收账款——亚特公司（欧元）　　　　　640 000（80 000×8.00）
　贷:主营业务收入——出口××商品　　　　　640 000

例11-4　经贸公司的记账本位币为人民币,其外币交易采用交易日即期汇率折算。2×21年2月4日,经贸公司从银行借入20 000英镑,期限为6个月,年利率为5%（等于实际利率），借入的英镑暂存银行。借入当日的即期汇率为 1 英镑=8.00 元。

经贸公司的会计处理如下：
借：银行存款——××银行（英镑）　　　　160 000（20 000×8.00）
　　贷：短期借款——××银行（英镑）　　　　160 000

例 11-5　经贸公司的记账本位币为人民币，其外币交易采用交易日即期汇率折算。2×21 年 7 月 28 日，经贸公司将货款 100 000 欧元到银行兑换成人民币，银行当日的欧元买入价为 1 欧元=7.80 元，中间价为 1 欧元=7.88 元。

本例中，经贸公司和银行发生货币兑换，兑换所用汇率为银行的买入价，而通常记账所用的即期汇率为中间价，由此产生的汇兑差额计入当期财务费用。

经贸公司当日的会计处理如下：
借：银行存款——××银行（元）　　　　780 000（100 000×7.80）
　　财务费用——汇兑损失　　　　　　　　8 000
　　贷：银行存款——××银行（欧元）　　　788 000（100 000×7.88）

小企业收到投资者以外币投入的资本，无论是否有合同约定汇率，均不采用合同约定汇率和交易当期平均汇率折算，而采用交易发生日即期汇率折算。这样，外币投入资本和相应的货币性项目的记账本位币金额相等，不产生外币资本折算差额。需要说明的是，"股本（或实收资本）"账户的金额不能反映股权比例，并不改变小企业分配和清算的约定比例，这一约定比例通常已经包括在合同当中。

例 11-6　经贸公司的记账本位币为人民币，其外币交易采用交易日即期汇率折算。2×21 年 2 月 25 日，经贸公司为增资扩股和某外商签订投资合同，当日收到外商投资资本 20 000 美元，当日的即期汇率为 1 美元=6.32 元，其中，120 000 元是注册资本的组成部分。假定投资合同约定的汇率为 1 美元=6.35 元。

经贸公司的会计处理如下：
借：银行存款——××银行（美元）　　　126 400（20 000×6.32）
　　贷：实收资本　　　　　　　　　　　120 000
　　　　资本公积　　　　　　　　　　　6 400

例 11-7　美瑞公司是一家外商公司，投资华峰公司，投资合同中没有约定资本折合汇率，合同规定美瑞公司分次投入外币资本。华峰公司第一次收到 10 万美元，当日市场汇率为 1∶6.32；第二次收到 8 万美元，当日市场汇率为 1∶6.34。

第一次收到外币投资时：
借：银行存款——美元户（100 000）　　　632 000
　　贷：实收资本　　　　　　　　　　　632 000

第二次收到外币投资时：
借：银行存款——美元户（80 000）　　　507 200
　　贷：实收资本　　　　　　　　　　　507 200

值得注意的是，《小企业会计准则》将"按照系统合理的方法确定的、与交易发生日即期汇率近似的汇率"明确为交易当期平均汇率,其目的是减少小企业会计人员的职业判断,规范其会计处理。交易当期平均汇率被认为是与交易发生日即期汇率近似的汇率,但是在外币交易发生时,小企业无法在交易日获取交易当期平均汇率数据,会计人员就无法将外币交易折算为记账本位币。

例如,甲公司记账本位币为人民币,外币交易折算汇率是交易当期平均汇率。2×21年1月发生外币交易,2×21年1月15日甲公司出口销售美国一批商品,销售价款为60 000美元,货款尚未收到。假设不考虑相关税费。在1月15日,因不知1月31日美元汇率,交易当期平均汇率无法计算。在记账时只能以外币进行会计处理:

  借:应收账款——××单位(美元)   60 000
    贷:主营业务收入   60 000

同时,小企业无法登记总账和明细账,在月中不能获得"应收账款"和"主营业务收入"的本币余额和发生额,即客户欠款余额、销售额等会计信息,此类信息只能等月末获得。

因此,采用交易当期平均汇率的外币汇率折算方式进行会计处理,缺乏会计信息质量要求的及时性,降低了会计信息对企业管理者的决策价值,并且在月末增加了会计人员的工作量。因此对于外币交易频繁的小企业,将交易当期平均汇率作为外币折算汇率,从保证会计信息质量和实际业务操作两方面考虑都是不合适的。

2. 资产负债表日及结算日的会计处理

> **小企业会计准则**
>
>   第七十七条 小企业在资产负债表日,应当按照下列规定对外币货币性项目和外币非货币性项目进行会计处理:
>   (一)外币货币性项目,采用资产负债表日的即期汇率折算。因资产负债表日即期汇率与初始确认时或者前一资产负债表日即期汇率不同而产生的汇兑差额,计入当期损益。
>   (二)以历史成本计量的外币非货币性项目,仍采用交易发生日的即期汇率折算,不改变其记账本位币金额。

(1)外币货币性项目。所称货币性项目,是指小企业持有的货币资金和将以固定或可确定的金额收取的资产或者偿付的负债。货币性项目分为货币性资产和货币性负债。货币性资产包括库存现金、银行存款、应收账款、其他应收款等;货币性负债包括短期借款、应付账款、其他应付款、长期借款、长期应付款等。

例11-8 承例11-2。2×21年3月31日,华贸公司尚未向凯斯公司支付所欠货款,当日即期汇率为1美元=6.27。则对该笔交易产生的外币货币性项目"应付账款"采用期末即期汇率进行折算,折算为记账本位币188 100元(30 000×6.27),和其原记账本位币的差额900元计入当期损益。

华贸公司的会计处理如下:

  借:应付账款——凯斯公司(美元)   900 [30 000×(6.27-6.30)]

贷：营业外收入——汇兑收益　　　　　　　　　　　　900

例11-9　承例11-3。2×21年4月30日，长城公司仍未收到亚特公司购货款，当日的即期汇率为1欧元=8.21元。则对该笔交易产生的外币货币性项目"应收账款"采用期末即期汇率进行折算，折算为记账本位币656 800元（80 000×8.21），和其原记账本位币的差额16 800元计入当期损益。

长城公司的会计处理如下：

借：应收账款——亚特公司（欧元）　　　　16 800 ［80 000×（8.21-8.00）］
　　贷：营业外收入——汇兑收益　　　　　　　　　　16 800

假定2×21年5月20日收到上述货款，兑换成人民币直接存入银行，当日银行的欧元买入价为1欧元=8.41元。长城公司的会计处理如下：

借：银行存款——××银行（元）　　　　　672 800（80 000×8.41）
　　贷：应收账款——亚特公司（欧元）　　　　　　　656 800
　　　　营业外收入——汇兑收益　　　　　　　　　　16 000

例11-10　承例11-4。假定2×21年2月28日即期汇率为1英镑=7.92元，则对该笔交易产生的外币货币性项目"短期借款——××银行（英镑）"采用期末即期汇率进行折算，折算为记账本位币158 400元（20 000×7.92），和其原记账本位币的差额1 600元计入当期损益。

经贸公司的会计处理如下：

借：短期借款——××银行（英镑）　　　　1 600
　　贷：营业外收入——汇兑收益　　　　　　　　　　1 600

2×21年8月4日以人民币归还所借英镑，当日银行的英镑卖出价为1英镑=7.95元，假定价款利息在到期归还本金时一并支付，则当日应归还银行借款利息500英镑（20 000×5%÷12×6），按当日英镑卖出价折算为人民币3 975元（500×7.95）。假定2×21年7月31日的即期汇率为1英镑=7.95元。

经贸公司的会计处理如下：

借：短期借款——××银行（英镑）　　　　158 400
　　财务费用——汇兑损失　　　　　　　　　600
　　贷：银行存款——××银行（元）　　　　　　　　159 000（20 000×7.95）
借：财务费用——利息费用　　　　　　　　3 975（500×7.95）
　　贷：银行存款——××银行（元）　　　　　　　　3 975

（2）外币非货币性项目。非货币性项目，是指货币性项目以外的项目，包括存货、长期股权投资、固定资产、无形资产等。

以历史成本计量的外币非货币性项目，仍采用交易发生日的即期汇率折算，不改变其记账本位币金额，不产生汇兑差额。

例11-11　经贸公司的记账本位币为人民币，其外币交易采用交易日即期汇率折算。

2×21年3月2日，经贸公司进口一台机器设备，支付价款100 000美元，已按当日即期汇率 1 美元=6.33 元折算为人民币并记入"固定资产"账户。"固定资产"属于非货币性项目，因此，资产负债表日也不需要再按照当日即期汇率进行调整。

例 11-12 华商公司账户本位币为人民币，对外币交易采用发生时的汇率进行折算，按月计算汇兑损益。假设 2×21 年 11 月 30 日的即期汇率为 1 美元=6.40 元人民币。11 月末有关账户余额如表 11-1 所示。

表 11-1 华商公司 2×21 年 11 月末有关账户余额表

项　　目	外币账户余额（美元）	当日即期汇率	折算为人民币金额（元）
银行存款	5 000	6.40	32 000
短期借款	50 000	6.40	320 000
应付账款	100 000	6.40	640 000

华商公司 12 月发生以下外币业务（不考虑增值税等相关税费）：

① 11 日，从国外瑞旺客户进口原材料一批，共计 50 000 美元，货款尚未支付。当日的即期汇率为 1 美元=6.38 元人民币。

② 21 日，从银行借入短期外币借款 25 000 美元。当日的即期汇率为 1 美元=6.36 元人民币。

③ 26 日，偿还上月欠国外客户的货款 10 000 美元。当日的即期汇率为 1 美元=6.33 元人民币。

本月月末，市场汇率为 1 美元=6.30 元人民币。

上述业务的会计处理如下：

① 借：原材料　　　　　　　　　　　　　　　　　319 000
　　　贷：应付账款——瑞旺美元户　　　　　　　　　　319 000（50 000×6.38）
② 借：银行存款——美元户　　　　　　　　　　　159 000
　　　贷：短期借款——美元户　　　　　　　　　　　　159 000（25 000×6.36）
③ 借：应付账款——瑞旺美元户　　　　　　　　　 63 300
　　　贷：银行存款——美元户　　　　　　　　　　　　 63 300（10 000×6.33）

12 月月末，汇兑损益计算如下：

① 银行存款账户汇兑损益=（5 000+25 000−10 000）×6.30−（32 000+159 000−63 300）=−1 700（元）

② 短期借款账户汇兑损益=（50 000+25 000）×6.30−（320 000+159 000）=−6 500（元）

③ 应付账款账户汇兑损益=（100 000+50 000−10 000）×6.30−（640 000+319 000−63 300）=−13 700（元）

期末，汇兑损益的会计处理为：

借：短期借款——瑞旺美元户　　　　　　　　　　 6 500
　　应付账款——瑞旺美元户　　　　　　　　　　13 700
　　贷：银行存款——美元户　　　　　　　　　　　　 1 700
　　　　营业外收入——汇兑收益　　　　　　　　　　18 500

12 月月末，有关账户余额如表 11-2 所示。

表 11-2　华商公司 2×21 年 12 月月末有关账户余额表

项　目	外币账户余额（美元）	当日即期汇率	折算为人民币金额（元）
银行存款	20 000	6.30	126 000
短期借款	75 000	6.30	472 500
应付账款	140 000	6.30	882 000

汇率变动会对进出口小企业产生很大影响，请扫描二维码学习相关案例。

11.2　外币财务报表的折算

> **小企业会计准则**
>
> 第七十八条　小企业对外币财务报表进行折算时，应当采用资产负债表日的即期汇率对外币资产负债表、利润表和现金流量表的所有项目进行折算。

小企业选定的记账本位币不是人民币的，按照境外经营财务报表折算原则将其财务报表折算为人民币财务报表。

在对小企业境外经营财务报表进行折算前，调整境外经营的会计期间和会计政策，使之与小企业会计期间和会计政策相一致。根据调整后的会计政策及会计期间编制相应货币（记账本位币以外的货币）的财务报表，然后按照以下规定进行折算：小企业对外币财务报表进行折算时，采用资产负债表日的即期汇率对外币资产负债表、利润表和现金流量表的所有项目进行折算。

例 11-13　经贸公司的记账本位币为人民币，该公司在英国有一子公司——利强公司，利强公司确定的记账本位币为英镑。经贸公司拥有利强公司 70% 的股权，并能够对利强公司的财务和经营政策实施控制。利强公司有关资料如下：

2×21 年 12 月 31 日的汇率为 1 英镑=7.88 元，实收资本、资本公积发生日的即期汇率为 1 英镑=7.77 人民币元。2×20 年 12 月 31 日的股本为 6 000 000 英镑，盈余公积为 600 000 英镑，未分配利润为 1 400 000 英镑。经贸、利强两公司均在年末提取盈余公积，利强公司 2×21 年提取的盈余公积为 720 000 英镑。

2×21 年利强公司的利润表和资产负债表如表 11-3 和表 11-4 所示。

表 11-3　利润表（简表）

编制单位：利强公司　　　　　　　　2×21 年度　　　　　　　　　　　　单位：万元

项　目	本年金额（英镑）	折算汇率	折算为人民币金额
一、营业收入	2 400	7.88	18 912
减：营业成本	1 800	7.88	14 184
税金及附加	50	7.88	394

续表

项　目	本年金额（英镑）	折算汇率	折算为人民币金额
管理费用	120	7.88	945.6
财务费用	10	7.88	78.8
加：投资收益	30	7.88	236.4
二、营业利润	450	—	3 546
加：营业外收入	50	7.88	394
减：营业外支出	20	7.88	157.6
三、利润总额	480	—	3 782.4
减：所得税费用	120	7.88	945.6
四、净利润	360	—	2 836.8

表 11-4　资产负债表（简表）

编制单位：利强公司　　　　　2×21 年 12 月 31 日　　　　　单位：万元

资产	期末数（英镑）	折算汇率	折算为人民币金额	负债和所有者权益	期末数（英镑）	折算汇率	折算为人民币金额
流动资产：				流动负债：			
货币资金	240	7.88	1 891.2	短期借款	50	7.88	394
应收账款	230	7.88	1 812.4	应付账款	340	7.88	2 679.2
存货	280	7.88	2 206.4	其他流动负债	130	7.88	1 024.4
其他流动资产	240	7.88	1 891.2	流动负债合计	520	—	4 097.6
流动资产合计	990	—	7 801.2	非流动负债：			
非流动资产：				长期借款	170	7.88	1 339.6
固定资产	800	7.88	6 404	长期应付款	100	7.88	788
				其他非流动负债	90	7.88	709.2
在建工程	90	7.88	709.2	非流动负债合计	360	—	2 836.8
无形资产	120	7.88	945.6	负债合计	880		6 934.4
其他非流动资产	40	7.88	315.2	所有者权益：			
非流动资产合计	1 050	—	8 274	实收资本	600	7.88	4 728
				盈余公积	132	7.88	1 040.16
				未分配利润	428	7.88	3 372.64
				所有者权益合计	1 160		9 140.8
资产总计	2 040		16 075.2	负债和所有者权益总计	2 040		16 075.2

第 4 部分

会计调整及报表编制

第 12 章
会计政策变更、会计估计变更和会计差错更正

> **小企业会计准则**
> 第八十八条 小企业对会计政策变更、会计估计变更和会计差错更正应当采用未来适用法进行会计处理。

12.1 会计政策变更

会计政策,是指小企业在会计确认、计量和报告中所采用的原则、基础和会计处理方法。其中,原则,是指按照《小企业会计准则》规定的、适合小企业会计处理所采用的具体会计原则;基础,是指为了将会计原则应用于交易或事项而采用的基础,主要是计量基础,包括历史成本等;会计处理方法,是指小企业在会计处理中按照规定采用或者选择的、适合本企业的具体会计处理方法,如固定资产的折旧方法等。

12.1.1 会计政策变更的含义

会计政策变更,是指小企业对相同的交易或事项由原来采用的会计政策改用另一种会计政策的行为。按照规定,小企业变更会计政策,必须符合法律或会计准则等行政法规、规章的要求,同时这种变更能保证企业提供更可靠、更相关的会计信息。根据会计政策的含义,会计政策的变更包括以下两种情况:

(1) 法律、行政法规或国家统一的小企业会计准则等要求变更。由于国家有关法律、行政法规或小企业会计准则以及其他法规的变更,小企业须采用符合国家规定的新会计政策,废止原来执行的旧会计政策。

(2) 会计政策变更能够提供更可靠、更相关的会计信息。由于客观经济环境或小企业生产经营状况的变化,小企业按照现有会计政策所提供的会计信息已不能恰当地反映小企业的财务状况、经营成果和现金流量等情况,小企业变更现有会计政策,并按照变更后的新会计政策进行会计处理,以保证企业会计信息的质量。

对于会计政策变更，小企业需要在财务报表附注中进行披露，说明会计政策变更的内容和理由，以及会计政策变更对当期损益和利润分配等的影响。

按照规定，下列两项不属于会计政策的变更。

1. 本期发生的交易或事项和以前相比具有本质差别而采用新的会计政策

这种情况是指本期发生的交易或事项可能在某种形式上和前期的交易或事项具有一定的相似之处，但是两者在本质上是有区别的，本期发生的交易或事项实际上是一种新的交易或事项。新发生的交易或事项采用新的会计政策不应属于会计政策变更。

例如，某小企业过去通过经营租赁方式租赁固定资产，而本期改为融资租赁方式，这种改变是有着本质差别的。这种会计处理方法的变化并不是法律法规要求改变或为了更准确反映会计信息所做的改变，不属于会计政策变更。

2. 对初次发生的或不重要的交易或事项采用新的会计政策

首先，小企业初次发生的交易或事项，采用任何一种新的会计政策均不属于会计政策变更。例如，某小企业过去没有发生售后回购业务，而现在通过和购买方签订售后回购协议达到融资的目的，这种新的销售方式导致采用新的会计处理方法，不属于会计政策变更。

其次，对于不重要的交易或事项，根据重要性原则改变会计政策，也无须作为会计政策变更的内容进行专门披露。例如，某小企业的低值易耗品过去采用一次摊销方法摊销其价值，为了更准确，改为分次摊销方法，这种处理方法的改变不视为会计政策变更，因为低值易耗品的价值较低，并不很重要。

12.1.2 会计政策变更的会计处理

会计政策变更的会计处理，采用未来适用法。

未来适用法，是指将变更后的会计政策和会计估计应用于变更日及以后发生的交易或者事项，或者在会计差错发生或发现的当期更正差错的方法。采用未来适用法不需要计算会计政策变更的累积影响数，不调整变更期的期初留存收益，也无须改变会计账簿记录和重编以前年度的财务报表。根据要求，小企业应当在现有金额的基础上按新的会计政策进行会计处理。

例 12-1 假设威岛公司对固定资产一直采用直线法计提折旧。由于科技进步等原因而引起固定资产无形损耗逐年加大，按直线法每年计提的折旧，已不能反映固定资产的折耗情况。2021 年年初，公司按规定选择双倍余额递减法计提折旧，当年计提折旧额 80 000 元。假设本年沿用直线法计提折旧，折旧额为 60 000 元。假设该小企业 2021 年净利润为 300 000 元，所得税税率为 25%，所生产的产品全部售出。

由上例可知，公司折旧方法的变更导致利润总额减少了 20 000 元，公司净利润减少了 15 000 元。

未来适用法的优点：操作简单，实效性明显。这里的实效性是指当小企业由于客观经济环境或小企业生产经营状况变化时，按照国家有关法律、会计准则以及其他法规的规定，采用新的会计处理方法是一种必然选择。当然，这种选择一般并不表明原有会计政策是错误的，主要因为原有会计政策所提供的会计信息，已不能恰当地反映小企业目前的财务状况、经营成果和现金流量等情况。

未来适用法的缺点：由于没有对前期的事项进行调整，降低了财务报表的可比性，对会计信息使用者正确估计企业经营成果、财务状况和现金流量可能会造成影响。

请扫描二维码学习会计政策变更的案例。

12.1.3 会计政策变更的披露

小企业在附注中披露和会计政策变更有关的下列信息：

（1）会计政策变更的性质、内容和理由，包括会计政策变更的原因、背景、日期、相关业务在变更日前后采用的会计政策等。

（2）说明事实和原因以及开始应用变更后的会计政策的时点、具体应用情况。

例 12-2 承例 12-1。威岛公司在财务报表附注中做如下说明：

本公司于 2021 年 1 月 1 日前，对固定资产折旧的处理一直采用直线法。由于固定资产无形损耗的逐年加大，按直线法计提的折旧已不能反映固定资产的折耗情况。因此，本年度改用双倍余额递减法计提折旧。本年实际计提折旧 80 000 元，假设采用直线法计提折旧，计提折旧额为 60 000 元。由于此项会计政策的变更，导致利润总额减少 20 000 元，净利润减少 15 000 元。

12.2 会计估计变更

会计估计，是指小企业对某些结果不确定的交易或事项以最近可利用的信息为基础所做的判断。由于会计对象纷繁复杂，使得小企业发生的经济业务具有不确定性，会计要对不易确定结果的交易或事项进行确认、计量、记录和披露，所以会计估计是必不可少的。

会计估计本身存在一定的主观性，这种主观性体现在估计项目的选择和估计方法的选择上。在市场经济环境中，虽然这种主观性的存在是不可避免的，但一方面小企业应慎重合理地估计结果不确定的交易或事项，使财务报告能够客观、公允地反映企业的财务状况和经营成果；另一方面，小企业应在财务报表附注中披露对当年经营成果和财务状况产生重大影响的会计估计，以增强小企业财务报告的明晰性和决策有用性。

12.2.1 会计估计变更的含义

会计估计变更，是指由于资产和负债的当前状况及预期经济利益和义务发生了变化，小企业对资产或负债的账面价值或资产的定期消耗金额进行调整。

会计估计变更并不意味着以前的会计估计是错误的，只是由于赖以进行估计的基础发生了变化，或者由于取得新的信息、积累更多的经验以及后来会计方法的发展变化，而需要修订会计估计。如果以前期间的会计估计是错误的，则属于前期差错，按前期差错更正的会计处理方法进行处理。

小企业可以采取以下方法划分会计政策变更和会计估计变更：分析并判断该事项是否

涉及会计确认、计量基础选择或列报项目的变更，当至少涉及上述一项划分基础变更时，该事项可以判断为会计政策变更；不涉及上述划分基础变更时，该事项可以判断为会计估计变更。

12.2.2　会计政策变更和会计估计变更的区别

（1）以会计确认原则是否发生变更为判断基础。如果影响确认的因素发生了变更，则此变更为会计政策变更；反之，则为会计估计变更。确认原则的变化大多会引起报表列报项目的变化，利用这种表象可以较容易地判断会计政策变更。如商品采购费用，前期列入销售费用，而在当期根据《小企业会计准则》改为列入存货成本，那么这种列报项目的变化是会计政策变更而不是会计估计变更。

（2）以会计计量基础是否发生变更为判断基础。这里主要指的是对要素计量属性的变更。一般地，涉及计量基础的变更为会计政策变更，相反则为会计估计变更。

（3）以会计处理方法的变更是否涉及不确定性因素为判断基础。如果会计处理方法的变更不受任何不确定性因素的影响，或者说不需要借助任何对不确定事项的估计判断，则该变更为会计政策变更；反之，则为会计估计变更。

（4）当某一事项涉及确认、计量、会计处理方法中两项或两项以上基础的变更时，该事项应判定为会计政策变更。

例如，折旧方法变更的判断。从影响确认原则的角度分析，不论是从年限平均法改为加速折旧法或者从加速折旧法改为年限平均法，还是其他任何两种折旧方法之间的变更，可以确定的一点是折旧方法的变更不涉及任何影响确认的因素的变化，自然也不会引起任何列报项目的变更。

12.2.3　会计估计变更的会计处理

对于会计估计变更，小企业采用未来适用法。即在会计估计变更当期及以后期间，采用新的会计估计，不改变以前期间的会计估计，也不调整以前期间的报告结果。如果这种估计的变更仅影响变更当期，则会计估计变更的影响数计入变更当期和前期相同的项目中；如果这种估计的变更既影响变更当期又影响未来期间，则会计估计变更的影响数应计入变更当期和未来期间和前期相同的项目中。

例 12-3　光明公司有一台管理用设备，原值为 365 000 元，预计净残值为 5 000 元，预计用年限 10 年，前五年一直采用年限平均法计提折旧。2021 年年初考虑到技术进步和产品市场等因素，决定将该设备的预计使用年限由 10 年改为 8 年，预计净残值不变。

若 2021 年不改变该设备的预计使用年限，那么 2021 年年末应计提的固定资产折旧金额仅为 36 000 元，即：(365 000–5 000)÷10=36 000（元）。

由于 2021 年改变了对该设备的预计使用年限，2021 年年末应计提的固定资产折旧金额可达 60 000 元，即：(365 000–5 000–36 000×5)÷(8–5)=60 000（元）。

这种会计估计的变更，不仅会影响 2021 年的净损益，也会给折旧期内的未来几年造成同样的影响。按照现行会计估计，自 2021 年起，每年应按 60 000 元计提固定资产折旧。

光明公司的会计处理如下：

借：管理费用	60 000	
贷：累计折旧		60 000

12.2.4　会计估计变更的披露

小企业在财务报表附注中披露和会计估计变更有关的下列信息：

（1）会计估计变更的内容和原因。

（2）会计估计变更对当期和未来期间的影响数，包括会计估计变更对当期和未来期间损益的影响数，以及对其他各项目的影响数。

例 12-4　承例 12-3。光明公司在财务报表附注中做如下说明。

本公司的一台在用设备，原值为 365 000 元，预计净残值为 5 000 元，预计使用年限为 10 年。前五年一直采用直线法计提折旧，考虑到技术进步和产品市场等因素，决定对预计使用年限的估计进行更改，自 2021 年度起，该设备的预计使用年限改为 8 年。由于此项会计估计的变更，2021 年度多计提固定资产折旧 24 000 元，因而相应地减少本年度净利润 18 000 元。其中：

本年度多计提固定资产折旧=60 000–36 000=24 000（元）

估计变更减少本年度净利润数=（60 000–36 000）×（1–25%）=18 000（元）

12.3　会计差错更正

12.3.1　会计差错概述

前期差错包括计算错误、应用会计政策错误、应用会计估计错误等。

前期差错要区分是发生在什么时间的差错，并排除本期差错。例如，2021 年 11 月发生一笔 1 000 元的业务，凭证是 1 000 元而记账时错记为 100 元，在未结账之前发现的，只需画线更正；若凭证也错记为 100 元，则在结账之前，补记 900 元即可。这些差错都是本期差错，不是前期差错。在没有跨年度的情况下，本月份发现以前月份差错，只需直接调整相关项目，也不是前期差错。

前期差错包括以下几种情况：

（1）采用法律或国家统一的会计制度等行政法规、规章所不允许的会计政策。

（2）账户分类以及计算错误。

（3）漏记已完成的交易。

（4）对事实的忽视和误用。

（5）提前确认尚未实现的收入或不确认已实现的收入。

12.3.2　会计差错更正的会计处理

为了正确使用差错更正方法，需要先弄清差错的类型，然后对号入座。差错可按以下三个标准分类：一是差错的发现时间，可以分为当期（报告期内）发现的差错和资产负债表日后期间（资产负债表日至财务报告批准报出日之间）发现的差错；二是差错的所属期间，可以分为属于当期的差错和属于前期的差错；三是重要性，可以分为重大的会计差错和非重大的会计差错。重大的会计差错，是指足以影响会计报表使用者对企业财务状况、经营成果和现金流量做出正确判断的会计差错；非重大的会计差错，是指不足以影响会计报表使用者对企业财务状况、经营成果和现金流量做出正确判断的会计差错。

本期发现的和本期相关的前期差错，无论是重要的前期差错还是不重要的前期差错，均应及时调整本期相关项目。本期发现的和以前期间相关的前期差错，采用未来适用法进行处理。

影响损益的差错，直接调整发现当期的净损益，其他相关项目也作为本期数一并调整；不影响损益的差错，只调整发现当期的相关项目。

例 12-5 华远公司 2021 年 3 月发现 2020 年度的会计处理工作中存在如下前期差错：
（1）一项管理用固定资产未计折旧 1 000 元。
（2）一笔本应列入制造费用的车间办公用品支出 165 元，误计入管理费用。
（3）漏记一笔在建工程领用的原材料 1 300 元。

对于上述差错，华远公司做如下会计处理来更正前期差错：
（1）借：管理费用　　　　　　　　　　　　　1 000
　　　　贷：累计折旧　　　　　　　　　　　　　　　1 000
（2）借：制造费用　　　　　　　　　　　　　　165
　　　　贷：管理费用　　　　　　　　　　　　　　　　165
（3）借：在建工程　　　　　　　　　　　　　1 300
　　　　贷：工程物资　　　　　　　　　　　　　　　1 300

探讨 会计政策变更和差错更正采用未来适用法是否合理

会计差错更正采用未来适用法有可能影响到会计报表中的所有会计要素。对于任何一个报表项目，都可以人为地制造出会计差错（如虚增货币资金、虚增营业收入，或者少计负债、少计成本费用），首先达到随意调节当期会计报表的目的，然后在下一年度甚至几个年度以后的某一个恰当时机，即于"发现的当期"再更正当时的会计差错，这种做法确实能够符合《小企业会计准则》的规定，通过合法的手段达到了非法的目的。可见，滥用会计差错更正的未来适用法，其危害是相当严重的，而且同样的道理可以延展到会计政策的变更上。

对于注册会计师，很可能遇到的情况是，明知小企业会计报表存在重大会计差错，而小企业也确实于"发现的当期"对差错进行了更正，但小企业却坚持其遵循了《小企业会计准则》有关会计差错更正采用未来适用法的规定，而拒绝对会计报表进行必要的调整。对于这样的会计报表，注册会计师应该发表何种审计意见呢？对此问题，《中小主体国际财务报告准则（2009）》第 10 章"会计政策、估计和差错"中的规定简述如下：

（1）对于会计政策变更，如果该准则或其他准则（如国际会计准则）指定了过渡性规定("衔接办法"),则按照此过渡性规定处理,对所有其他会计政策变更应运用追溯调整法进行会计处理。

(2)对于重要的会计前期差错,如果可行,则通过重述差错发生的列报前期的比较金额或者重述列报的最早前期的期初余额;如果不切实可行,则重述可行的最早期间的期初余额,即追溯更正,而不是在发现的当期进行直接处理。

上述规定和我国《企业会计准则》的相关内容原则上也是一致的,之所以《中小主体国际财务报告准则(2009)》没有对此问题进行"简化",缘于会计政策、估计变更和差错更正直接影响到准则在整体上的严谨性和合理性。

第 13 章

财务报表的编制

> **小企业会计准则**
>
> 第七十九条 财务报表,是指对小企业财务状况、经营成果和现金流量的结构性表述。小企业的财务报表至少应当包括下列组成部分:
> (一)资产负债表;
> (二)利润表;
> (三)现金流量表;
> (四)附注。
> 第八十七条 小企业应当根据实际发生的交易和事项,按照本准则的规定进行确认和计量,在此基础上按月或者按季编制财务报表。

小企业编制财务报表的目标,是向财务报表使用者提供与小企业财务状况、经营成果和现金流量等有关的会计信息,有助于财务报表使用者做出经济决策。一套完整的小企业财务报表至少包括资产负债表、利润表、现金流量表以及附注。

13.1 资产负债表的编制

资产负债表,是指反映小企业在某一特定日期的财务状况的报表,如表 13-1 所示。

表 13-1 资产负债表

编制单位: 年 月 日 单位:元

资 产	期末余额	年初余额	负债和所有者权益(或股东权益)	期末余额	年初余额
流动资产:			流动负债:		
货币资金			短期借款		
短期投资			应付票据		
应收票据			应付账款		
应收账款			预收账款		
预付账款			应付职工薪酬		

续表

资　　产	期末余额	年初余额	负债和所有者权益（或股东权益）	期末余额	年初余额
应收利息			应交税费		
应收股利			应付利息		
其他应收款			应付利润		
存货			其他应付款		
其中：原材料			其他流动负债		
在产品			流动负债合计		
库存商品			非流动负债：		
周转材料			长期借款		
其他流动资产			长期应付款		
流动资产合计			递延收益		
非流动资产：			其他非流动负债		
长期债券投资			非流动负债合计		
长期股权投资			负债合计		
固定资产原价					
减：累计折旧					
固定资产账面价值					
在建工程					
工程物资					
固定资产清理					
生产性生物资产			所有者权益（或股东权益）：		
无形资产			实收资本（或股本）		
开发支出			资本公积		
长期待摊费用			盈余公积		
其他非流动资产			未分配利润		
非流动资产合计			所有者权益（或股东权益）合计		
资产总计			负债和所有者权益（或股东权益）总计		

注：小企业（中外合作经营）根据合同规定在合作期间归还投资者的投资，应在"实收资本（或股本）"项目下增加"减：已归还投资"项目单独列示。

（1）资产负债表"年初余额"栏内各项数字，根据上年末资产负债表"期末余额"栏内所列数字填列。

（2）资产负债表"期末余额"各项目的内容和填列方法：

1）"货币资金"项目，反映小企业库存现金、银行存款、其他货币资金的合计数。本项目根据"库存现金""银行存款""其他货币资金"账户的期末余额合计填列。

2）"短期投资"项目，反映小企业购入的能随时变现并且持有时间不准备超过一年的股票、债券和基金投资的余额。本项目根据"短期投资"账户的期末余额填列。

3)"应收票据"项目，反映小企业收到的未到期收款也未向银行贴现的应收票据（银行承兑汇票和商业承兑汇票）。本项目根据"应收票据"账户的期末余额填列。

4)"应收账款"项目，反映小企业因销售商品、提供劳务等日常生产经营活动应收取的款项。本项目根据"应收账款"的期末余额分析填列。如"应收账款"账户期末为贷方余额，则在"预收账款"项目列示。

5)"预付账款"项目，反映小企业按照合同规定预付的款项，包括根据合同规定预付的购货款、租金、工程款等。本项目根据"预付账款"账户的期末借方余额填列；如"预付账款"账户期末为贷方余额，则在"应付账款"项目列示。

属于超过一年期以上的预付账款的借方余额，在"其他非流动资产"项目列示。

6)"应收股利"项目，反映小企业应收取的现金股利或利润。本项目根据"应收股利"账户的期末余额填列。

7)"应收利息"项目，反映小企业债券投资应收取的利息。小企业购入一次还本付息债券应收的利息，不包括在本项目内。本项目根据"应收利息"账户的期末余额填列。

8)"其他应收款"项目，反映小企业除应收票据、应收账款、预付账款、应收股利、应收利息等以外的其他各种应收及暂付款项，包括各种应收的赔款、应向职工收取的各种垫付款项等。本项目根据"其他应收款"账户的期末余额填列。

9)"存货"项目，反映小企业期末在库、在途和在加工中的各项存货的成本，包括各种原材料、在产品、半成品、产成品、商品、周转材料（包装物、低值易耗品等）、消耗性生物资产等。本项目根据"材料采购""在途物资""原材料""材料成本差异""生产成本""库存商品""商品进销差价""委托加工物资""周转材料""消耗性生物资产"等账户的期末余额分析填列。

10)"其他流动资产"项目，反映小企业除以上流动资产项目外的其他流动资产（含一年内到期的非流动资产）。本项目根据有关账户的期末余额分析填列。

11)"长期债券投资"项目，反映小企业准备长期持有的债券投资的本息。本项目根据"长期债券投资"账户的期末余额分析填列。

12)"长期股权投资"项目，反映小企业准备长期持有的权益性投资的成本。本项目根据"长期股权投资"账户的期末余额填列。

13)"固定资产原价"和"累计折旧"项目，反映小企业固定资产的原价（成本）及累计折旧。这两个项目根据"固定资产"账户和"累计折旧"账户的期末余额填列。

14)"固定资产账面价值"项目，反映小企业固定资产原价扣除累计折旧后的余额。本项目根据"固定资产"账户的期末余额减去"累计折旧"账户的期末余额后的金额填列。

15)"在建工程"项目，反映小企业尚未完工或虽已完工，但尚未办理竣工决算的工程成本。本项目根据"在建工程"账户的期末余额填列。

16)"工程物资"项目，反映小企业为在建工程准备的各种物资的成本。本项目根据"工程物资"账户的期末余额填列。

17)"固定资产清理"项目，反映小企业因出售、报废、毁损、对外投资等原因处置固定资产所转出的固定资产账面价值以及在清理过程中发生的费用等。本项目根据"固定资产清理"账户的期末借方余额填列；如"固定资产清理"账户期末为贷方余额，则以"–"

号填列。

18)"生产性生物资产"项目,反映小企业生产性生物资产的账面价值。本项目根据"生产性生物资产"账户的期末余额减去"生产性生物资产累计折旧"账户的期末余额后的金额填列。

19)"无形资产"项目,反映小企业无形资产的账面价值。本项目根据"无形资产"账户的期末余额减去"累计摊销"账户的期末余额后的金额填列。

20)"开发支出"项目,反映小企业正在进行的无形资产研究开发项目满足资本化条件的支出。本项目根据"研发支出"账户的期末余额填列。

21)"长期待摊费用"项目,反映小企业尚未摊销完毕的已提足折旧的固定资产的改建支出、经营租入固定资产的改建支出、固定资产的大修理支出和其他长期待摊费用。本项目根据"长期待摊费用"账户的期末余额分析填列。

22)"其他非流动资产"项目,反映小企业除以上非流动资产以外的其他非流动资产。本项目根据有关账户的期末余额分析填列。

23)"短期借款"项目,反映小企业向银行或其他金融机构等借入的期限在一年内的、尚未偿还的各种借款本金。本项目根据"短期借款"账户的期末余额填列。

24)"应付票据"项目,反映小企业因购买材料、商品和接受劳务等日常生产经营活动开出、承兑的商业汇票(银行承兑汇票和商业承兑汇票)尚未到期的票面金额。本项目根据"应付票据"账户的期末余额填列。

25)"应付账款"项目,反映小企业因购买材料、商品和接受劳务等日常生产经营活动尚未支付的款项。本项目根据"应付账款"账户的期末余额填列。如"应付账款"账户期末为借方余额,则在"预付账款"项目列示。

26)"预收账款"项目,反映小企业根据合同规定预收的款项。包括预收的购货款、工程款等。本项目根据"预收账款"账户的期末贷方余额填列;如"预收账款"账户期末为借方余额,则在"应收账款"项目列示。

属于超过一年期以上的预收账款的贷方余额应当在"其他非流动负债"项目列示。

27)"应付职工薪酬"项目,反映小企业应付未付的职工薪酬。本项目根据"应付职工薪酬"账户期末余额填列。

28)"应交税费"项目,反映小企业期末未缴、多缴或尚未抵扣的各种税费。本项目根据"应交税费"账户的期末贷方余额填列;如"应交税费"账户期末为借方余额,则以"-"号填列。

29)"应付利息"项目,反映小企业尚未支付的利息费用。本项目应根据"应付利息"账户的期末余额填列。

30)"应付利润"项目,反映小企业尚未向投资者支付的利润。本项目根据"应付利润"账户的期末余额填列。

31)"其他应付款"项目,反映小企业除应付账款、预收账款、应付职工薪酬、应交税费、应付利息、应付利润等以外的其他各项应付、暂收的款项,包括应付租入固定资产和包装物的租金、存入保证金等。本项目根据"其他应付款"账户的期末余额填列。

32)"其他流动负债"项目,反映小企业除以上流动负债以外的其他流动负债(含一年内到期的非流动负债）。本项目根据有关账户的期末余额填列。

33）"长期借款"项目，反映小企业向银行或其他金融机构借入的期限在一年以上的、尚未偿还的各项借款本金。本项目根据"长期借款"账户的期末余额分析填列。

34）"长期应付款"项目，反映小企业除长期借款以外的其他各种应付未付的长期应付款项，包括应付融资租入固定资产的租赁费、以分期付款方式购入固定资产发生的应付款项等。本项目根据"长期应付款"账户的期末余额分析填列。

35）"递延收益"项目，反映小企业收到的、应在以后期间计入损益的政府补助。本项目根据"递延收益"账户的期末余额分析填列。

36）"其他非流动负债"项目，反映小企业除以上非流动负债项目以外的其他非流动负债。本项目根据有关账户的期末余额分析填列。

37）"实收资本（或股本）"项目，反映小企业收到投资者按照合同协议约定或相关规定投入的、构成小企业注册资本的部分。本项目根据"实收资本（或股本）"账户的期末余额分析填列。

38）"资本公积"项目，反映小企业收到投资者投入资本超出其在注册资本中所占份额的部分。本项目根据"资本公积"账户的期末余额填列。

39）"盈余公积"项目，反映小企业（公司制）的法定公积金和任意公积金，小企业（外商投资）的储备基金和企业发展基金。本项目根据"盈余公积"账户的期末余额填列。

40）"未分配利润"项目，反映小企业尚未分配的历年结存的利润。本项目根据"利润分配"账户的期末余额填列。未弥补的亏损，在本项目内以"–"号填列。

13.2 利润表的编制

利润表，是指反映小企业在一定会计期间的经营成果的报表，如表13-2所示。

表 13-2 利润表

编制单位：　　　　　　　　　　　年　月　　　　　　　　　　　单位：元

项　　目	本年累计金额	本月金额
一、营业收入		
减：营业成本		
税金及附加		
其中：消费税		
城市维护建设税		
资源税		
土地增值税		
城镇土地使用税、房产税、车船税、印花税		
教育费附加、矿产资源补偿费、排污费		
销售费用		
其中：商品维修费		

续表

项 目	本年累计金额	本月金额
广告费和业务宣传费		
管理费用		
其中：开办费		
业务招待费		
研究费用		
财务费用		
其中：利息费用（收入以"-"号填列）		
投资收益（损失以"-"号填列）		
二、营业利润（亏损以"-"号填列）		
加：营业外收入		
其中：政府补助		
减：营业外支出		
其中：坏账损失		
无法收回的长期债券投资损失		
无法收回的长期股权投资损失		
自然灾害等不可抗力因素造成的损失		
税收滞纳金		
三、利润总额（亏损总额以"-"号填列）		
减：所得税费用		
四、净利润（净亏损以"-"号填列）		

（1）利润表"本年累计金额"栏反映各项目自年初起至报告期末止的累计实际发生额。

利润表"本月金额"栏反映各项目的本月实际发生额；在编报年度财务报表时，应将"本月金额"栏改为"上年金额"栏，填列上年全年实际发生额。

（2）利润表各项目的内容及其填列方法：

1）"营业收入"项目，反映小企业销售商品和提供劳务所实现的收入总额。本项目根据"主营业务收入"账户和"其他业务收入"账户的发生额合计填列。

2）"营业成本"项目，反映小企业所销售商品的成本和所提供劳务的成本。本项目根据"主营业务成本"账户和"其他业务成本"账户的发生额合计填列。

3）"税金及附加"项目，反映小企业开展日常生产活动应负担的消费税、城市维护建设税、资源税、土地增值税、城镇土地使用税、房产税、车船税、印花税和教育费附加、环保税等。本项目根据"税金及附加"账户的发生额填列。

4）"销售费用"项目，反映小企业销售商品或提供劳务过程中发生的费用。本项目根据"销售费用"账户的发生额填列。

5）"管理费用"项目，反映小企业为组织和管理生产经营发生的其他费用。本项目根据"管理费用"账户的发生额填列。

6)"财务费用"项目,反映小企业为筹集生产经营所需资金发生的筹资费用。本项目根据"财务费用"账户的发生额填列。

7)"投资收益"项目,反映小企业股权投资取得的现金股利(或利润)、债券投资取得的利息收入和处置股权投资和债券投资取得的处置价款扣除成本或账面余额、相关税费后的净额。本项目根据"投资收益"账户的发生额填列;如为投资损失,则以"-"号填列。

8)"营业利润"项目,反映小企业当期开展日常生产经营活动实现的利润。本项目根据营业收入扣除营业成本、税金及附加、销售费用、管理费用和财务费用,加上投资收益后的金额填列。如为亏损,则以"-"号填列。

9)"营业外收入"项目,反映小企业实现的各项营业外收入金额。包括非流动资产处置净收益、政府补助、捐赠收益、盘盈收益、汇兑收益、出租包装物和商品的租金收入、逾期未退包装物押金收益、确实无法偿付的应付款项、已做坏账损失处理后又收回的应收款项、违约金收益等。本项目根据"营业外收入"账户的发生额填列。

10)"营业外支出"项目,反映小企业发生的各项营业外支出金额。包括存货的盘亏、毁损、报废损失,非流动资产处置净损失、坏账损失、无法收回的长期债券投资损失、无法收回的长期股权投资损失、自然灾害等不可抗力因素造成的损失、税收滞纳金、罚金、罚款、被没收财物的损失、捐赠支出、赞助支出等。本项目根据"营业外支出"账户的发生额填列。

11)"利润总额"项目,反映小企业当期实现的利润总额。本项目根据营业利润加上营业外收入减去营业外支出后的金额填列。如为亏损总额,则以"-"号填列。

12)"所得税费用"项目,反映小企业根据企业所得税法确定的应从当期利润总额中扣除的所得税费用。本项目根据"所得税费用"账户的发生额填列。

13)"净利润"项目,反映小企业当期实现的净利润。本项目根据利润总额扣除所得税费用后的金额填列。如为净亏损,则以"-"号填列。

小企业财务报表的外部使用者主要是金融机构和税务部门,这是我国小企业面临的现实情况,针对这一现实情况,利润表的设计,提升了信息含量,提高了税务部门的征管效率。利润表列示了 32 个项目,尤其是详细列示了小企业的大部分税种,有利于报表使用者更好地掌握小企业的实际经营情况而无须查阅大量的会计凭证和账簿。

13.3 现金流量表的编制

现金流量表,是指反映小企业在一定会计期间现金流入和流出情况的报表,如表 13-3 所示。

表 13-3 现金流量表

编制单位:　　　　　　　　　　　　年　月　　　　　　　　　　　　单位:元

项　　目	本年累计金额	本月金额
一、经营活动产生的现金流量:		

续表

项　　目	本年累计金额	本月金额
销售产成品、商品、提供劳务收到的现金		
收到其他与经营活动有关的现金		
购买原材料、商品、接受劳务支付的现金		
支付的职工薪酬		
支付的税费		
支付其他与经营活动有关的现金		
经营活动产生的现金流量净额		
二、投资活动产生的现金流量：		
收回短期投资、长期债券投资和长期股权投资收到的现金		
取得投资收益收到的现金		
处置固定资产、无形资产和其他非流动资产收回的现金净额		
短期投资、长期债券投资和长期股权投资支付的现金		
购建固定资产、无形资产和其他非流动资产支付的现金		
投资活动产生的现金流量净额		
三、筹资活动产生的现金流量：		
取得借款收到的现金		
吸收投资者投资收到的现金		
偿还借款本金支付的现金		
偿还借款利息支付的现金		
分配利润支付的现金		
筹资活动产生的现金流量净额		
四、现金净增加额		
加：期初现金余额		
五、期末现金余额		

（1）现金流量表"本年累计金额"栏反映各项目自年初起至报告期末止的累计实际发生额。

现金流量表"本月金额"栏反映各项目的本月实际发生额；在编报年度财务报表时，应将"本月金额"栏改为"上年金额"栏，填列上年全年实际发生额。

（2）现金流量表各项目的内容及填列方法如下：

1）经营活动产生的现金流量。

①"销售产成品、商品、提供劳务收到的现金"项目，反映小企业本期销售产成品、商品、提供劳务收到的现金。本项目可以根据"库存现金""银行存款"和"主营业务收入"等账户的本期发生额分析填列。

②"收到其他与经营活动有关的现金"项目，反映小企业本期收到的其他与经营活动有关的现金。本项目可以根据"库存现金"和"银行存款"等账户的本期发生额分析填列。

③"购买原材料、商品、接受劳务支付的现金"项目，反映小企业本期购买原材料、商品、接受劳务支付的现金。本项目可以根据"库存现金""银行存款""其他货币资金""原材料""库存商品"等账户的本期发生额分析填列。

④"支付的职工薪酬"项目，反映小企业本期向职工支付的薪酬。本项目可以根据"库存现金""银行存款""应付职工薪酬"账户的本期发生额填列。

⑤"支付的税费"项目，反映小企业本期支付的税费。本项目可以根据"库存现金""银行存款""应交税费"等账户的本期发生额填列。

⑥"支付其他与经营活动有关的现金"项目，反映小企业本期支付的其他与经营活动有关的现金。本项目可以根据"库存现金""银行存款"等账户的本期发生额分析填列。

2）投资活动产生的现金流量。

①"收回短期投资、长期债券投资和长期股权投资收到的现金"项目，反映小企业出售、转让或到期收回短期投资、长期股权投资而收到的现金，以及收回长期债券投资本金而收到的现金，不包括长期债券投资收回的利息。本项目可以根据"库存现金""银行存款""短期投资""长期股权投资""长期债券投资"等账户的本期发生额分析填列。

②"取得投资收益收到的现金"项目，反映小企业因权益性投资和债权性投资取得的现金股利或利润和利息收入。本项目可以根据"库存现金""银行存款""投资收益"等账户的本期发生额分析填列。

③"处置固定资产、无形资产和其他非流动资产收回的现金净额"项目，反映小企业处置固定资产、无形资产和其他非流动资产取得的现金，减去为处置这些资产而支付的有关税费等后的净额。本项目可以根据"库存现金""银行存款""固定资产清理""无形资产""生产性生物资产"等账户的本期发生额分析填列。

④"短期投资、长期债券投资和长期股权投资支付的现金"项目，反映小企业进行权益性投资和债权性投资支付的现金。包括企业取得短期股票投资、短期债券投资、短期基金投资、长期债券投资、长期股权投资支付的现金。本项目可以根据"库存现金""银行存款""短期投资""长期债券投资""长期股权投资"等账户的本期发生额分析填列。

⑤"购建固定资产、无形资产和其他非流动资产支付的现金"项目，反映小企业购建固定资产、无形资产和其他非流动资产支付的现金。包括购买机器设备、无形资产、生产性生物资产支付的现金，建造工程支付的现金等现金支出，不包括为购建固定资产、无形资产和其他非流动资产而发生的借款费用资本化部分和支付给在建工程和无形资产开发项目人员的薪酬。为购建固定资产、无形资产和其他非流动资产而发生借款费用资本化部分，在"偿还借款利息支付的现金"项目反映；支付给在建工程和无形资产开发项目人员的薪酬，在"支付的职工薪酬"项目反映。本项目可以根据"库存现金""银行存款""固定资产""在建工程""无形资产""研发支出""生产性生物资产""应付职工薪酬"等账户的本期发生额分析填列。

3）筹资活动产生的现金流量。

①"取得借款收到的现金"项目，反映小企业举借各种短期、长期借款收到的现金。本项目可以根据"库存现金""银行存款""短期借款""长期借款"等账户的本期发生额分析填列。

②"吸收投资者投资收到的现金"项目，反映小企业收到的投资者作为资本投入的现金。本项目可以根据"库存现金""银行存款""实收资本""资本公积"等账户的本期发生额分析填列。

③"偿还借款本金支付的现金"项目，反映小企业以现金偿还各种短期、长期借款的本金。本项目可以根据"库存现金""银行存款""短期借款""长期借款"等账户的本期发生额分析填列。

④"偿还借款利息支付的现金"项目，反映小企业以现金偿还各种短期、长期借款的利息。本项目可以根据"库存现金""银行存款""应付利息"等账户的本期发生额分析填列。

⑤"分配利润支付的现金"项目，反映小企业向投资者实际支付的利润。本项目可以根据"库存现金""银行存款""应付利润"等账户的本期发生额分析填列。

> **专栏　与《企业会计准则》的比较**

《小企业会计准则》和《企业会计准则》对现金流量表的规定存在以下不同。

1. 编制基础不同

《企业会计准则》中的现金流量表的编制基础是现金及现金等价物，而小企业现金流量表的编制基础是现金。现金等价物是指企业持有的期限短、流动性强、易于转换为已知金额现金、价值变动风险很小的投资。现金等价物虽然不是现金，但其支付能力和现金的差别不大，可等同为现金。

2. 主表构成项目不同

《企业会计准则》中的现金流量表包括主表和附表（补充资料）两部分，主表项目共有 38 行次。而小企业现金流量表只包括主表，不包括附表，主表项目共有 22 行次。小企业现金流量表主表比一般企业现金流量表主表简单。具体如表 13-4 所示。

表 13-4　小企业现金流量表缺少与调整的项目

经营活动	流入	缺少"收到的税费返还""经营活动现金流入小计"
	流出	缺少"经营活动现金流出小计"
投资活动	流入	缺少"处置子公司及其他营业单位收到的现金净额""收到其他与投资活动有关的现金""投资活动现金流入小计"
	流出	缺少"取得子公司及其他营业单位支付的现金净额""支付其他与投资活动有关的现金""投资活动现金流出小计"
筹资活动	流入	缺少"收到其他与筹资活动有关的现金""筹资活动现金流入合计"
	流出	缺少"分配股利、利润或偿付利息支付现金""支付其他与筹资活动有关的现金""筹资活动现金流出小计"，拆分为"偿还借款利息支付的现金""分配利润支付的现金"
其他		缺少第四大项"汇率变动对现金及现金等价物的影响"

从表 13-4 可见，小企业现金流量表比一般企业现金流量表缺少的项目主要是四大类：①涉及子公司及其他营业单位的项目，②第四大项汇率变动影响项目，③流入

及流出小计项目,④ 其他与经营活动、投资活动和筹资活动有关的项目。《小企业会计准则》把一般现金流量表中的"分配股利、利润或偿付利息支付现金"项目,拆为小企业现金流量表中的"偿还借款利息支付的现金"和"分配利润支付的现金"两项,并去除了分配股利这种情况。

3. 部分项目名称有所区别

小企业现金流量表中的一些项目名称比一般企业现金流量表中的更详细,这样有利于小企业会计人员做出判断。

13.4 附注

> **小企业会计准则**
>
> 第七十三条 附注,是指对在资产负债表和利润表等报表中列示项目的文字描述或明细资料,以及对未能在这些报表中列示项目的说明等。
>
> 附注一般应当按照下列顺序披露:
>
> (一)遵循小企业会计准则的声明。
>
> (二)对已在资产负债表和利润表中列示的项目,与税法规定存在的差异的纳税调整过程。
>
> (三)其他需要在附注中说明的事项。

附注是财务报表的重要组成部分。小企业按照《小企业会计准则》规定披露附注信息,主要包括下列内容。

(1)遵循小企业会计准则的声明。小企业应当声明编制的财务报表符合小企业会计准则的要求,真实、完整地反映小企业的财务状况、经营成果和现金流量等有关信息。

(2)短期投资、应收账款、存货、固定资产项目的说明。

① 短期投资的披露格式如表 13-5 所示。

表 13-5 短期投资的披露

项 目	期末账面余额	期末市价	期末账面余额与市价的差额
1. 股票			
2. 债券			
3. 基金			
4. 其他			
合 计			

② 应收账款按账龄结构披露的格式如表 13-6 所示。

表 13-6　应收账款按账龄结构披露

账龄结构	期末账面余额	年初账面余额
1 年以内（含 1 年）		
1 年至 2 年（含 2 年）		
2 年至 3 年（含 3 年）		
3 年以上		
合　　计		

③ 存货的披露格式如表 13-7 所示。

表 13-7　存货的披露

存货种类	期末账面余额	期末市价	期末账面余额与市价的差额
1. 原材料			
2. 在产品			
3. 库存商品			
4. 周转材料			
5. 消耗性生物资产			
……			
合　　计			

④ 固定资产的披露格式如表 13-8 所示。

表 13-8　固定资产的披露

项　目	原　价	累计折旧	期末账面价值
1. 房屋、建筑物			
2. 机器			
3. 机械			
4. 运输工具			
5. 设备			
6. 器具			
7. 工具			
……			
合　　计			

（3）应付职工薪酬、应交税费项目的说明。

① 应付职工薪酬的披露格式如表 13-9 所示。

表 13-9　应付职工薪酬明细表

编制单位：　　　　　　　　　　年　月　　　　　　　　　　　单位：元

项目	期末账面余额	年初账面余额
1. 职工工资		
2. 奖金、津贴和补贴		
3. 职工福利费		
4. 社会福利费		
5. 住房公积金		
6. 工会经费		
7. 职工教育经费		
8. 非货币性福利		
9. 辞退福利		
10. 其他		
合　计		

② 应交税费的披露格式如表 13-10 所示。

表 13-10　应交税费明细表

编制单位：　　　　　　　　　　年　月　　　　　　　　　　　单位：元

项目	期末账面余额	年初账面余额
1. 增值税		
2. 消费税		
3. 城市维护建设税		
4. 企业所得税		
5. 资源税		
6. 土地增值税		
7. 城镇土地使用税		
8. 房产税		
9. 车船税		
10. 教育费附加		
11. 环保税		
12. 代扣代缴的个人所得税		
……		
合　计		

（4）利润分配的说明如表 13-11 所示。

表 13-11　利润分配表

编制单位：　　　　　　　　　　　　年　月　　　　　　　　　　　　单位：元

项　目	本年金额	上年金额
一、净利润		
加：年初未分配利润		
其他转入		
二、可供分配利润		
减：提取法定盈余公积		
提取任意盈余公积		
提取职工奖励及福利基金*		
提取储备基金*		
提取企业发展基金*		
利润归还投资**		
三、可供投资者分配的利润		
减：应付利润		
四、未分配利润		

　　* 提取职工奖励及福利基金、提取储备基金、提取企业发展基金这三个项目仅适用于小企业（外商投资）按照相关法律规定提取的三项基金。

　　**利润归还投资这个项目仅适用于小企业（中外合作经营）根据合同规定在合作期间归还投资者的投资。

　　（5）用于对外担保的资产名称、账面余额及形成的原因；未决诉讼、未决仲裁以及对外提供担保所涉及的金额。

　　（6）发生严重亏损的，应当披露持续经营的计划、未来经营的方案。

　　（7）对已在资产负债表和利润表中列示项目和企业所得税法规定存在差异的纳税调整过程。

　　可以参见《中华人民共和国企业所得税年度纳税申报表》，具体过程，读者可以参阅本书第2章至第10章的纳税调整部分。

　　（8）其他需要说明的事项。

　　随着信息技术在企业会计实务中不断推广，加之大智移云物区等技术的运用，小企业财务外包会日臻完善。请扫描二维码来了解小企业的财务外包。

参考文献

[1] 财政部会计司. 企业会计准则讲解（2010）[M]. 北京：人民出版社，2010.

[2] 财政部. 企业会计准则2006[M]. 北京：经济科学出版社，2006.

[3] 杨敏. 企业会计标准体系建设的又一重大系统工程[J]. 财务与会计，2012（1）.

[4] 财政部会计司编写组.《企业会计准则第14号——收入》应用指南2018[M]. 北京：中国财政经济出版社，2018.

[5] 财政部会计司编写组.《企业会计准则第22号——金融工具确认和计量》应用指南2018[M]. 北京：中国财政经济出版社，2018.

[6] 财政部会计司编写组.《企业会计准则第21号——租赁》应用指南2019[M]. 北京：中国财政经济出版社，2019.

反侵权盗版声明

电子工业出版社依法对本作品享有专有出版权。任何未经权利人书面许可，复制、销售或通过信息网络传播本作品的行为；歪曲、篡改、剽窃本作品的行为，均违反《中华人民共和国著作权法》，其行为人应承担相应的民事责任和行政责任，构成犯罪的，将被依法追究刑事责任。

为了维护市场秩序，保护权利人的合法权益，我社将依法查处和打击侵权盗版的单位和个人。欢迎社会各界人士积极举报侵权盗版行为，本社将奖励举报有功人员，并保证举报人的信息不被泄露。

举报电话：(010) 88254396；(010) 88258888
传　　真：(010) 88254397
E-mail： dbqq@phei.com.cn
通信地址：北京市万寿路 173 信箱
　　　　　电子工业出版社总编办公室
邮　　编：100036